15 Predigten zum Enneagramm und 40 weitere Predigten

Michael Pflaum

15 Predigten zum Enneagramm und 40 weitere Predigten

Bibliographische Information der Deutschen Nationalbibliothek
Die Deutsche Nationalbibliothek verzeichnet diese Publikation
in der deutschen Nationalbibliographie; detaillierte
bibliographische Daten sind im Internet über http://dnb.d-nb.de
abrufbar

© 2017 Michael Pflaum
Herstellung und Verlag:
BoD – Books on Demand, Norderstedt

ISBN: 9783743164352

Inhalt

Vorwort 9
Enneagramm 3 x 3 (3. So B) 11
Typ Eins: Der Perfektionist – Zorn (9. So B) 16
Typ Zwei: Der Helfer – Stolz (22. So C) 20
Typ Drei: Der Erfolgreiche – Lüge (5. So A) 25
Typ Vier: Der melancholische Andere – Neid (5. OsSo B) 31
Typ Fünf: Der Wissende – Geiz (18. So A) 36
Typ Sechs: Der Skeptische – Angst (12. So B) 40
Typ Sieben: Der Glückliche – Maßlosigkeit (24. So C) 45
Typ Acht: Der Kämpfer – Schamlosigkeit (7. OsSo C) 50
Typ Neun: Der Friedfertige - Trägheit (28. So A) 54
Die drei Schritte des Egos und die Rückkehr zur heilenden Gegenwart Gottes (1. FaSo, 3. So A) 58
Sechs Variationen von tragischen Lösungsversuchen. (1. FaSo B) 63
Enneagramm und GfK (5. OsSo C) 68
9 Variationen der Verblendung, nicht geliebt zu werden (5. OsSo A) 73
Pfingsten: Ideale schlecht imitieren oder vom Heiligen Geist beschenkt werden! 78
Jede Religionsgemeinschaft muss sich prüfen (2. Adv A) 82
Der Newman Test (3. Adv C) 85
Stephanus als Wahrheitskämpfer und Vernunftverteidiger 88
Heilige Familie: Die drei ersten Stufen der Entwicklung nach Clare Graves 92

Kampf, Gesetz, Aufklärung, Kooperation - Die nächsten drei Stufen der Entwicklung nach Clare Grave (2.WeihSo) 96

Taufe Jesu: Drei Fragen zum Taufgespräch 103

Aschermittwoch: Der Marshmallow Test 107

Im Knast ein Kloster (3. FaSo A) 110

Palmsonntag: Christus erlöst von unseren Sünden – was heißt das? 114

Christi Himmelfahrt – Weltbilder nach Walter Wink 118

Die eine, heilige, katholische und apostolische Kirche (7. OsSo B) 122

Pfingsten: Musik be-geist-ert! 127

Pfingsten: Buber der Weg des Menschen 131

Trinität im Alltag 134

Frauenordination (2. So C) 138

Über als ob, als ob nicht (3. So B) 142

Tetralemma in Jesu Begegnungen (3. So C) 146

Große Themen brauchen Komplexität und Paradoxien. (5. So C) 150

Innere verletzte gelähmte Kinder retten (7. So B) 155

Bitte heile meine aus Angst kommenden Gedanken (8. So A) . 159

Naturwissenschaft lehrt uns romantisches Staunen (11. So B) . 163

Leibniz´ Infinitesimalrechnung und Theodizee (12.So B) 168

Gescheiterte Unkrautbeseitigung: Von der Prohibition und Sozialdarwinismus (16. So A) 172

Wie die Polarität Aktiv – Kontemplativ gestalten? (16. So C) . 178

Kants „Zum ewigen Frieden", Demokratie und die Europäische Union (17. So B) 182

Johannesevangelium Ich bin Worte (18. So B) 187

Über theologische Kräftefelder (23. So B) 191

Vergeben und meine 10 000 Talente (24. So A) 196

Hegels 8 Spaltungen und die dialektischen Umwege bei „Stolz und Vorurteil" (24. So C, 4. FaSo C) 200

Die Theologie der Märkte (25. So C) 205

Erlassjahr 2000 (25. So C) 211

Über die Weltwirtschaft und soziale Gerechtigkeit (26. So C) 215

Widersprüche als Motoren der Geschichte, Widersprüche und Chancen in Religionen (29. So A) 220

Fünf Lehren aus dem I. Weltkrieg (29.So B) 226

Frank Richter wagt das Gespräch (31. So C) 231

Die Weltsicht der US-Republikaner: Das „strenge Vater" Modell (33. So A) 236

Klagegebete als Verständnisspur für das Endgericht Gottes (33. So C) 242

Christkönig: Der Mond ermöglicht Leben auf Erde 246

Das Ehepaar Josef und Maria mit Martin Buber betrachtet (19. März) 250

Petrus und Paulus: Diskrepanz zwischen Wort und Tat und tiefste Wunden (29. Juni) 254

Zum Schluss: Zwei Einsichten in meiner Jugend 259

Vorwort

15 Predigten zum Enneagramm:
Die ersten 15 Predigten widmen sich dem Enneagramm. Das Enneagramm ist eine gute Landkarte, um zu verstehen, wie wir in Mustern gefangen sein können. Ich habe versucht zu zeigen, dass jeder Enneagrammtyp uns allen etwas zu sagen. Jeder mag besonders von einem Enneagrammmuster geprägt sein. Jedoch auch die anderen Muster kann ich ansatzweise in mir entdecken. Auf kompakte Weise wollte ich auch die Lehre von den Heiligen Ideen, den Tugenden und Gleichnisse Jesu als Hilfe zur Reifung einbauen.

3 Predigten zu Clare Graves Entwicklungsstufen:
Drei Predigten widmen sich den Entwicklungsstufen von Clare Graves und die Bedeutung für Glauben, Spiritualität, Seelsorge und Kirche. (Heilige Familie: Die drei ersten Stufen der Entwicklung nach Clare Graves. Kampf, Gesetz, Aufklärung, Kooperation - Die nächsten drei Stufen der Entwicklung nach Clare Grave (2.WeihSo). Widersprüche als Motoren der Geschichte, Widersprüche und Chancen in Religionen (29. So A))

Weitere Predigten:
Wie in den anderen Predigtbüchern (Predigten zum Lesejahr A, B, C) eine große Palette von verschiedenen Themen: Spirituelles, Wirtschaftspolitisches, biblische Themen, philosophisch geprägte Predigten.

Enneagramm 3 x 3 (3. So B)

Jona 3,1-5.10
Jona und Jesus rufen die Menschen auf umzukehren. Verlasst Eure alten Lebenswege, das führt nicht weiter. Kehrt um! Was kann das für mich, für dich heute sein?
Einfach fasten wie damals die Bürger von Ninive wird heute nicht immer passend sein. Wer heute umkehrt, muss erst mal überlegen und erkennen: Wo sind meine Schlagseiten? Bin ich zu perfektionistisch oder zu ängstlich, zu zurückgezogen oder zu manipulativ, oder will ich zu sehr der Besondere sein, oder bin ich zu träge oder gehe ich zu sehr mit dem Kopf durch die Wand? Erst wenn ich meine Schlagseiten ein wenig erkenne, kann ich besser mit Gottes Kraft umkehren. Deswegen präsentiere ich Ihnen heute eine Landkarte von verschiedenen Menschentypen, die uns hilft, die eigenen Schlagseiten zu entdecken.
Phantasiereise Stellen Sie sich in einer Phantasiereise vor, Sie sind ein Königskind. Sie hören, dass es irgendwo die Quellen des Lebens geben soll. So entwickeln Sie eine große Sehnsucht, diese Quellen des Lebens zu finden. Sie entschließen sich, als junger Erwachsener aufzubrechen, um diesen Ort zu finden. Bevor Sie losreiten, bekommen Sie drei wertvolle Geschenke: von Ihrem Vater das Schwert der Gerechtigkeit, von Ihrer Mutter den Ring der Freundschaft und von Ihrem Lehrer das große Buch des Wissens.
Die Reise zu den Quellen des Lebens beginnen und führen Sie durch verschiedene Länder und immer wieder finden Sie Hinweise, die Sie weiterführen. Die drei Geschenke helfen Ihnen immer wieder bei Schwierigkeiten und Herausforderungen: das Schwert der Gerechtigkeit, der Ring der Freundschaft und das große Buch des Wissens.
Kurz vor dem Ziel stellt sich Ihnen ein Zauberer mit seinen Kriegen entgegen. Sie müssen schnell überlegen! Wie reagieren

Sie? Überlegen Sie, wie würden Sie handeln? Was ist Ihr erster spontaner Gedanke?

Vielleicht ist Ihr erster Impuls, das Schwert zu ziehen und sich den Weg frei zu kämpfen. Oder würden Sie es eher mit dem Ring der Freundschaft probieren? Wenn man den Zauberer für seine Zwecke gewinnen kann… Oder ziehen Sie sich vielleicht erst mal zurück und analysieren die Lage und ziehen das große Buch des Wissens zu Rate?

Drei Verhaltensweisen Menschen handeln unterschiedlich, weil sie unterschiedlich ticken und verschiedene spontane Beziehungsstile haben. Man kann z. B. grob als ersten Schritt der Differenzierung drei Menschentypen, drei Verhaltensmuster der Kontaktaufnahme unterscheiden:

Die erste Gruppe, ich nenne sie Bauchtypen, setzen gerne das Schwert ein. Sie tendieren zum Kampf und Verteidigung des eigenen Territoriums. Ihr Grundverhaltensmuster ist: Gegen den anderen.

Die zweite Gruppe, die Herztypen, setzen den Ring der Freundschaft ein. Sie sind darauf fokussiert, eine Beziehung aufzubauen. Ihr Grundverhaltensmuster ist: Hin zum anderen.

Die dritte Gruppe, die Kopftypen, studieren gerne das Buch des großen Wissens. Sie bevorzugen den Rückzug, den sicheren Abstand, die Orientierung und das Analysieren. Ihr Grundverhaltensmuster ist: Vom anderen weg.

Diese drei Menschengruppen entsprechen den drei wesentlichen Grundbedürfnissen aller Menschen: Wir haben alle das Bedürfnis nach Beziehung, Freundschaft, Kontakt. Wir haben aber auch alle das Bedürfnis nach Autonomie, nach eigenem Raum und Territorium. Und wir haben alle das Bedürfnis nach Orientierung, Klarheit und Sicherheit. Etwas philosophischer ausgedrückt ist es die Sehnsucht nach Gemeinschaft, Freiheit und Wahrheit. (Vgl Forster Hegel)

Wenn nun bei einem Menschen ein existieller Bedürfnisbereich zu wenig genährt und erfüllt wird, entwickelt dieser eine

Schlagseite: Ich muss mich besonders um mein Bedürfnis nach Beziehung oder um mein Bedürfnis nach Autonomie oder um mein Bedürfnis nach Orientierung kümmern. Oft unbewusst entwickelt diese Person dann einen entsprechenden Persönlichkeitstyp, der dieser Schlagseite entspricht.

Gehen wir noch mal alle drei Typen genauer durch:

Der Kämpfer geht davon aus, meine Autonomie ist hier nicht selbstverständlich garantiert. Er wird gerne das Schwert auspacken: Ich erkämpfe mir mein Terrain selber. Angriff ist die beste Verteidigung. Ich nenne ihn den Kämpfer. Sie können starke Führungspersönlichkeiten sein. Ein beschützender Boss! Aber die Härte schafft auch Distanz. Mehr Milde wäre Umkehr.

Der Helfer geht davon aus, ich fühle mich hier nicht gut emotional versorgt und geliebt. Er wird gerne den Ring der Freundschaft einsetzen: Ich sorge mich selbst um gute Freundschaften und Beziehungen, indem ich hilfsbereit, fürsorglich bin und mich um das Wohlergehen anderer kümmere. Kurz: Helfertypen. Sie stehen in Gefahr, sich zu sehr zu verausgaben. Sie wollen unabhängig sein und eigen Bedürftigkeit nicht aufkommen lassen. Umkehr beginnt bei ihnen, wenn sie ihre eigene Bedürftigkeit demütig zulassen.

Beobachter und Denker geht davon aus, es ist hier irgendwie nicht sicher für mich. Er wird gerne das Buch des Wissens studieren: Ich sammle erst einmal selbst Wissen, beobachte scharf und analysiere mit meinem Verstand. Das sind Denker- und Beobachtertypen. Wenn sie aber zu viel Abstand pflegen, verpassen sie das Leben. Wenn sie aufhören, mit sich zu geizen und sich wirklich mitteilen und öffnen, kehren sie um.

Alle drei Persönlichkeitstypen versuchen ihr fehlendes Bedürfnis durch ein Mehr, durch ein Übermäßig auszugleichen.

Man kann aber auch noch auf zwei andere Weisen auf die Schlagseite reagieren: durch Blockieren und durch Umlenken.

Der Friedliebende und Gemütliche sagt sich (wohl mehr unbewusst als bewusst): Wenn ich meine Bedürfnisse zurückstelle, dann komme ich mit allen gut klar, habe keinen Streit und Stress, dann bin ich zufrieden. Er blockiert seine eigene Aggression, anstatt sie übermäßig sie auszufechten wie der Kämpfer. Aber dann verpasst er aus lauter Anpassung seinen eigenen Weg. Er ist der harmoniesüchtige Vermittler. Den Impuls „gegen den anderen", den der Kämpfer auslebt, unterdrückt der Friedliebende. Er kehrt um, wenn er seine Trägheit verlässt und aus seinem Eigenen heraus zur Tat schreitet.

Der Perfektionist hat seine Wut, dass sein Terrain missachtet wird, auf sich umgelenkt und ist sich selbst der strengste Kritiker. Denn er hofft: Wenn ich Recht habe, wenn ich alles perfekt mache, bin ich unangreifbar. Das „Gegen den anderen" des Kämpfers richtet er auf sich und wird sein strengster Richter. Mehr Gelassenheit wäre eine Umkehr für ihn.

Der zögerliche Skeptiker und Beamte erlebt seine fehlende Orientierung und Sicherheit so stark, dass er sogar sich mit seiner übermäßigen Angst seinen Zugang zu seinen natürlichen Sicherheitsintuitionen verbaut hat. Er hat kein Bauchgefühl, dass etwas passt oder passt nicht. In dieser Unsicherheit grübelt er, ist misstrauisch und sucht Halt in Pflichterfüllung und festen Strukturen. Eine Suche nach echtem Glauben und Gottvertrauen wäre seine Umkehr.

Der vielseitige Optimist und Idealist hat seine fehlende Orientierung in eine Flucht nach vorne umgelenkt. Wenn ich viele Pläne mache, dann kann ich mir das Leben schon schön machen – das ist seine Devise! Sie fühlen sich auch unsicher und ängstlich und möchten sich vielleicht wie die Denker im ersten Impuls zurückziehen. Aber gleich im zweiten Impuls lenken sie um in gesellige Freundlichkeit. Umkehr hieße für sie, dass sie auch das Schmerzhafte tragen.

Der blendende Macher Wenn die Erfahrung, dass ich nicht so geliebt werde, wie ich bin, dann präsentiere ich mich eben mit der Fassade, die der andere für toll findet. Ich präsentiere mich als werde ein Leistungs- und Erfolgsmensch. Ich blockiere damit meine eigenen wahrhaften Impulse. Ich errichte einen schönen

Schein und belüge mich und die anderen. Ich kehre um, wenn ich meine Fassade durchschaue und nach meinen eigenen blockierten Gefühle, Bedürfnisse und tiefsten Sehnsüchte suche.

Zuletzt der Künstlertyp, der **dramatische Romantiker** und Individualist. Im ersten Impuls möchten sie auf die anderen zugehen wie alle Herztypen, aber das erscheint ihnen nicht erstrebenswert, denn sie fühlen sich als etwas Besonderes. Im Innersten fühlen sie sich unzulänglich. So zeigen sie sich lieber distanzierter, um durch ihre Andersartigkeit aufzufallen. Aber der Neid auf noch größere Künstler zerfrisst sie. Sie kehren um, wenn sie ihrer Achterbahn der Gefühle mit Gleichmut begegnen.

Enneagramm Vielleicht hat der eine oder die andere schon gemerkt, dass ich Ihnen nun in Grundzügen das Enneagramm, eine alte spirituelle Typenlehre, vorgestellt habe. Sie ist in Deutschland besonders durch das Buch des amerikanischen Franziskaners Richard Rohr bekannt geworden. Die neun Typen entsprechen den bekannten sieben Wurzelsünden Stolz, Neid, Habsucht, Gier, Schamlosigkeit, Trägheit und Zorn und dazu noch den Sünden Lüge und Angst.

Eine solche Landkarte kann jedem persönlich helfen zu reifen, umzukehren.

Schule des Lebens Wir werden von Gott in unserem Leben, ja durch das Leben in eine Schule der Reifung geschickt. Wir haben die Chancen, unsere unbewussten Schlagseiten zu entdecken und dadurch freier und offener für uns selbst und unsere Mitmenschen zu werden. Das Leben selbst ruft uns durch die Herausforderungen und Schwierigkeiten zu: Kehre um, schau genauer hin. Welche Schlagseiten hast Du? Wo musst Du sensibler werden? Wo kannst Du um Hilfe und Gnade bitten, damit du reifen kannst?

Denn wir suchen ja alle nach den Wassern des Lebens. Wenn wir wie die Frau am Jakobsbrunnen mit Jesus über unser Leben ins Gespräch kommen, wird er uns helfen umzukehren. Dann entdecken wir in ihm die Quelle zu den Wassern des Lebens.

Typ Eins: Der Perfektionist – Zorn (9. So B)

Mk 2,23-3,6

Gerichtsverhandlung im Kopf Stellen Sie sich eine Gerichtsverhandlung vor: Richter, Angeklagter, Staatsanwalt und Verteidiger. Sie sitzen sich gegenüber. Der Staatsanwalt sagt, was sein soll! Der Verteidiger versucht verständlich zu machen, was passiert ist. Und Recht spricht der Richter, wie es mit dem Angeklagten weitergehen soll.

Und nun stellen Sie sich diese Gerichtsverhandlung in einer Person vor: So ähnlich wie in der Schachnovelle von Stefan Zweig ein Mann in Gefangenschaft beginnt, gegen sich selbst Schach zu spielen. Eine Gerichtsverhandlung im Kopf: Du hättest tun sollen! Sagt die Person zu sich selbst, sagt der innere Ankläger. Die verteidigende Stimme antwortet: Aber aus den Gründen war es doch sinnvoll… Der innere Richter spricht das Urteil: Du musst dich mehr anstrengen, du musst perfekter werden. Du bist nicht vollkommen genug! – Kennen Sie das vielleicht?

Nicht zufrieden, was ist In einem Perfektionisten findet genauso ein strenges Gerichtsverfahren im Kopf statt. Er möchte es richtig machen, er möchte gerecht sein, er möchte Recht haben. Wir alle unterscheiden das, was ist, von dem, wie es sein sollte. Wir haben alle unsere Vorstellungen einer korrekten Welt und messen daran die Wirklichkeit. Aber bei Perfektionisten können wir diese Unterscheidung sehr ausgeprägt feststellen.

Kindheit Solche Menschen haben oft strenge Eltern erlebt: Sie wurden gerecht und konsequent bestraft, wenn sie die Ideale der Eltern nicht erfüllten. Und sie wurden belohnt, wenn sie etwas gut gemacht hatten. Also machten sie es sich zum Ziel, brave, fleißige, korrekte Mädchen und Jungen zu werden. Das äußere "Gericht" haben sie internalisiert.

Vollkommenheit Daraus entsteht ein verzerrtes Weltbild, Selbstbild und Menschenbild: Dem Perfektionisten ist das Vertrauen abhandengekommen, dass auf einer tiefen Ebene alles vollkommen ist. Eigentlich will uns das der Glaube vermitteln: Gott sah seine Welt an und sie war sehr gut. In Gottes Liebe dürfen wir so sein wie wir sind.

Zwei Vergleiche können vielleicht verdeutlichen, dass auf einer tieferen Ebene alles vollkommen ist. Aus reinem Gold kann man verschiedene Dinge herstellen: Ringe, Figuren, Ketten, Goldkronen für die Zähne. Wir schauen, ob der Ring passt, ob er uns gefällt, ob der Goldzahn feste sitzt. Das ist die Ebene der Form, der relativen Vollkommenheit. Das Ego schaut auf die Form. Die gelassene Sicht schaut auf die Vollkommenheit auf tieferer Ebene, auf das Gold selbst, nicht auf die Form. Die Realität ist, wie sie ist. Einfach so. In dieser Hinsicht ist sie vollkommen. Gott hat in seiner Vollkommenheit die Welt erschaffen.

Ein Perfektionist wird in seinem Garten oder Haus immer wieder etwas finden, was er verbessern kann, was vollkommener sein könnte. Aber wenn er z. B. in einem Gebirge das erste Mal eine Wandertour unternimmt, wird er vielleicht über die Schönheit eines Bergsees oder eines Gipfels staunen. Er wird nicht auf die Idee kommen, einen Stein zu versetzen, weil das „vollkommener" sei. Im Gebirge muss er nicht „aufräumen". Er kann das einfache So-Sein ohne Filter bestaunen.

Er und seine Mitmenschen sind ebenso auf tiefer Ebene vollkommen. Alle seine Bedürfnisse wie die der anderen dürfen da sein. Unabhängig davon, dass man in einem zweiten Schritt schauen muss, wie am besten auf welchen Wegen die Bedürfnisse im fairen Miteinander erfüllt werden können.

Eigenes „Paradies" schaffen Wenn aber einem dieses Urvertrauen in sich selbst fehlt? Was passiert dann? Der Perfekte versucht durch aktives Perfekt-Sein seine Maßstäbe zu erfüllen. Er schafft sich seine eigene perfekte Welt. Und in begrenztem Maße gelingt ihm das. Ordnung, Sauberkeit, Pünktlichkeit, Korrektheit – darum kümmert er sich!

Wenn ihm das nicht gelingt, wird er sich immer kritischer hinterfragen und er sieht sich immer mehr als falsch und unvollkommen und schlecht an. Der Groll auf sich selbst wächst!
Die zweite Verzerrung: Der Korrekte hat seine Prinzipien und Maßstäbe letztlich von außen internalisiert. Aber sind es wirklich seine Prinzipien? Kommen sie wirklich aus seinem Erfahrungshorizont und passen sie zu ihm und seiner inneren Berufung?
Ja der Perfekte möchte die tiefe Intelligenz, die wahre Intuition erreichen. Und mit seiner Intelligenz hat er ja auch oft Recht. Aber seine Besserwisserei kommt nicht aus tiefer Intelligenz, sie imitiert sie höchstens.
Was kann für den Perfektionisten heilend sein? Was kann den Zornigen gelassener machen?
Jesus hat solche Perfektionisten mit den Pharisäern vor sich gehabt. Jesus führte viele Konfliktgespräche mit ihnen, in denen er sie zur heilenden Umkehr einlädt. Am Sabbat soll man nicht Ähren raufen und keinen Kranken heilen? Das ist Euer Maßstab von gut und falsch?! Ihr habt ihn übernommen, ohne den lebensförderlichen Sinn dahinter zu verstehen: Der Sabbat ist für den Menschen da. Nicht ist der Mensch da für die exakte Erfüllung von Regeln.
Die Frage Jesu "Ist es erlaubt, am Sabbat Gutes zu tun?" bringt die innere Gerichtsverhandlung der Perfektionisten durcheinander. Er lässt zwischen dem Guten und dem Gesetz wählen, er spielt die beiden Werte gegeneinander aus. Und so muss sich der Perfekte nach einer tieferen Sicherheit umsehen als sein gedankliches Gericht. Dies kann nur durch Hingabe und Gelassenheit gefunden werden.
Wenn wir diese Automatismus, dass wir alles sofort in richtig und falsch nach internalisierten Maßstäben einteilen, etwas loslassen, dann wächst die Gelassenheit und der Zorn wird schwächer. Gelassenheit meint ja auch: Lassen. Es darf da sein. Ich richte nicht!

Humor Gelassenheit erlebt man und wird gefördert zum Beispiel durch Humor. Wie bei der folgenden Episode: "Ich bin mitten in einer hitzigen Diskussion mit meiner Freundin. Es geht - unglaublich, aber wahr - um die richtige Verwendung der Bürste beim Gläserspülen. Ich beobachte, wie mein rechthaberischer Zorn sich immer mehr auflädt, und muss plötzlich, indem ich mich beobachte, ganz furchtbar lachen. Wir lachen beide, bis uns die Tränen kommen. In diesem Moment fühle ich, wie ich meine Freundin wirklich lassen kann."[1] Er hat Abstand bekommen zu seinem Glaubenssatz „Ich muss Recht haben" und zu seinem Zorn. Er findet mit Humor zur Tugend Gelassenheit.

Von Gott geliebt Gelassenheit können wir auch mit Paulus lernen: Er lehrt uns, dass wir nicht durch Regelerfüllung Gott näher kommen, sondern von Gott bedingungslos geliebt sind. Gott hat uns schon geliebt, als wir noch Sünder waren. Also auch wenn wir uns unvollkommen vorkommen, Gott schenkt uns gerade in dieser Schwachheit seine Gnade.

Wenn Du also merkst, dass der innere Richter, der Zorn in Dir überhandnimmt, dann nimm dich selbst liebevoll in die Arme und sage Dir: Gott liebt Dich, wie Du bist! Richte Dich auf ihn aus. Er schenkt Dir Vollkommenheit, die Du selbst nicht machen brauchst!

Typ Zwei: Der Helfer – Stolz (22. So C)

Lk 14,1.7-14
Die Chefsekretärin Stellen Sie sich eine Chefsekretärin vor. Sie ist freundlich, fleißig und loyal. Sie kennt ihren Chef, hält ihm den Rücken frei, organisiert souverän das Büro, macht ohne Extrabitten Überstunden, wenn es viel zu tun gibt, denkt an alle nötigen Details und liest die Wünsche ihres Chefs von seinen Lippen ab. Sie scheint freigiebig, hingebungsvoll und selbstlos sich einzusetzen für ihren Chef, für die Firma.
Als aber nach der Scheidung der Chef ihr von seiner neuen Freundin erzählt, ist sie den Tränen nahe. Hat sie doch irgendwie insgeheim gehofft, dass er sich in sie verliebt! Sie muss in sich zerrissen hinauslaufen. Ihr Über-Ich macht sie fertig: Hättest Du Dich noch mehr bemüht, ein liebevoller und begehrenswerter Mensch zu sein.
Der Helfertyp Das mag eine kitschige Geschichte aus einer Daily-Soap sein. Doch zeigt sie eine Spielart egoistischen Verhaltens und eine Illusion. Ein solcher Menschentyp geht im Tiefsten davon aus, dass man nicht bedingungslos geliebt wird. Man muss etwas tun, um geliebt zu werden. So entwickeln sie die Strategie: Wenn ich dem anderen helfe, wenn ich dem anderen seine Bedürfnisse erfülle und ihn liebevoll behandle und umschmeichle, dann werde ich mich wohlfühlen!
Sie entwickeln ein Ideal, dem sie nachstreben: Ich bin frei gebend! Sie sind im Innersten stolz darauf, angeblich freigiebig geben zu können. Und gleichzeitig sind sie total abhängig von der Reaktion der anderen. Wenn der Chef z. B. missmutig ist, ist die Chefsekretärin verstört. Was hat sie falsch gemacht? Wenn ihr Einsatz überhaupt nicht wertgeschätzt wird, wenn alles selbstverständlich ist, dann ist ihr Stolz verletzt!
Sie pflegt das Image, freigiebig und selbstlos zu geben – und gleichzeitig ist sie abhängig von der Zuwendung der anderen. Um dieses Paradox nicht zu merken, versuchen sie, eine kleine Welt zu

beherrschen, in der sie sich durch Einsatz, Helfen, Ratschlägen und Schmeicheleien bei anderen absolut unentbehrlich machen. Auch Gluckenmütter oder Sozialengagierte verfallen dieser paradoxen Strategie. Oft haben solche Helfertypen in ihrer Kindheit erfahren, dass ihre Bedürfnisse nicht einfach anerkannt und wertgeschätzt werden, sondern dass sie beachtet werden, wenn sie das hilfsbereite, liebe Kind sind.
Je weniger ein solcher Helfertyp sich wertvoll fühlt, desto mehr versucht sie, sich durch Manipulation Wertschätzung zu ergattern. Dabei verliert sie immer mehr ihren Zugang zu ihren eigenen Bedürfnissen. Denn selber Bedürfnisse zu haben und zu äußern passt nicht zu ihrem Ideal, bis sie sich schamlos ausgenutzt fühlt oder ausgepowert ist.
Separate Person Dieser stolze Helfertyp zeigt etwas Grundlegendes eines jeden Egoisten, eine grundlegende verzerrte Sichtweise: Ich bin eine separate Person. Ich werde nicht einfach so geliebt. Also muss ich die Dinge selbst in die Hand nehmen und in Gang bringen. So entsteht die Illusion eines überzogenen freien Willens: „Ich mache es auf *meine* Weise. Ich werde erreichen, dass die Dinge so werden, wie ich sie haben will." Wir doktern ständig herum! „Das zeigt sich äußerlich als Manipulation anderer, damit sie so werden, wie sie unserer Ansicht nach für uns sein sollten, und innerlich als ständige Auswertung der eigenen Erfahrung, um zu sehen, ob sie „richtig" ist oder nicht, und als Versuch, sie zu verändern, wenn sie den eigenen Vorstellungen, wie sie sein sollte, nicht entspricht"[2] Und wenn man den eigenen Willen nicht durchsetzen kann, fühlt man sich gedemütigt.
Welches Paradies möchte ein solcher Helfertyp herstellen? Ist es nicht Hingabe und Einheit? So wie verschmelzendes Gold zusammenfließt? Ein glückseliger Kokon zweier vereinter Liebenden? Die Symbiose zwischen Kind und Mutter? Ein solcher stolzer Helfertyp imitiert die Vereinigung, weil sie sich eigentlich abgetrennt und einzeln fühlt!

Fragen für uns alle Aber wir können uns alle fragen:
Sehe ich mich als unabhängige Person?
Schätze ich mich nicht oft freier ein als ich bin und übersehe dabei, wie sehr ich auch abhängig von anderen bin?
Fällt es mir nicht auch oft leicht, anderen großzügig zu geben, weil ich mich dann toll und edel fühle, aber jemanden anderes um etwas einfach bitten – das fällt mir schwer?
Weil ich mich dann bedürftig fühle?
Weil ich irgendwie nicht richtig glauben kann, dass es dem anderen eine Freude bereitet, wenn er mir in aller Freiheit helfen kann?
Und fühle ich mich nicht auch irgendwie manchmal zu sehr verantwortlich für die Gefühle und Bedürfnisse und Wohlergehen meiner Liebsten?
„Wenn es Dir gut geht, dann geht es mir auch gut." Und am besten negative Impulse, eigene enttäuschte Gefühle unterdrücken. Man muss ja lieb sein! Man will ja nicht abgelehnt werden! „Was ist los mit dir? Nichts! Alles ok!"
Wie kann Umkehr stattfinden? Wie kann ich diese falsche Sicht überwinden?
Jesus provoziert mit seinem Wort auf heilende Weise: Lädst Du nur die VIPs und die High Society ein? Mit diesem Wort Jesu erkennt die Chefsekretärin vielleicht: Sie weiß genau, wer oben und unten ist. Sie schenkt den Oberen mehr Aufmerksamkeit, auch wenn sie nach außen natürlich zu allen freundlich ist. Also einmal wirklich geben, ohne dass das stolze Ego etwas zurückbekommen kann? Das ist eine heilende Provokation
Vielleicht entdeckt unsere Chefsekretärin dann in sich Schuldgefühle, die ihre innere Illusion offenbaren: Einerseits fühlt sie sich schuldig, weil sie dieses engelgleiche Image des ständig Schenkenden nicht ganz erfüllen kann. Andererseits wenn jemand sie als selbstlos gebend und helfend wertschätzt, fühlt sie sich schuldig, weil sie im Inneren weiß, dass sie das nicht ist!
Wenn sie diese Schuldgefühle bewusst wahrnehmen kann, entdeckt sie dahinter ihren Stolz, ihr aufgeblähtes Selbstgefühl. Sie

erkennt, dass ihr stolzes Image, das sie sich geschaffen hat, ihr inneres Gefühl ausgleichen soll, von sich aus keinen Wert zu besitzen und nicht liebenswert zu sein!

Demut Dann ist für sie die Tugend der Demut ein Heilungsweg: Demut beginnt mit der bitteren Erkenntnis ihrer Illusion: Ich habe mich oft genug abhängig gemacht von Anerkennung anderer und habe mich unabhängig präsentiert. Und noch weiter: Die Ablehnung anderer ließ mich eigentlich erahnen, dass ich mich in der Tiefe selbst ablehnte. Sie erkennt ehrlich ihre eigene Ablehnung sich selbst gegenüber.

Sie erkennt auch demütig, dass sie sich übermäßig für andere verausgabt hat. Demut heißt dann auch: Ich habe auch Bedürfnisse und die darf ich mir eingestehen. Ich und mein Körper haben Grenzen der Belastbarkeit. Auch das darf ich mir eingestehen. Um all das wirklich spüren zu können, muss der Helfertyp lernen, allein sein zu können. Mit sich sein zu können.

Demut wird dann ein Weg der Umkehr! Ich darf meine Aufmerksamkeit auch nach innen richten, statt immer für andere da sein. Jenseits des Auf und Ab und der Gefühlsachterbahn entdecke ich die eigenen Bedürfnisse und stehe zu ihnen. Ich lerne wieder, den Körper zu spüren und seine Fähigkeiten und Grenzen wertzuschätzen. Ich lerne in Demut und aller Freiheit andere um etwas zu bitten anstatt durch Manipulation hinten herum ihn dazu zu bewegen.

Demut ist auch das Wissen, dass man – wie Paulus sagt – Teil des Leibes Christi ist. Wir sind nicht in einem Universum, das nur aus unbelebten Objekten besteht, in dem wir absolut, losgelöst von allem bestimmen und handeln können. Wenn ich in Verbindung mit dem Willen Gottes bin, d. h. mit dem Heiligen Geist, den ich im Hier und Jetzt erfahren kann, dann bin ich „ein Mitschöpfer, ein Teilhaber am Ausdruck des Heiligen Willens."[3] Das geschieht in der Hingabe an die Gegenwart Gottes im Hier und Jetzt.

Wenn wir uns in der Stille in Demut Gott zuwenden, wächst mit der Zeit die Gewissheit: Ich bin einfach so von ihm geliebt.

Und: Ich bin eigentlich frei, wenn ich mich immer neu in seinen Willen hineinschwinge. *"So soll es auch bei euch sein: Wenn ihr alles getan habt, was euch befohlen wurde, sollt ihr sagen: Wir sind unnütze Sklaven; wir haben nur unsere Schuldigkeit getan."* Lk 17,10. Die Liebe des göttlichen Vaters ist letztlich das Fundament eines echten Selbstwertgefühls, das unabhängig ist von Anerkennung der anderen. Dann kann ich Liebe geben in Freude und demütiger Freiheit.

Typ Drei: Der Erfolgreiche – Lüge (5. So A)

Mt 20,1-16
Der Name „Michael" bedeutet: Wer ist wie Gott? Auf diese rhetorische Frage kann man nur antworten: Keiner! Aber so offensichtlich die richtige Antwort ist, sooft verhalten sich Menschen als kleine Götter, die als allwissend, allmächtig und allerlösend erscheinen mögen. Es ist die Ursünde aus der Paradiesgeschichte:
Gott sein zu wollen. Die Schlange verspricht: Ihr werdet wie Gott. Aber dieser Satz ist zu abstrakt, zu allgemein, als dass er uns etwas sagen könnte. Wir brauchen Beispiele, Erfahrungen, um erahnen zu können, dass diese Ursünde auch in uns wirksam sein kann.
Stellen wir uns einen **Träumer** vor. Vielleicht stellt er sich vor, wie er seinen Chef die Leviten liest, seine Absetzung bewirkt und mit seiner Führung in der Abteilung endlich alles zum Besten wird. In dieser Traumwelt ist der Träumer allwissend: Er weiß, was in seinem fabulierten Traum, in seinem inneren Kinofilm passiert. Er ist allmächtig: Es passiert genau das, was er will. Und er ist Schöpfer und Erlöser: Er hat diese Traumwelt erschaffen und er kann alles zum guten Ende führen. Er ist in dieser Traumwelt Gott. Sehen wir genau hin: Es gibt ein Zuviel und ein eine falsche Einstellung darin. Es ist ja nichts dagegen einzuwenden, wenn ein Mensch nach einem Streit mit seinem Verstand abwägt, wie er mit seinem Chef beim nächsten Gespräch reden könnte. Aber in diesen Traumreisen ist das Gedankenkarussell überdreht! Und die Einstellung ist überheblich, ich erhebe mich über den anderen!
Erfolgreiche Nun gibt es natürlich auch Menschen, die sich das in einer Traumreise nicht nur ausdenken, sondern auch umsetzen! Sie können dann zum Beispiel erfolgreiche Managertypen werden, die durch Charme, Leistung und Ellenbogen viel erreichen. Sie können sich wirklich als strahlende Retter von z. B. Firmen präsentieren!
– Kleine Götter, die bewundert werden!

Ich bin ein self-made-man! Ich mache es selbst! Ich muss alles alleine schaffen!
Das ist die grundlegende Verzerrung, der diese kleinen Götter verfallen sind, die aber auch bei allen egoistischen Verwirrungen zu finden sind. Schauen wir uns diese Statusmenschen, Leistungsmenschen, Erfolgsmenschen, kleinen Götter genauer an. Dann können wir vielleicht auch unserer eigenen Selbstlüge gegenüber sensibler sein.
Oft wurden solche Leistungsmenschen in der Kindheit mit hohen, zu hohen Erwartungen von den Eltern konfrontiert. (Sie mussten sich z. B. besonders früh um sich selbst und ihre Geschwister kümmern. Oder sie stammen aus mittellosen Verhältnissen und haben sich mit eigener Kraft aus dem Dreck gezogen.) Erschreckend erlebt das Kind bzw. meint das Kind: Ich bin nicht einfach so geliebt, wie ich bin. Ich bin nur wertvoll, wenn ich Gutes vorzuweisen habe, wenn ich erfolgreich bin, wenn ich Leistung bringe. Also entwickelt es die Strategie: Liebe mich für das, was ich geleistet habe! Denn versagen will es nicht mehr, nichts mehr wert sein will das Kind nicht mehr. Daraus entsteht die Lebensstrategie, genau das Image dem anderen zu präsentieren, das bei dem anderen gut ankommt. Irgendwann ist diese Strategie so tief, dass der Leistungsmensch wirklich sich für das hält, was er vorgibt zu sein. Das ist die Sünde der Lüge, der Selbsttäuschung. Alle Gefühle, die nicht diesem Image nicht entsprechen, werden blockiert, nicht gefühlt.
Der Leistungsmensch setzt mit seinem unbändigen Aktivismus sein Pseudoparadies um! Darin ist er erfolgreich, der perfekte Arzt, der perfekte Manager oder der perfekte Ehemann.
Dahinter stecken tiefe Verzerrungen und Verwirrungen.
Erstens: Ich bin wie ein unabhängiger Unternehmer. Ich bin autonom, ich kann autonom handeln und mich autonom verhalten. Jedoch es fehlt ein Verständnis dafür, dass wir Teil einer Dynamik sind. Wir sind immer eingebettet und verbunden: Eingebettet in die

Familie, in die Natur, in die Gesellschaft. Wir profitieren von anderen und wir wirken auf andere.
Zweitens: Der Self-made-Mann ist blind für die Auswirkungen, die seine Handlungen auf andere oder seine Umwelt haben. Es geht darum, selber zu siegen und erfolgreich zu sein. Er ist blind dafür, dass er sich auf Kosten anderer in die obersten Ränge drängt. Wenn andere Menschen Förderer sind, präsentiert man seine Schokoladenseite. Wenn sie Gegner sind, fährt man seine Ellenbogen aus. Wenn sie nichts zum Erfolg beitragen können, übersieht man sie. Er ist blind dafür, dass sein Streben nach Besser, Größer, Schöner, Erfolgreicher auch Ökosysteme belastet. Er ist insgesamt blind für sein Eingebettetsein!
Drittens: Ich muss es alleine schaffen. Auf sich allein gestellt und mit nichts und niemanden verbunden, müssen Erfolgsmenschen ihre eigene Welt aufrechterhalten und auch alles alleine schaffen. Es gibt keine Aktivität, keine Entfaltung und keine Entwicklung, die man nicht selbst in Gang setzt. Deswegen der ständige Aktivismus der Erfolgsmenschen, immer auf Effizienz getrimmt, bis zur Erschöpfung. So simuliert der Erfolgsmensch eigentlich das prozesshafte Sein, den immer ständigen schöpferischen Gott. Der heilige Ignatius gibt uns auf: „Tu so mit, dass eben dieses Mitarbeiten erfüllt bleibe vom Wissen um die alleinige Gewalt Gottes." Erfolgsmenschen sehen sich nicht als bescheidene Mitarbeiter, die von der Macht Gottes getragen sind, sondern als Selbstverwirklicher ihres irdischen Glücks!
Fragen an uns alle Und das bringt uns zu der allgemeinen selbstkritischen Frage:
Wo versuche ich durch krampfhaften Aktivismus, mein Pseudoparadies zu erschaffen?
Wo vergesse ich, Mitarbeiter Gottes zu sein? Wo vergesse ich die Macht Gottes?
Die Satelliten des Ich Wir können die Verwirrung noch anders beschreiben. Stellen Sie sich das Ich wie einen Himmelskörper vor, um den Satelliten kreisen. Der Himmelskörper sei einfach das

„Ich bin". Die Satelliten sind: „Mein Auto", „mein Haus", „meine Familie", „meine Firma", „mein Erfolg", „meine Ausstrahlung" usw. Sprachlich erkennen wir sie am Possessivpronomen: mein! Erfolgsmenschen haben überhaupt kein Sensus dafür, dass das „Ich bin" in sich wertvoll ist. Deswegen müssen sie Satelliten um den Himmelskörper „Ich" kreisen lassen, damit es wertvoll und erfolgreich erscheint. Das ist Egoaktivität: Die passenden Satelliten ums Ich kreisen lassen, um das Ich aufzuwerten!

Das ist aber typisch für alle egoistischen Tendenzen: Schon ein kleine Shoppingtour lässt uns das erleben. Wir kaufen etwas ein. Dann ist es mein neues Handy, Hemd oder CD. Das Ich bekommt wieder einen neuen Kick. Der neue Satellit stärkt das Ich!

Satelliten sind nicht nur Dinge. Satelliten des Ich sind auch Bilder von uns selbst. Wie wir uns selbst sehen wollen: Ich bin erfolgreich! Ich habe Recht! Ich helfe! Ich bin anders! Ich blicke durch! Ich tue meine Pflicht! Ich bin glücklich! Ich bin stark! Oder: Ich bin zufrieden! Natürlich wir wollen Idealen nachfolgen, wir wollen Schmerzen vermeiden und glücklich sein. Und deswegen suchen wir nach neuen Satelliten, die unser Ich stärken. Aber brauchen wir das immer? Was sind unsere wirklich wichtigen Bedürfnisse und was sind Ersatzbefriedigungen und falsche Strategien?

Was sind wir jenseits unserer Satelliten? Jenseits unserer Bilder von uns selbst, jenseits unseres Reichtums, unseres Ansehens und unserer Macht über andere? Jenseits unserer Leistungen? –

Denken wir nur an Jesu Gleichnis von den Tagelöhnern: Jeder bekommt ein Denar, ob er nun eine Stunde, fünf oder zwölf Stunden gearbeitet hat! Zählt Leistung nicht vor Gott?!

Wenn wir uns dieser Frage stellen, beruhigt sich die Egoaktivität, erleben wir unser Wesen auf ursprüngliche unberührte Art, ohne verzerrende Filter aus der Vergangenheit, und erleben uns selbst als einfaches Hier-Dasein: Ich bin!

Weiterhin erahnen wir dann: Wir kommen oft auch durchaus zurecht, wenn wir uns kein inneres Bild von uns selbst machen!

Einen Baum genießen, im Klavierspielen versunken sein, mit Freunden Fußball spielen. Unsere Egoaktivität brauchen wir für solche Tätigkeiten überhaupt nicht.
Wenn ein Erfolgsmensch sich so auf die Suche nach dem „Ich bin" jenseits der Satelliten macht, wird er erkennen, dass er kein getrennt Handelnder ist. Wenn ein Erfolgsmensch z. B. eine Doktorarbeit geschrieben hat, wird er nach dieser Erkenntnis im Rückblick vielleicht erkennen: Diese Arbeit habe ich nicht allein geschrieben, wie ich früher behauptet habe. Ich habe viele Unterstützer gehabt. Meine Eltern, die mir mein Studium ermöglicht haben. Meine Freundin, die Korrektur gelesen hat und mir immer wieder erfrischenden Kaffee serviert hat. Die vielen Wissenschaftler vor mir, deren Bücher ich gelesen habe und die mich inspiriert haben.

Wahrhaftigkeit Heilend ist es ebenso, das Gefühl, ein Versager zu sein und sich selbst wertlos vorzukommen, zu spüren anstatt es zu verdrängen. Das Über-Ich in sich bewusst mit Abstand wahrzunehmen: Wie es ermahnt, immer noch mehr zu tun, immer noch schneller und effizienter zu sein. Denn hilflos oder erfolglos darfst Du nicht sein, selbst wenn man sich oder andere deshalb belügen muss. Das Über-Ich besteht darauf, einem Image gerecht zu werden! Wer das mit Abstand in sich wahrnehmen kann, verwirklicht schon die Tugend der Wahrhaftigkeit: Ich bin nicht mein Image! Ich brauche mich nicht selbst zu belügen! Ich brauche dann auch vor anderen nicht Notlügen, Schein und Image einsetzen. Ich kann wahrhaftig sein.

Ich erkenne: Der Versuch, ein kleiner Gott zu sein, war eine Verteidigungsmaßnahme, die mich als Erfolgsmenschen davon abhält, nicht mit dem Versagen und der inneren Hilflosigkeit konfrontiert zu sein. Die zahllosen Aktivitäten sind eine Flucht vor jenem riesigen leeren Ort. In dieser Wahrhaftigkeit wandelt sich die innere Leere in innere Stille und friedliche Weite. Einfachheit, Natürlichkeit und Echtheit können sich entfalten!

In der menschlichen Seele entfaltet sich ein Sog, eine Sehnsucht nach Gott. Sich dieser Sehnsucht und Sog hinzugeben ist heilige Hoffnung. Gott selbst handelt an mir, ich muss nicht alles alleine machen! „Kommt alle zu mir, die ihr euch plagt und schwere Lasten zu tragen hat.... Meine Last ist leicht." Mt ??

Typ Vier: Der melancholische Andere – Neid (5. OsSo B)

Joh 15, 1-8
Franz Schuberts Winterreise Wer melancholische Musik kennenlernen möchte, der höre sich Franz Schuberts beeindruckender Liederzyklus „Die Winterreise" an. Ein Wanderer streift ziellos durch die Winterlandschaft und verarbeitet, dass „sein Liebchen" ihn verlassen hat. Franz Schubert hat über 600 Lieder geschrieben. Kleine Mädchen singen sich selbst ein Lied vor, wenn sie allein und verlassen im Winterwald stehen. Mit dem Vor-Sich-Her-Singen möchte das Mädchen sich selbst Halt geben. Das einfache Liedsingen ist für das Kind die Sicherheit, die es sich selbst in der Verlassenheit geben kann. Schuberts wunderbar traurige Musik, die Themen seiner Lieder und die immense Anzahl der Lieder legen nahe, dass Schubert mit dem Lieder komponieren sich selbst Halt geben wollte. Auch er fühlte sich verlassen, allein, wie ein Boot ohne Anker auf dem Meer, keine Verbindung zum tragenden und haltenden Grund und den Wellen ausgeliefert ist. Von den eigenen Tiefen abgeschnitten und von den anderen Menschen entfremdet.
So fühlten und fühlen sich viele **melancholische Künstlertypen**. Ihr Drama – ist es nur ihr spezielles Drama? Oder kann es lehrreich für uns alle sein? Weil ihr Drama eine Herausforderung offenbart, der wir uns alle stellen müssen? Ja sie offenbaren uns ein allgemeines menschliches Drama, das sie nur in besonders intensiver Weise durchleben.
Das Drama heißt: Was mache ich, wenn ich vom Weinstock getrennt bin? Bin ich dann nicht hoffnungslos verloren? Jesus offenbart uns in seinen Abschiedsreden: Wir sind alle Rebzweige, die mit dem Weinstock verbunden sind. Von ihm her bekommen wir Kraft, Leben und Halt!
Allgemein spiritueller und philosophischer kann man auch sagen: Wir sind alle mit dem göttlichen Sein verbunden. Wir kommen alle

aus göttlichem Ursprung, so wie alles Wasser einer Fontäne aus einer Quelle kommt. Alles ist Entfaltung und Rückkehr zum göttlichen Sein und ist immer mit dem Ursprung verbunden.

Wenn ich diese Verbindung zum Ursprung nicht mehr spüre, wenn ich mich wie ein Boot ohne Anker allein auf dem Meer fühle, dann muss ich selbst das schwankende Boot ständig kontrollieren, damit es nicht abdriftet oder kentert.

Wer aber so allein und verlassen auf dem Meer ist, kann sich jedoch den Mitmenschen als etwas Besonderes präsentieren:

Ich bin anders als ihr! Ich bin besonders, einmalig! Liebt mich dafür!

Aber was passiert, wenn die anderen, wenn sie mir näher kommen, merken, dass ich keinen Anker habe, dass ich nicht mit dem Ursprung verbunden bin, dass ich verlassen bin, dass ich vielleicht schuldhaft aus dem Paradies ausgestoßen bin? Das darf nicht passieren! Lieber distanziere ich mich wieder. Außerdem habe ich schon gemerkt, dass die anderen meiner Genialität nicht würdig sind…

Erkennen Sie schon das tragische Hin und Her Schwanken melancholischer Künstlertypen in meinen Ausführungen? Liebesbeziehungen haben oft folgenden Verlauf: Stürmisches Begehren, nach erfolgter Verbindung folgen intensive Auseinandersetzungen, plötzliche Trennung und wieder wächst die Sehnsucht. Versöhnung folgt und der Kreislauf beginnt von neuem.

Das Selbstwertgefühl solcher melancholischer Künstlertypen ist äußerst ambivalent: Einerseits „Ich bin ganz besonders und einmalig, anders als Otto Normalverbraucher!" Andererseits „Ich bin verlassen, ich bin unwürdig, ich muss doch schuld sein, dass ich den Kontakt mit dem Göttlichen verloren habe!" – Gerade dieser zweite Glaubenssatz ist ihnen oft nicht bewusst. Er wirkt eher wie ein unerkannter Virus im Computer – und ist deswegen umso mächtiger.

Aber aus diesem Dilemma kann man eine Beziehungsaufbaustrategie entwickeln: Ich lamentiere, präsentiere mich als anders, einmalig und als besonders bemitleidenswert. Das soll mich liebenswert machen. Aber ja nicht zu nahe, ansonsten würden sie meinen Makel erkennen.

Und wenn es nicht klappt, dann gibt es wieder zwei Strategien, um seinen Selbstwert zu heben: Entweder der andere war es nicht wert. Oder ich halte die Verbindung durch meine tragische Liebe aufrecht. So wie Tristan und Isolde nur durch den gemeinsamen Tod verbunden sein können, so opfere ich mein Leiden, um mit dem Geliebten verbunden zu sein.

Wenn das nicht klappt, schlägt das Über-Ich zerstörerisch zu: Du hast Dich nicht genug angestrengt und kontrolliert, du bist unwürdig. Du hast dein Ideal nicht erreicht!

Wir erahnen: Wer insgeheim denkt, ich bin verlassen worden, wird auch immer wieder neu Beziehungen so deuten, dass sie einen Verlauf nehmen, so dass sie Verlassenwerden wieder neu erleben!

Neid Tragische Personen haben das Gefühl, etwas wert zu sein und geliebt zu werden, aufgegeben. Nachdem sie dieses Gefühl einmal aufgegeben haben, setzen sie alle Hebel in Bewegung, um es wieder zurück zu bekommen. Sie erklären immer wieder, dass sie es verdienen, geliebt zu werden, weil sie bedürftig sind, weil man ihnen etwas weggenommen hat. Die anderen haben mehr, sind erfolgreicher usw. Das ist die Wurzelsünde Neid, die hier zum Vorschein kommt. Der Neid wird als Mittel eingesetzt, um Liebe und Zuwendung zu bekommen. Sie sind neidisch auf alle, die genialer sind, oder auch auf alle, die es anscheinend einfacher haben, „normaler" sind.

Fragen an uns alle Wie stark lamentieren wir, um Aufmerksamkeit zu ergattern? Wie stark vergleichen wir uns mit anderen, sind neidisch und versuchen uns als besonders herauszustellen, um so andere an uns zu binden?

Übung Naikan: Eine Übung mit drei Fragen kann uns allen helfen, die Versuchung des Neids und der Melancholie zu

überwinden. Die melancholischen, neidischen Typen sehen zu wenig, wie sie vom Leben beschenkt wurden und immer noch beschenkt werden. Deswegen sind für sie die drei Naikanfragen besonders heilend: Was hat jemand für mich getan? Was habe ich für diese Person getan? Und welche Schwierigkeiten habe ich ihr bereitet? Die vierte mögliche Frage „Welche Schwierigkeiten hat diese Person mir bereitet?" wird bei dieser Übung gestrichen. Das verhindert das Lamentieren: Ich bin zu kurz gekommen. Ich bin neidisch auf die anderen. Man hätte mir geben müssen... Die erste Frage bricht die verzerrte Weltsicht auf: Schau mal genauer hin. Hast Du nicht vieles übersehen oder vergessen, was andere Menschen für dich getan haben? Bist du nicht getragener als Du Dir das einredest? Die dritte Frage offenbart, wie der melancholische Neider durch seine Strategie, Beziehungen zu knüpfen, anderen große Schwierigkeiten bereitet hat. Er verlässt seine Kreisen um seine Perspektive, zu wenig vom Leben bekommen zu haben, und erkennt, dass er andere verletzt, enttäuscht oder benutzt hat. Die zweite Frage „Was habe ich für andere getan?" eröffnet ihm eine neue Perspektive. Gestärkt durch die erste Frage kann er neu und freier auf andere zugehen. Er entdeckt den alltäglichen, unaufgeregten Fluss der Liebe, der sich zeigt im Geben und Nehmen, im Beschenktwerden und Schenken.
Ausgeglichenheit Ebenso heilend ist für sie, wenn sie sich darin üben, bewusster in der Gegenwart zu leben. Nicht alten besseren Zeiten und vergangenen Träumen nachtrauern, nicht sich in Sehnsüchten nach einer idealen Zukunft verlieren, sondern wirklich die Gegenwart leben, sich selber bewusst jetzt spüren. Das fördert auch für sie die Tugend der Ausgeglichenheit.
Wenn sie lernen, wirklich, an ihre Erfahrungen heranzutreten, ohne auf sie zu reagieren, ohne an ihnen festzuhalten und ohne das Bedürfnis, dramatisch oder ungewöhnlich zu sein, dann wächst in ihnen Ausgeglichenheit und Gleichmut. Sie hören mehr und mehr auf, all ihre Erfahrungen und Handlungen zu kontrollieren. Sie werden offener für das Leben im Hier und Jetzt. Dafür ist es nötig,

nicht mehr anders sein zu wollen und nichts anderes mehr erleben zu wollen als das, was im jeweiligen Moment passiert. Das bedeutet, sich nicht mehr mit anderen zu vergleichen und das innere Bild davon, wie man zu sein hätte, nicht mehr als Maßstab zu nehmen. Dann wird auch das ständig verurteilende und kontrollierende Über-Ich schwächer.

Normalerweise setzen sich die melancholischen Künstlertypen in die Achterbahn der Gefühle und werden abhängig von dem Auf und Ab der Emotionen. In der Achterbahn der Gefühle haben sie den Eindruck, dass sie mit sich verbunden sein. Mit Gleichmut wächst ihre Fähigkeit, ihre Gefühle wahrzunehmen, ohne sich in die Achterbahn der Gefühle hinein zu setzen. Wenn ich die Gefühle in der Achterbahn anschauen kann, ohne mich in sie hineinzusetzen, dann spüre ich mehr und mehr, dass ich gehalten bin und nicht den Halt in mir selbst machen muss.

Wenn Sie sich auch mal verlassen, tieftraurig, alleingelassen und von der Welt enttäuscht fühlen, dann empfehle ich Ihnen ein Lied, das Sie auf Ihre Verbundenheit mit dem Weinstock hinweisen kann. Singen Sie es sich ruhig vor: Vergiss es nie, dass du lebst war keine eigene Idee und dass du atmest, kein Entschluss von Dir. Du bist gewollt, kein Kind des Zufalls, keine Laune der Natur, ganz egal ob Du Dein Lebenslied in Moll singst oder Dur. Du bist ein Gedanke Gottes, ein genialer noch dazu. Ja Du bist Du. Das ist der Clou.

Wir müssen Einmaligkeit nicht herstellen. Einmaligkeit haben wir alle von Gott geschenkt bekommen. Du bist ein genialer Gedanke Gottes. Das musst Du nicht erreichen!

Typ Fünf: Der Wissende – Geiz (18. So A)

Mt 14,13-21
Geiz Es gibt Menschen, die sparsam sind, zurückgezogen leben und steinreich sind. Manche der Allerreichsten der Welt gehören zu diesem Menschentyp. Auf den ersten Blick erscheinen sie uns seltsam und inkonsequent: Warum leben sie sparsam, wenn sie viel Geld haben? Warum leben sie zurückgezogen, wenn sie doch in allen Zügen ihr Leben genießen könnten?
Der klassische Moraltheologe würde sagen: Sie sind geizig! Aber warum sind sie geizig? Wie wurden sie geizig? Und kann das Erforschen dieser Fragen nicht auch für uns alle erhellend sein?
Man kann geizig mit seinem Besitz sein. Dann ist man habgierig, ist nicht spendabel, rechnet im Kopf genau nach, wie viel man vom anderen schon bekommen hat und wie viel man nach gesellschaftlichem Usus mindestens geben muss.
Man kann aber auch mit sich geizig sein: Die anderen mögen nicht zu nahe kommen. Lieber im Hintergrund bleiben und beobachten. Nicht zu viel von sich preisgeben.
Und tendieren wir nicht alle möglicherweise dazu, in einer Situation, in der wir nicht genau Bescheid wissen, in einer fremden Kultur zum Beispiel, erst einmal abzuwarten, zu beobachten, die Lage zu analysieren? Diese mögliche Reaktion, die in manchen Situationen sehr sinnvoll und normal sein kann, kann aber auch zu einem grundsätzlichen Lebensmuster werden. Und unsere sparsamen und zurückgezogenen Superreichen sind Extrembeispiele von Menschen, die diese Reaktion zum grundsätzlichen Lebensmuster gemacht haben. Aus lauter Angst, vereinnahmt zu werden, scheinen sie sich vor dem Leben zu verstecken, sich abzukapseln und in ihre eigene private Welt zurückzuziehen. Lieber beobachten als daran teilnehmen und sich nicht verpflichtet fühlen müssen.
Wie kann ein solches Lebensmuster entstehen? Eine grundsätzliche, tief sitzende verzerrte Sicht führt zu einem solchen

Lebensmuster: Jeder von uns ist letzten Endes von jedem anderen getrennt. Das ist eine verzerrte Grundannahme, die jeder Egoist, jeder Egozentriker hat. Wenn aber diese Verzerrung dominant wird, wird ein Mensch geizig. Insgeheim denkt er: Ich bin von den anderen getrennt. Wie soll ich mich schützen vor der auf mich zukommenden Welt? Durch Rückzug, durch Bewahrung dessen, was zu mir gehört, durch Wissen und Forschung, damit ich gewappnet bin!

Man kann diesen Menschentyp auch Denker oder Beobachter nennen. Wir Menschen brauchen alle Orientierung und Sicherheit. Wenn ein Kind seine Umwelt als bedrohend oder unsicher erlebt, vielleicht weil es selbst sehr sensibel ist oder ein Elternteil besonders aufdringlich ist oder weil es zu wenig passend mit Kontakt und Nahrung versorgt wird, kann es darauf reagieren, dass es sich zurückzieht. Lieber dicht machen, lieber mit Abstand beobachten, analysieren, Wissen ansammeln und abwägen, bis man den nächsten Schritt macht.

Gleichzeitig hat dieser Mensch auch Angst vor der inneren Leere, die es in sich vorfindet. Die Angst, von der feindseligen Welt verstoßen zu werden. Sie fühlen sich nicht gesehen und nicht gewürdigt, entfremdet und isoliert.

Wie soll man dagegen vorgehen? **Die Strategie der Geizigen:** Das wenige, das sie besitzen, könne ihnen ja auch noch genommen werden und müsse deshalb geschützt werden. Von anderen, von außen, so fürchten sie, wird ihnen selten etwas entgegenkommen. Deswegen schränken sie ihre Wünsche und Sehnsüchte ein. Die fehlende Orientierung in der Kindheit versuchen sie durch Schulung des Verstandes wett zu machen, um ihre Umwelt zu erkunden. Sie ersetzen echte Erfahrungen machen durch Wissen ansammeln. Denn echte Erfahrungen machen würde bedeuten, wirklich wieder aus dem Versteck herauszugehen! Wissen bedeutet für sie Sicherheit!

Indem der Denker und Beobachter versucht, seinen inneren Raum und seine Seele dadurch zu bewahren, dass er sich vom Leben zurückzieht, kapselt er sich ab und sein Inneres wird öde und leer! Aber das ist ja gerade der Mangel, den er nicht spüren will! Also wird er die riesige innere Wüste, in der er allein, isoliert und abgeschnitten und beschämt ist, durch Wissen ansammeln verdrängen.

Zwei Bibelstellen sollte der geizige Denker und Beobachter besonders meditieren.

Zuerst Paulus´ Gleichnis vom Leib und den vielen Gliedern. „Wenn der Fuß sagt: Ich bin keine Hand, ich gehöre nicht zum Leib!, so gehört er doch zum Leib." 1 Kor 12,16. Wir können weiterdenken: Die einzelnen Zellen, Organe und Systeme des Körpers wirken zusammen. Zellen haben zwar Zellwände. Diese sind jedoch durchlässig. Zwischen den Zellen gibt es einen ständigen Austausch von Hormonen, Signalstoffen, Nährstoffen, Ionen, Wasser usw. Und gleiches gilt für uns Menschen. Wir leben nur in Beziehungen und Verknüpfungen und ständigem Austausch. Und dieses Geben und Nehmen kann Fülle hervorbringen. Vielleicht liegt das Wunderbare in der Erzählung von der Speisung der 5000 darin, dass Jesus die Menschen zum Teilen brachte. Was hier geschieht, steht im genauen Gegensatz zu den Erwartungen und Erfahrungen der Geizigen: die Menschen teilen und alle bekommen genug. Die Knappheit an körperlicher wie geistiger Nahrung ist die Wahrnehmung, die die Geizigen dazu treibt, ihre Zeit, Energie und Gefühle zu horten. Sie definieren Reichtum wie typische Kapitalisten: Reichtum ist "das, was ich habe". Ich muss es dir entweder wegnehmen oder mit so wenig wie möglich auskommen, damit mein kleiner Reichtum so lange wie möglich ausreicht. In Gleichnis dagegen ist Reichtum "das, was wir teilen". Wenn die Menschen in Gemeinschaft leben und teilen, schaffen sie Überfluss und Reich Gottes wächst. Wenn sie im Wettbewerb zueinander stehen, schaffen sie erst die Knappheit, die sie mit ihrem Kampf gegeneinander dann zu beseitigen versuchen.

Der Denker versucht eigentlich etwas Göttliches und etwas Spirituelles zu simulieren. Durch sein Wissen ansammeln versucht er, die Allwissenheit Gottes zu imitieren, und durch seine Rückgezogenheit erscheint er als indifferent. Aber sein Wissen ist blutleer.
Heilung geschieht, wenn er sich auf die Suche macht, wirkliche Erfahrungen zu machen. Zu allererst muss der Beobachter seine Distanz zu sich selbst loslassen. Stattdessen soll er wirklich seinen Körper, seine Gefühle und Bedürfnisse wahrnehmen, ohne sie mit Denken gleich zu überspielen und sich mit Denken zu distanzieren. Daran wird sich die Unterscheidung der Geister zeigen, ob es ein gesundes Loslassen oder ein unheiles Distanzieren ist.
Der Beobachter imitiert aus Angst, enttäuscht zu werden, die Haltung der Indifferenz. Er lebt so, als säße er in einem Theater in der hintersten Bank mit sicherer Distanz zur Bühne. Wenn er eine gesunde Indifferenz lebt, geht er auf die Bühne und stellt sich in aller Freiheit und Weisheit immer neu der jeweiligen Situation.
Dies kann er aber nur, wenn er weiß, dass er voll von der Gnade des Heiligen Geistes ist. Die Seele ist ein gottförmiges Vakuum. Der geizige Denker spürt dieses Vakuum und füllt dieses Vakuum. Z. B. mit Wissen, eventuell sogar mit Geld. Es geht jedoch darum, Gott zu dienen. Unsere Sehnsucht nach Gott kann nicht durch Geld oder Wissen ansammeln erfüllt werden. Wenn wir aber wissen, dass wir nach Gott suchen, wird der Blick frei für die Gnade: In unserer Beziehung zu Gott haben wir nicht nur immer genug, sondern bekommen es auch ohne Gegenleistung zur Verfügung gestellt und sind verpflichtet, es mit anderen zu teilen. Unsere Grundhaltung ist nicht Bedürftigkeit, sondern Dankbarkeit dafür, dass unsere Bedürfnisse schon befriedigt sind, auch wenn wir es noch nicht wissen. Denn Liebe vermehrt sich, wenn man sie weitergibt!

Typ Sechs: Der Skeptische – Angst (12. So B)

Mk 4,35-41
Ist der Mensch mit sich überfordert? Kann der Mensch sich selbst nicht trauen? Oder kann der Mensch in sich einen guten Kern entdecken, der göttlich ist, auf den er bauen kann? Augustinus ging davon aus, dass der Mensch so stark in Sünde verstrickt ist, dass er die Kirche als Institution nötig hat, um Orientierung zu bekommen. Im 20. Jahrhundert behauptet der Philosoph Arnold Gehlen das gleiche im weltlichen Gewand. Der Mensch ist sich so sehr selbst Frage, dass er mit sich überfordert ist. „Das Innere wird zu einem Reich folgenloser Phantasie oder folgenschwerer Obsessionen."[4] So wie Augustinus 1600 Jahre vorher die Kirche für notwendig hielt, sind für Arnold Gehlen die Institutionen heilende Orientierung für den haltlosen modernen Menschen.

Wir können neben Augustinus und Gehlen noch Thomas Hobbes stellen: Der Mensch ist des anderen Mensch Wolf. Also eigentlich herrscht Sozialdarwinismus: Der Stärkere überlebt. Um dieses Chaos zu überwinden braucht es den Leviathan, den starken Staat, der das Gewaltmonopol innehat. Er schafft Ordnung, Sicherheit und stabile Verhältnisse!

Eine falsche Sichtweise entsteht immer aus einem Zuviel und einer qualitativen Verzerrung! Natürlich brauchen wir die Kirche, aber wir haben einen guten Kern in uns. Natürlich brauchen wir Institutionen, aber Menschen sind nicht immer mit sich völlig überfordert, so dass sie nur am Gängelband von Institutionen überleben könnten. Natürlich brauchen wir einen starken Staat, aber nicht, weil alle Menschen durch und durch egoistisch sind und sonst der reinste Überlebenskampf ausbrechen würde, in dem es Solidarität und Mitgefühl nicht mehr gäbe.

Angst Hinter all diesen theologischen und philosophischen Konzepten steht eine große Angst und ein bestimmter Menschentyp, der durch diese Angst geprägt ist.

Diese Angst entsteht aus einer grundsätzlichen Verzerrung: Menschen und damit ich selbst sind ohne göttlichen Funken, ohne guten Kern. Ohne guten Kern sind wir Menschen vielleicht nur ein biochemisches System. Dann sind wir nicht mehr als unser Körper und unsere Instinkte. Das Leben ist flüchtig, vergänglich und ohne bleibende Bedeutung. Sind dann nicht alle Menschen, auch ich selber, selbstsüchtig, egozentrisch, berechnend und taktierend, so dass man auch einer scheinbar guten Handlung oder einem guten Wort nicht trauen kann? Wie kann der Mensch mehr sein als ein Egozentriker, getrieben von Todesängsten? Wie kann der Mensch mehr sein als des anderen Menschen Wolf wie bei Hobbes? Was kann es noch anderes geben als Konkurrenz wie bei Charles Darwin? Alle kämpfen ums Überleben und die eigenen Interessen und die Starken besiegen die Schwachen. Sie kümmern sich nicht um die Auswirkungen ihres Handelns auf andere. Das Leben ist dann nur eine Frage des Durchhaltevermögens.

Es kommt eine weitere Annahme beim ängstlichen Menschentyp dazu: **Ich gehöre nicht zu den Starken!** Ich bin völlig untauglich in diesem Lebenskampf. Todesangst steigt auf: Wie kann ich in einer solch feindlichen Welt überleben? In einer solchen Welt gibt es kein Vertrauen in die Natur des Menschen, jeder kann zu deinem Feind werden und zur Gefahr. Da kann die Kirche, die Institution, der starke Staat als der einzige Ausweg erscheinen, um Sicherheit und Orientierung zu bekommen.

Defensives Misstrauen – davon sind die Angstmenschen geprägt. Jedoch bei jeder Variation eines Egomusters finden wir Angst, Flucht vor dem, was man unbedingt vermeiden möchte und ablehnt, Misstrauen in der Tiefe – vor sich selber und vor anderen. Viele dieser ängstlichen Menschen würden nicht ausdrücklich sagen: Der Mensch ist nur egoistisch. Aber in der Tiefe herrscht nicht der Glaube an den guten Kern sondern Misstrauen. Das zeigt sich im Alltag in vielerlei Weise: Z. B. im Zweifeln. Meint der andere es wirklich ehrlich? Hat er nicht so einen verdächtigen Gesichtsausdruck gezogen, als er sagte: „Es ist nichts!"? Ist da eine

Heimlichtuerei im Gange? Oder es fällt ihnen schwer, sich zu entscheiden. Sie fragen andere um Rat und hängen sich gern an einen Führer oder eine Bewegung. Ihre Handlungen haben häufig eine zögerliche und stotternde Qualität, weil sie auch in sich keinen Halt und keine innere Sicherheit finden.

Blockade Die Wahrnehmungs- und Denkfunktionen, die einem Menschen Sicherheit und Orientierung geben, sind bei diesem Menschentyp mehr oder weniger blockiert. Ein solcher Mensch ist unsicher, misstrauisch und zweifelnd. Sie haben den Kontakt zu ihren Gefühlen und zu ihrem Körper verloren. Sie sind Kopfmenschen. In ihren Gedanken brüten sie über Zweifel, Angst und mögliche Gefahren. Auf Grund der vielen Gedanken sind sie auch gewissermaßen handlungsunfähig. Häufig beginnen sie eine Sache und brechen sie wieder ab. Die Angst ist derartig dominant, dass sie das Denken so sehr beherrscht, dass dadurch Wahrnehmungen bzw. Anzeichen von Sicherheit und Orientierung nicht bewusst wahrgenommen und gespürt werden. Die Angst verschleiert die Wahrnehmung und verhindert somit mehr oder weniger ein "fliesendes" Leben. Die Angst kann so tief sitzen, dass sie selbst gar nicht richtig gespürt wird.

Wir finden auch das Gegenteil: **Anti-Phobiker!** Sie verbergen und überspielen ihre Angst, indem sie gezielt Risiken eingehen und Draufgänger sind. Aber in der Tiefe dominieren auch bei ihnen die Angst und die zynische Weltsicht. Sie wollen aber nicht der Schwächling sein und stürzen sich ins Wagnis.

Ein innerer und äußerer Teufelskreis beherrscht diese ängstlichen Menschen: Innere Triebe, Affekte und Körpersignale erlebt der Ängstliche als gefährlich. Sie werden angezweifelt und abgewertet, weil sie aus dem gefährlichen inneren Bereich stammen könnten. Der geringste Zweifel blockiert daher jeden Impuls. Einerseits handeln sie aufgrund ihrer Angst oft impulsiv und reaktiv, andererseits kommt ihnen jede spontane innere Bewegung verdächtig vor. Sie wird vom Verstand auseinandergenommen und abgetötet. Deswegen handeln sie in

Extremsituationen so gut, weil in diesen keine Zeit zum Grübeln ist. Sie sind oft gute Polizisten oder Pfleger in der Notaufnahme. Ihre gefährlichen Impulse, ihr unsicheres Inneres projizieren sie nach außen. Sie vermuten bei den anderen Falschheit, Missgunst, verdeckte Attacken, Intrigen usw. Wem kann man schon trauen?!
Selbsterfüllende Weltsicht Daraus entsteht ein weiterer Teufelskreis. Denn wie man in den Wald hineinruft, so ruft es aus den Wald hinaus. Wenn der Glaube an die guten Absichten der anderen nicht besteht, dann prägt das Misstrauen das Miteinander. Diese verzerrte Weltsicht erschafft die Wirklichkeit, umso mehr Menschen daran glauben. Sie wird zu einer selbsterfüllenden Prophezeiung.
„**Ich tue meine Pflicht!**" Da wünscht man sich nichts mehr als Sicherheit. „Ich tue meine Pflicht in einer schützenden Institution und dann bin ich sicher!" Eine Autorität oder eine Institution gibt Halt, den man nicht in sich findet!
Aber wie kann man einen Halt wieder in sich selber finden?
Mit einem medizinischen Vergleich gesprochen: Man kann seine Umgebung keimfrei machen oder in eine keimfreie Umgebung flüchten. Aber besser ist ein starkes Immunsystem. Das Leben ist wie eine Seefahrt, die See nicht immer ruhig! Die ängstlichen Jünger rufen aus Verzweiflung und Todesangst, als ob Jesus gar nicht da wäre. Aber er schläft nur! Als er aufwacht und die See beruhigt, fragt er vorwurfsvoll: Habt ihr keinen Glauben?!
Haben wir keinen Glauben, dass Jesus in unserem Lebensboot sitzt, auch wenn er manchmal zu schlafen scheint? Wir sind mehr als unser Körper, unsere Gedanken und unsere Emotionen. Das tiefste ist der Heilige Geist in uns. Rahner nannte es übernatürliches Existenzial, Meister Eckhart das Seelenfünklein. Daraus erwächst eine Seelenstärke, die Unerträgliches tragen kann. Aber Spirituelle Lehren reichen nicht aus. Wir müssen unseren inneren Halt, Jesus Christus in uns erleben. Unsere Seelen verwandeln sich nur durch direkte Erfahrung!

Tugend Mut Wir ängstlichen Menschen brauchen etwas Mut, um uns auf den Weg zu machen, diese Erfahrung in uns zu suchen. Und gleichzeitig wird dieser Mut auf diesem Weg wachsen.
- Mut, die alten Sicherheiten, die idealisierten äußeren Autoritäten loszulassen.
- Mut, die Vorstellungen über sich selbst infrage zu stellen, wie z. B. ich bin schwach und brauche äußeren Halt.
- Mut zu verstehen, dass ich das Bedürfnis habe, die von mir erwählten Lehren blind zu schlucken.
- Mut, meine starke Ausrichtung auf Angst und Zweifel zu erkennen.
- Mut, sich dem Gefühl zu stellen, klein schwach und hilflos zu sein. Dann gelingt es mir immer öfter, meine innere Wirklichkeit begegnen zu können, ohne von Angst überwältigt zu werden und meine Erfahrungen anzuzweifeln.
- Mut, in der Kindheit die Situationen zu entdecken, durch die der Mangel an Vertrauen in die eigene Wahrnehmungen und der Zweifel entstanden ist.
- Mut, sich der Angst zu stellen, keine tiefere Wirklichkeit zu besitzen. Genau in dieser Leere und in diesem Mut, den Weg weiter zu gehen, werde ich mehr und mehr die Gegenwart des Heiligen Geistes in mir entdecken. Dann kann ich mutig an mich selber glauben!

Auch den äußere Teufelskreis möchte Jesus durchbrechen: "Ihr aber sollt eure Feinde lieben und sollt Gutes tun und leihen, auch wo ihr nichts dafür erhoffen könnt. [...] Seid barmherzig, wie es auch euer Vater ist!" Lk 6,35f. Das lädt ein, die verzerrte Sichtweise des Misstrauens zu durchbrechen. Auch der Feind hat einen guten Kern, wenn er auch stark verdeckt sein mag. Jesus leistete mit seinem Kreuzestod radikalem Widerstand dem Teufelskreis des Misstrauens, der Wolfswelt von Fressen und Gefressenwerden. Die Auferstehung steht für die Hoffnung, dass der Glaube an die Liebe stärker ist!

Typ Sieben: Der Glückliche – Maßlosigkeit (24. So C)

Mt 15,1-32
Was haben folgende drei Menschen gemeinsam?
Jugendlicher A hat für Freitagabend bei drei Partys zugesagt. Wenn eine Party langweilig wird, kann er immer noch zur nächsten gehen.
Aktivist B entwirft, wie die Gesellschaft sich in eine Postwachstumsgesellschaft verändern kann. Er entwirft einen genauen Plan, wie die einzelnen Teile der Wirtschaft, der Politik und der Gesellschaft umgebaut werden müssen.
Der spirituell Suchenden C liest viele Meditationsbücher, die beschreiben, welche die verschiedenen Stufen der geistlichen Entwicklung sind, und versucht, diese Stufen bei sich zu entdecken oder zu erreichen.
Alle drei planen ihre Zukunft und das in übertriebener Weise. Mag A nur an seinem eigenen Spaß in naher Zukunft besonders orientiert sein, so erscheint B selbstloser, weil er für die Zukunft der Gesellschaft sich einsetzt, und C verfeinert und sensibler, weil er weitere spirituelle Stufen erreichen möchte.
Doch allen ist gemeinsam, dass sie bewusst oder unbewusst eine gute Entfaltung der Dinge nicht annehmen, dass sie zu wenig Vertrauen haben in eine Führung des Heiligen Geistes in die Zukunft hinein. Sie glauben, sie müssten selber herausfinden, wie die Dinge funktionieren, und müssten im Voraus planen, wohin die Dinge sich entwickeln werden, um dann zu versuchen, die Welt ihrem Plan anzupassen. Sie glauben, sie müssten den Elan vital in die Welt hineinbringen. Sie glauben nicht ganz daran, dass Gott selber alles mit seinem Elan vital beseelt und vorantreibt.
Und so lieben diese Menschen es, sich mit Visionen und Gesamtplänen zu beschäftigen und flüchten sich in ihre optimistische Vorstellung einer schönen Zukunft.

Eine Party planen wollen Und wir sollten uns bewusst machen, dass in uns allen mehr oder weniger diese Egostrategie vorhanden ist. Wir erkennen das vielleicht an einem alltäglichen Beispiel: Sie bereiten eine Party vor und stellen sich vor, wie sie ablaufen soll. Sie haben Vorstellungen davon, wie diese Party schön wird. Die ersten Gäste kommen. Einiges läuft nicht so, wie Sie sich das ausgemalt haben. Wenn Sie nun zu sehr in Ihren Plänen verhaftet sind, könnten Sie frustriert sein. Mist, die Party läuft nicht, wie ich mir das gedacht habe! Glückwunsch: Sie haben in sich Ihr Ego-Planen entdeckt! Aber vielleicht haben Sie dann auch schon erlebt: Als Sie sich nach dieser Einsicht auf die Party, wie sie nun einmal verläuft, eingelassen hatten, wurde das Fest doch noch schön – wenn auch ganz anders als gedacht!

Planen loslassen beim Meditieren Oder haben Sie schon mal meditiert? Dann wissen Sie, dass Sie im Voraus nie wissen können, wie die nächste Meditation ablaufen wird. Selma Lagerlöf hat dies in ihrer Geschichte von der Lichtflamme wunderbar beschrieben. Uns ergeht es wie Raniero mit der Lichtflamme auf dem Pferd. Er muss sich rückwärts auf das Pferd setzen, um die Lichtflamme vor Windzug zu schützen. Jedoch in dieser Position kann er nicht sehen, wie das Pferd weiterläuft. Er muss sein Nichtwissen, wie es weitergeht akzeptieren. Er muss sich vom Pferd führen lassen.

So ergeht es uns in der Meditation: Wird die nächste Meditationszeit ruhig verlaufen, oder werden Schmerzen kommen, werden viele Gedanken da sein? Wenn ich in der Haltung des Nichtwissens und Nichtplanens bleibe, ist spirituelles Wachstum möglich, weil ich alles der Gnade überlasse. Und in der Haltung des Nichtwissens und Nichtplanens bin ich wirklich in der Gegenwart. Dann kann ich mehr und mehr erahnen: Nur in der Gegenwart, in der sich immer neu entfaltenden Gegenwart, geschieht Neuschöpfung. Wir erfahren das nur, wenn wir im Fluss der Zeit selbst sind.

Entfaltung Wenn wir vollständig gegenwärtig sind, können wir auch erkennen, dass diese Präsenz nicht statisch ist, sondern sich

ständig wandelt. Das gesamte Universum ist wie ein Springbrunnen, der ständig aufsteigt, ständig verschiedene Formen ausschüttet – und doch immer Wasser, d.h. immer das Sein, die Gegenwärtigkeit bleibt. In diesem Fluss des Seins zu verweilen bedeutet, sich in der wahren Zeit aufzuhalten. Die Dauer von Bergson!
Unsere Seelen entfalten sich ebenfalls auf organische Weise. Deswegen können wir innere Entfaltung weder planen noch bestimmen, in welche Richtung sie gehen sollen. Die Zeiten, die wir bewusst in der Gegenwart verbringen, sind wertvoll für die Reifung unserer Seele. Der Versuch, diese Entfaltung der Seele denkend selbst zu steuern und anhand der Informationen, die wir aus spirituellen Büchern haben, im Voraus zu planen, blockiert die Entfaltung. Dadurch, dass wir schon zu wissen glauben, wohin der Weg uns führt und wie lange wir gehen müssen, verhindern wir jede wahre Entfaltung.
„Im selben Augenblick, wo man versucht, seinen inneren Prozess zu dirigieren – „ich sollte mich nicht so, sondern so fühlen; ich möchte dieses statt jenem fühlen" – handelt man aufgrund des Glaubens, dass man wüsste, was man im nächsten Augenblick erfahren sollte. Jede Ego-Aktivität beruht auf diesem Prinzip."[5]
Die Verblendung: Ich muss mein eigenes Leben planen! Ich bekomme nicht genug Orientierung! Ich merke das Entfaltungsmuster des Universums nicht, ich muss die Entfaltung selber übernehmen. Damit möchte das Ego den göttlichen Elan vital selbst herstellen. Es hat den Eindruck, dass es abgetrennt ist vom pulsierenden Leben. – Damit ist aber das Ego oft überfordert und fragt sich desorientiert, wohin es gehen soll. Ein Ausweg aus dieser Überforderung?
Optimismus, Flucht nach vorne, Maßlosigkeit. Wenn etwas jetzt nicht klappt, ergreife ich die nächste Möglichkeit, plane ich weiter an meiner schönen und glücklichen Zukunft. Wenn eine Party langweilig ist, gehe ich zur nächsten. Der Jugendliche A, der Aktivist B und der Suchende C sind Idealisten, Optimisten, die

keine Langeweile, keine Unzufriedenheit, keinen Scherz aufkommen lassen wollen. Positives Denken benutzen sie als Abwehr. Sie brauchen die Anregungen, die von neuen Ideen, Erfahrungen und Interessen ausgehen. Deswegen tendieren sie zur Sünde der Maßlosigkeit. Jede Wiederholung führt bei ihnen zu Langeweile und Unzufriedenheit.

Der maßlose Optimist und Idealist kann auch nicht ganz in seinem Körper verankert sein und die gesamte Bandbreite seiner Emotionen erleben. Er bewohnt lieber eine glückliche, aufregende und viel versprechende innere Welt. Einige Teile der Realität benutzt er, um seine utopische Fantasiewelt zu stützen, den Rest lässt er fallen. Anstatt in seiner Seele zuhause zu sein, tritt er über seinen Verstand in Kontakt mit ihr. Sein Verstand ist pausenlos aktiv. Er fürchtet insgeheim die Wirklichkeit. Seine intellektuelle Welt erscheint ihm weitaus sicherer. Sollte irgendetwas schief ging, kann er jederzeit auf andere Pläne und Möglichkeiten zurückgreifen.

Maßlose Optimisten haben einen bestimmten Blick auf die Welt, der diese Welt kleiner macht. Sie sehen nur die Sonnenseite des Lebens, deshalb wirkt die Welt platt und substanzlos. Das Gewicht der Schattenseite fehlt, und sie leiden manchmal unter einem Mangel an Schwere. Unangemessene Freude wird zu Albernheit. Weil sie immer lieber auf die schöne Seite der Dinge schauen, empfinden sie wenig oder überhaupt keine Schuld. Sie flüchten sich lieber maßlos in immer neue Stimulierungen. Ihr Heißhunger kann Ideen gelten, Büchern, Drogen, Nahrungsmitteln, Getränken, gute Erfahrungen und ekstatische Zustände. Aus Angst vor der inneren Dürre, Langeweile, dem Schmerz und dem Mangel können sie sich in den Konsum stürzen.

Der verlorene Sohn – ist er nicht auch so ein maßloser Optimist?! Er möchte sein Leben selbst planen, er möchte sein Leben genießen und sich sein Glück genießen. Schmerz, Leid, Langeweile verdrängt er. Aber als die Hungersnot hereinbricht, kann er das, was er immer überspielt, idealisiert oder verdrängt hat, nicht mehr wegerklären. Er stellt sich seiner Schuld, seinen Fehlern, seinen falschen Lebensplänen, seiner Maßlosigkeit und seiner Ferne zum Vater, d. h. seiner Ferne zur Lebensquelle, zum Heiligen Geist. Ernüchtert wendet er sich um und kehrt zurück.

Ja **Nüchternheit** ist die heilende Tugend für den maßlosen Idealist. Nüchternheit beginnt für sie, dass sie versuchen, ganz in der Gegenwart und in der Realität zu sein, anstatt in ihren Traumwelten und Plänen und Utopien. So wie im obigen Beispiel: Die Party so nehmen, wie sie eben gerade verläuft und die eigenen Pläne loszulassen.

Natürlich müssen wir Menschen planen. Aber es gibt **ein Zuviel** an Planen und ein Planen mit der **falschen Haltung**, die nicht mehr genug Raum für die organische Entwicklung gibt, die zu wenig auf die Führung des Heiligen Geistes vertraut.

Nüchternheit beginnt, wenn der Idealist merkt, wie sehr er in seinem Verstand lebt, wie stark er ausgefeilte Pläne macht. Nüchtern erkennt er: Es kommt nicht auf die Vielzahl von Gipfelerlebnisse an. So kann er sich mehr und mehr sich der Angst vor direktem Erleben und der inneren Leere stellen. Nüchtern kehrt er mit dem verlorenen Sohn um, um Gott selbst zu suchen, d. h. den Vater. Und nicht die Gaben Gottes, das Erbteil.

Dann kann er nüchtern beides annehmen: Aufregung und Langeweile, Anregung und Hohlheit, das Negative und das Positive willkommen heißen.

Wahre Freude Und er kann nüchtern erkennen, dass seine Abwehr gegen schmerzhafte oder angsterregende Inhalte nichts mit der lockeren und offenen Haltung zu tun hat, die er so gern an den Tag legen möchte. Folgt er dann dieser wahren Sehnsucht nach dem Vater, entdeckt er in sich die echte Freude in dieser Sehnsucht. Diese Freude wird ihm vom Heiligen Geist geschenkt. Denn der Vater feiert ein Fest!

Typ Acht: Der Kämpfer – Schamlosigkeit (7. OsSo C)

Joh 17,20-26
Der kämpfende Cowboy im Wilden Westen, der ein Unrecht rächt! – Wer kennt ihn nicht aus den Westernfilmen. Ein harter Mann, der stark ist, keine Schwäche zeigt, der keine sanften Gefühle kennt. Dieser Typ von Mensch begegnet uns auch in modernen Actionfilmen und Thrillern: knallhart bekämpft er das Böse. Er will und muss stärker sein, um zu überleben. Vielleicht hat der Ganove seinen Partner umgebracht, oder seine Frau, oder ein Kind. Auf diesem Feldzug der Vergeltung achtet er nicht auf Gesetze. Denn die Welt ist sowieso ein Dschungel, ein Wilder Westen, in dem nur der Stärkere überlebt!
Ein wunderbares Klischee, das es nur auf der Leinwand gibt? – Ich glaube nicht ganz. Wir begegnen auch in der Wirklichkeit solche Menschen. Das können vorankämpfende Chefs sein, starke Führerpersönlichkeiten, knallharte Bosse.
Freund-Feind Wenn man diesen Menschentyp mit dem Enneagramm, eine spirituelle Typenlehre, näher verstehen will, zeigt sich, dass sie von einem spezifischen verzerrten Weltbild ausgehen. Kurz gesagt: Sie denken darwinistisch – der Stärkere überlebt. D. h. eigentlich ist weder die Barmherzigkeit noch das Recht stark genug für ein gutes Zusammenleben der Menschen. Das stärkste Gesetz ist das Gesetz des Dschungels oder des Wilden Westens: Angriff ist die beste Verteidigung. Hoffe nicht auf Mitgefühl, Verständnis oder Barmherzigkeit. Hoffe nicht darauf, dass Du Recht bekommst und jeder vor dem Gesetz gleich ist. Schaue lieber: Wer ist dein Feind und wer ist dein Freund? Du musst stärker sein als der Feind und mit dem Freund kannst Du das Leben aus vollen Zügen genießen! Die verzerrte Sicht ist also in Bezug auf die Mitmenschen, dass alle in Schwarz und Weiß, Freund oder Feind eingeteilt werden.

Wie kann ein solches Lebensmuster entstehen? Als Kind haben solche Menschen immer wieder erlebt, dass ihre Umwelt unberechenbar ist, dass Erziehungspersonen ihre Macht missbrauchen und dass es als schwaches Kind sich nicht wehren konnte, sein Terrain nicht verteidigen konnte. Belohnung und Strafen erfolgten unberechenbar. Also kam das Kind zu der Strategie, hart zu sein, um nicht mehr in die Wehrlosigkeit hinein zu rutschen. Wer aber die Gefühle von Schwäche unterdrückt, der unterdrückt auch andere sensible Gefühle. Sein Über-Ich treibt ihn ständig an, dass er zu schwach sei, dass er stärker sein muss. Hilflosigkeit möchte er nicht spüren. Und schuldig möchte er auch nicht sein, lieber den Schwarzen Peter weitergeben und kämpfen und rächen.

Aber wie dann das Leben genießen und was ist dann das Leben überhaupt? Das führt uns zu einer weiteren Sichtverzerrung und zu der Wurzelsünde dieser Menschen.

Materialistische Sicht Zur sozialdarwinistischen Sichtweise, dass nur der Stärkere überlebt, passt die Philosophie, dass eigentlich nur das Materielle wirklich ist. Das Geistige lässt sich auf das Materielle zurückführen, unser Bewusstsein ist nicht mehr als das Konzert von feuernden Neuronen. Denn wenn nur das Materielle wirksam ist, dann überlebt der, der mehr Kraft hat. Wenn nur das Materielle wirklich ist, dann kann man es nur durch die Sinne genießen. Und deswegen sollte man das Leben ausgiebig, schamlos genießen mit körperlichen Vergnügen.

Schamlosigkeit bedeutet, dass man auf keine Grenzen Rücksicht nimmt. Das sind also Dampfwalzen-Typen! Wenn ein solcher Boss-Typ den Raum betritt, merken das sofort alle anderen. Wenn er z. B. Essen genießt, dann verschlingt er es! Solche Menschen greifen lieber schamlos an, um die Autonomie des anderen zu verletzen, bevor er angegriffen wird.

Vitalität Aber eine gewisse Ähnlichkeit hat das Verhalten mit einer Gabe des Heiligen Geistes: An Pfingsten überwindet der Heilige Geist auch Grenzen. Er treibt die ängstlichen Jünger aus

ihren engen Häusern auf die Straße und lässt sie das Evangelium in allen Sprachen verkünden. Die Barrieren zwischen den Menschen werden überwinden. Die rote Farbe steht hier für die Lebendigkeit, Vitalität, Stärke des Heiligen Geistes.
Starke Männer mögen versuchen, diesem Ideal nachzuahmen. Aber sie tun es mit einer verzerrten Weltsicht und wollen aktiv erreichen, was sie in der Fülle nur vom Heiligen Geist geschenkt bekommen können!
Wie kann Umkehr stattfinden? Ein Weg ist die Tugend Unschuld. Sie beginnt damit, dass diese Menschen ihre verzerrende Brille, die alles in Freund und Feind aufteilt, absetzen und versuchen, neu, frisch, unvoreingenommen – eben unschuldig einem Mitmenschen oder einer Situation zu begegnen.
Eine weitere Möglichkeit der Umkehr ist die Einsicht, dass das ganze Sein nicht auf Materie und seine Wirkungen und Gesetze zurückgeführt werden kann. Geist lässt sich nicht reduzieren auf Materie. Die ganze Wahrheit ist, dass das Sein Geist und Materie ist, unvermischt und ungetrennt, ähnlich wie Jesus Christus wahrer Mensch und wahrer Gott ist. Wenn er das erahnt, ist er offen, sich auch vom göttlichen Geist beschenken zu lassen und den Heiligen Geist in sich zu entdecken. Dann kann er auch anders mit seinen Schuldgefühlen umgehen. Im Innersten ist er unschuldig und mit dem Heiligen Geist verbunden, was er auch er erlebt und getan hat. Gott ist überall gegenwärtig ist und deswegen die tiefste Beschreibung der Realität die Einheit ist. „Alle sollen eins sein: Wie du, Vater, in mir bist und ich in dir bin, sollen auch sie in uns sein, damit die Welt glaubt, dass du mich gesandt hast." Joh 17,21. Im Abschiedsgebet spricht Jesus direkt diese tiefste Wahrheit an: Einheit ist tiefer als jede Trennung, Aufteilung und Dualität. Und genau diese Wahrheit sollen wir erfahren und in dieser Wahrheit leben.
Und so offenbart uns dieser Menschentyp etwas Grundsätzliches eines jeden ängstlichen Egos: Das Ego entsteht mit dem Verlust der Wahrnehmung der Einheit. Man nimmt die Realität durch

Aufteilungen, Dualitäten, Trennungen wahr und plötzlich gibt es zwei Seiten: eine Seite trägt eine Schuld. Irgendjemand hat ein Verbrechen begangen, es muss aufgespürt und gerächt werden. Das Kind, das bestraft wird, beschuldigt sich zuerst immer selber. Wenn nun die Selbstanklage und Selbsthass auf andere projiziert wird, um den eigenen Schmerz zu verdrängen, entsteht der Kämpfertyp. Rache ist dann der verzweifelte Versuch des Ego, die Einheit selbst wieder herzustellen, anstatt die Einheit durch die Gnade zu erfahren. Jeder unerlöste Mensch kann tief in sich spüren, dass er ein Schuldgefühl in sich trägt, den Kontakt zum guten Kern verloren zu haben. Erlösung geschieht, wenn wir immer mehr erkennen, dass der Heilige Geist da ist und uns erfüllt. Dafür müssen wir unsere Aufteilungen aufgeben. Jesus lädt uns z. B. mit der Geschichte vom barmherzigen Samariter dazu ein. Der Ausländer, der Feind hilft! Man kann also nicht exakt in Schwarz und Weiß aufteilen. Aber gerade wenn wir anderen helfen, weich werden für das Leid anderer, geschieht auch bei uns Heilung.

Das schwache, hilflose Kind in diesem knallharten Typen, das eigentlich nur geliebt werden wollte und so lange verdrängt wurde, darf dann zum Vorschein kommen. Mit diesen Einsichten und der Gnade des Heiligen Geistes kann der harte Cowboy weich werden.

Typ Neun: Der Friedfertige - Trägheit (28. So A)

Evtl. Lesung Szene 1.-4. In „Das Enneagramm unserer Beziehungen" Maria-Anne Gallen, Hans Neidhardt, S.137-139.

Mt 22,1-14
Träger, friedfertiger Menschentyp Kennen Sie solche Menschen (wie Frau NEUN in der Lesung)? Verständnisvoll für alle, sich zurücknehmend. Eine friedliebende gemütliche Person. „Sie hat Mühe, Prioritäten zu setzen. Dinge, die wichtig sind oder erledigt werden müssen, „vergisst" sie leicht. Sie vermeidet offene Konflikte. Sie möchte gern friedlich und harmonisch mit anderen umgehen. Ihre Bedürfnisse kommen ihr leicht unwichtiger vor als die der anderen. Im Kontakt ist sie eher passiv und wartet ab, was sich ergibt. Gewohnheitsmäßig fühlt sie sich in die Standpunkte, Meinungen und Gefühle anderer sehr gut ein und hat Schwierigkeiten, sich davon abzugrenzen. Sich selbst nimmt sie dabei tendenziell nicht so wichtig. Wird sie verletzt, kann sich große Wut in ihr anstauen, die dann aber nicht sofort, sondern bei anderer Gelegenheit (deplaziert) aus ihr herausbricht. Versuchen andere, sie anzutreiben, reagiert sie mit passiv-trotzigem Widerstand."[6]
In unserem Evangelium verpassen die Eingeladenen eine Einladung zu einem Fest. Sie haben viel mit dem beschriebenen trägen Menschentyp gemeinsam! Das Lukasevangelium erzählt noch ausführlicher die Entschuldigungen: „Ich habe einen Acker gekauft und muss jetzt gehen und ihn besichtigen. Bitte, entschuldige mich! Ein anderer sagte: Ich habe fünf Ochsengespanne gekauft und bin auf dem Weg, sie mir genauer anzusehen. Bitte, entschuldige mich! Wieder ein anderer sagte: Ich habe geheiratet und kann deshalb nicht kommen." Lk 14,17-20.
Fragen an uns alle Haben wir nicht alle etwas von diesem trägen Menschentyp in uns?

Verschlafen wir nicht auch mal mehr oder weniger das Wesentliche?
Verpassen wir nicht auch die Einladung des Lebens, im Hier und Jetzt das Reich Gottes unter uns zu entdecken?
Vergessen wir nicht auch immer wieder die Suche nach dem Reich Gottes, die Suche nach dem lebendigen Leben?
Oder nochmals etwas weniger spirituell formuliert: Stellen wir nicht wertvolle tiefe Bedürfnisse manchmal zurück um „des lieben Friedens willen"?, oder aus einem Gefühl der Minderwertigkeit?
Warum verschlafen wir das Wichtigste? Gott ist doch die bedingungslose Liebe, die uns immer liebt! Aber das glauben wir eigentlich nicht! Wenn ein Kind z. B. den Eindruck hat, dass die Liebe beschränkt ist, dass sie an Bedingungen geknüpft und auf bestimmte Personen, Zeiten und Orte begrenzt ist, wenn in der Kindheit das liebevolle Halten unterbrochen wird, wächst im Kind die Vorstellung heran, Liebe werde nicht bedingungslos geschenkt. „Da ich nicht immer geliebt werde, muss ich etwas nicht Liebenswertes haben." Dadurch entsteht ein Minderwertigkeitsgefühl. Auf dieses Empfinden reagiert das Kind möglicherweise mit Resignation und Trägheit. Der Schlaf soll die Minderwertigkeit verdrängen.
Aber dies gehört in verschiedener Weise zu jeder Ego-Verzerrung: „Wenn es innen und außen keine Liebe gibt, warum sollte man die Realität gegenüber wach bleiben?" Oberflächliche Vergnügungen werden benutzt, um das Minderwertigkeitsgefühl nicht zu spüren, man hat eine schützende Schale um die Dunkelheiten gelegt. Auch die Projektion des Minderwertigkeitsgefühls auf andere ist ein Schutzmechanismus des Egos: Jede Art von Diskriminierung – andere zu behandeln, als wären sie geringer als man selbst – ist eine Projektion des eigenen Minderwertigkeitsgefühls.
Zwei verzerrte Wahrnehmungen prägen diese trägen Menschen, ja alle Egos: Güte und Wohlwollen der Realität ist nur teilweise da, in bestimmten Situationen und unter bestimmten Umständen, nicht verlässlich. Daraus folgt zweite Verzerrung: Ich bin

anscheinend nicht von Natur aus liebenswert! Alle anderen sind mehr liebenswert.
Aber die Trägheit kann sich in Tat wandeln. Zum Beispiel entdeckte so eine träge friedliebende Person folgendes: "Nachdem meine Frau mich verlassen hatte, war ich tagelang wie gelähmt. Ich konnte morgens kaum aufstehen, schleppte mich ins Büro, ließ die Dinge an mir vorüberlaufen. Ich habe eine Therapie angefangen und bekomme allmählich eine Ahnung davon, wie furchtbar wütend und verletzt ich bin. Vor ein paar Tagen bin ich morgens mit dieser rasenden Wut aufgewacht, habe Bücher und Tassen durch die Wohnung geworfen und dann fast eine halbe Stunde lang hemmungslos geheult. Danach bin ich ins Büro gefahren und habe acht Schriftstücke fertig gemacht, die schon seit mehr als einem Monat auf meinem Schreibtisch herumlagen. Ich glaube, ich bin erst ganz am Anfang, meine Vitalität zu entdecken."[7]
Er beginnt, aus seiner Trägheit auszubrechen und zur Tat zu schreiten, das Wesentliche zu suchen und zu ergreifen. Er entdeckt neue Kraft und Vitalität.
Wer seine Trägheit beginnt, zu überwinden, erkennt den Abwehrmechanismus: sich betäuben, mit Kleinkram sich beschäftigen, Konflikte aus dem Weg gehen, die Flasche Bier und ein langweiliges Fernsehprogramm am Abend und alles ist wieder friedlich. Man erkennt, dass man Konflikte vermieden hat, um das, was man so vermisst, selbst herzustellen: Ein friedliches Miteinander, wo jeder jeden wertschätzt. Wenn es die anderen nicht mit mir getan haben, dann stelle ich meine Bedürfnisse zurück und versuche lieb zu allen zu sein, verständnisvoll zu allen, um diesen Frieden so zu erreichen. Dann erkennt man, dass man mit dieser Strategie ein Pseudoparadies errichtet hat. Rücksichtnahme, Anpassung, Weg des geringsten Widerstands und lieber ein Rädchen im größeren Getriebe sein. – Das erkennt man als Strategie, um irgendwie zufrieden zu sein.
Dann kann die Tugend des Handelns wachsen: Wach gegenüber sich selbst zu werden, wahre Freundlichkeit sich selbst gegenüber

zu entwickeln. Die Grundüberzeugung, die Annahme, selbst keine Aufmerksamkeit zu verdienen, bewusst wahrzunehmen und loszulassen. Den Reflex, sich selbst zu missachten, zu erkennen und umzulenken.

Konflikte wagen und als Chance sehen Ja sogar auch einen Konflikt mit anderen auszuhalten, wenn man seinen Standpunkt vertritt. Dabei kann der träge Friedfertige von Jesus lernen, der provozierend sagt: Ich bin nicht gekommen, um Frieden zu bringen, sondern das Schwert. Mt 10,34-39. Wahrer Frieden entsteht durch Konflikte, durch ehrliche Auseinandersetzungen. Konflikte sind für gesunde Menschen so etwas wie die Schwerkraft; sie hält uns davon ab, schneller zu gehen, aber ohne sie könnten wir uns gar nicht bewegen. Wenn das der friedfertige Menschentyp lernt, kann er mit seiner Tatkraft und Verständnisfähigkeit wirklich gute Lösungen und echten Frieden bewirken.

Hoffnung Lohnt es sich? Jesus macht dem Trägen und Verzagten Mut mit seinem Gleichnis vom Senfkorn: Das Reich Gottes beginnt ganz klein. Also wenn Du beginnst, das Reich Gottes in Deinem Leben zu suchen, dann beginne ganz klein. Was tat Jesus in einer Situation, die er nicht ändern konnte, die hoffnungslos war? Er tat kleine, symbolische Dinge, und damit setzte er so viel Energie frei, dass Millionen von Menschen ihm folgten. Die Kraft der symbolischen Veränderung liegt darin, dass sie Folgen haben kann, die sonst niemand erwartet. Symbolische Taten, Gleichnisse etc. können die verzerrte Weltsicht, die Welt der Vorhersehbarkeit durchbrechen.

Wenn wir uns bescheidene Ziele setzen und kleine symbolische Schritte tun, dann werden diese Schritte Energie freisetzen, weil kleine Schritte Akte der Hoffnung sind. Die Gnade arbeitet in aller Stille, wie das Senfkorn-Gleichnis andeutet. Vertrauen wir ihr und wagen die ersten Schritte!

Die drei Schritte des Egos und die Rückkehr zur heilenden Gegenwart Gottes (1. FaSo, 3. So A)

Mt 4,17: Kehrt um! Denn das Himmelreich ist nahe!
Der Verlust des Kontakts mit der Gegenwart Gottes
Kurz nach der Geburt des zweiten Kindes sagte eines Tages die dreijährige Tochter zu den Eltern, dass es mit dem Neugeborenen einmal allein sein möchte. Die Eltern waren sehr erstaunt, auch etwas beunruhigt. Sie wollten aber auch nicht den Wunsch ihrer Tochter ausschlagen. Und so stellten sie zur Kontrolle das Babyfon ein. Das kleine Mädchen ging also allein zu ihrem neugeborenen Geschwisterchen und sagte: „Woher kommst du? Erzähle mir von Gott! Denn ich vergesse es allmählich!"[8]
Hat das dreijährige Mädchen nicht etwas Tiefes erfasst? Wenn wir geboren werden, sind wir unbewusst mit uns selbst, mit unserer Umwelt im Reinen und haben anscheinend ganz natürlich, ohne es zu wissen, ein „Wissen", dass wir in der Gegenwart Gottes leben und sind. Warum vergessen wir das in den ersten Lebensjahren?
Erstens: Ein Säugling macht noch keine Unterscheidungen zwischen innen und außen. Die Berührungen der Mutter und des Vaters an der Haut des Kindes bewirken, dass das Baby seine Körpergrenzen kennenlernt: Die Grenzen meines Ichs sind mit meiner Haut markiert. Alles was sich im Inneren abspielt, das bin ich; alles, was sich jenseits davon befindet, ist Nicht-Ich, das Andere, das Von-mir-Verschiedene. Damit geht aber die intuitive Ahnung des Neugeborenen verloren, mit allem verbunden zu sein. Zweitens: Irgendwann unterscheidet das Kind zwischen angenehm und unangenehm. Zwangsläufig wird es Situationen geben, in dem die Eltern nicht verstehen, was das Kind gerade braucht. Es schreit, aber hat es Hunger, Blähungen, Stuhlgang oder etwas anderes? Vom Schmerz will das Baby sich befreien, es will die Ursache abstellen. Diese Situationen prägen sich unbewusst ein. Bei

stärkerer Belastung und Bedrohung ist die Prägung stärker, Anspannungen und Schmerzerinnerungen sammeln sich an.
Drittens: Wir erleben uns im Spiegel unserer Umwelt. Ein Kind erlernt alles im Dialog mit den Eltern. Weil die meisten Eltern auch irgendwie durch eine verzerrte Weltsicht geprägt sind, wird sich diese Verzerrung auch auf das Kind auswirken.

Verlust, erschreckende Leere, fehlendes Urvertrauen und die Erschaffung des Selbstbildes
Aus diesen drei Faktoren entsteht ein Prozess der Entfernung: Wir verlieren den Kontakt mit der Gegenwart Gottes. „Ich vergesse es allmählich!" Wir verlieren die Fähigkeit, aufmerksam zu sein für die Gegenwart Gottes, in der wir sind und leben und die uns hält und umgibt. Das ist die „Sünde" der Trägheit. Sünde meint hier: absondern, Trennung schaffen, den Kontakt verlieren. Unsere Eltern, unsere Umgebung leben uns dieses Verschlafen der Gegenwart Gottes vor. Sie leben zu wenig aus der Gegenwart Gottes. Unbewusst entscheidet wohl das heranwachsende Kind: Diese Verbundenheit scheint nicht wichtig zu sein. Ich vergesse es und passe mich lieber meinen Eltern an.
Der nächste Schritt entsteht durch Situationen, indem das Kind richtig große Ängste erlebt, weil es keine haltende Umwelt erlebt. Unsicherheit und Verängstigung entstehen. Die verzerrte Weltsicht drängt sich auf: Nur der Stärkste überlebt. Eine bergende Gegenwart Gottes ist nicht mehr zu spüren. Vielmehr ist nur eine Leere da. Angst und Entsetzen bewirkt Verspannung und führt zum nächsten Schritt.
Die Leere und die Angst muss zugedeckt und verdrängt werden. Das Kind versucht, das Loch mit etwas Äußerem zu füllen, das sich genauso anfühlt wie das, was ihm fehlt. Eine Schmusedecke z. B., die den zärtlichen Kontakt ersetzt, der verloren gegangen ist. Nach der Trägheit und Verschlafen als erster Sünde, der Angst als zweiter Sünde folgt die Täuschung und Selbstlüge als dritte Sünde, sie vertieft das Verschlafen. Der Ausweg aus der Angst kann nur sein, eine gute Position beim Kampf ums Überleben einzunehmen

und reibungslos zu funktionieren: sich selbst also zu einer fitten Persönlichkeit zu machen. „Ich mache es selber!" Je mehr die Aufmerksamkeit auf Leistung, Image und Äußeres gerichtet ist, desto mehr wird dies mit dem Verlust an Tiefe bezahlt. Die Identifikation mit dem Image führt zu noch mehr Selbstvergessenheit. Ein Kreislauf der Absonderung!

Klingt das alles nun sehr abgehoben und wenig bedeutungsvoll für Erwachsene? Von wegen! Diese drei Schritte sind die Grundstruktur aller unzufriedenen Menschen. Wer nicht wirklich im Herzen weiß und spürt, dass Gott bei ihm ist und ihn so liebt, wie er ist, der spürt in sich eine Leere, die er zudecken und mit Ersatzbefriedigungen füllen will.

Um das Loch der Machtlosigkeit zu füllen, sucht man angestrengt nach weltlichen Erfolg. Um das Loch zu füllen, aufgrund dessen man sich nicht liebenswert fühlt, sucht man vielleicht verzweifelt einen Partner. Um das Loch der Schwäche zu füllen, tobt man sich möglicherweise in Extremsportarten aus usw.

Wer die Typenlehre „Enneagramm" kennt, dem ist sicherlich aufgefallen, dass die drei Schritte mit dem Typ 9, Typ 6 und Typ 3 übereinstimmen. Ja es gibt Menschen, deren Persönlichkeit besonders durch Trägheit oder durch Angst oder durch Selbsttäuschung geprägt ist. Gleichzeitig sind diese drei Schritte die Grundstruktur jedes Ego-Musters, jeder Egozentrik.

Die Achterbahn mit Distanz wahrnehmen, Umkehr und das Wachstum der Tugenden

Wie kann man aus dieser Egozentrik aussteigen? Eine wichtige Spur sei zum Schluss gelegt: Die Ego-Muster und Ego-Strategien verlieren ihre Macht und Wirksamkeit, wenn sie erkannt werden. Und erkennen kann ich sie nur, wenn ich sie in mir aufmerksam, akzeptierend und absichtslos wahrnehme. Wenn ich in den Mustern gefangen bin, treiben sich mich weiter hoch und runter wie die Waggons einer Achterbahn. Wenn ich sie aufmerksam, akzeptierend und absichtslos wahrnehme, dann stehe ich vor der Achterbahn.

Dieses Wahrnehmen durchbricht die Grundstruktur:
- Statt träge das Wichtigste zu verschlafen bin ich aufmerksam.
- Statt vor Angst die Leere und den Schmerz abzulehnen, akzeptiere ich, was da ist.
- Statt selbst mir eine befriedigende Täuschung zu erschaffen, bleibe ich absichtslos.

Wenn wir so aufmerksam unser Inneres wahrnehmen, gehen wir den Kreis der Entfremdung rückwärts: Wir bekommen Abstand von unserer Selbsttäuschung. Die Angst, die Anspannung und die Leere dürfen wieder zum Vorschein kommen. Wer dies aufmerksam, absichtslos und akzeptierend wahrnimmt und der Sehnsucht nach Gott folgt, nimmt in der Stille mehr und mehr die Gegenwart Gottes wahr. Elija flüchtete in die Wüste und wollte nicht mehr weiter leben. Wie er kommen wir an den Punkt, dass wir unserer alten Egomuster leid sind. Gewitter, Erdbeben und Feuer müssen wir durchleben. Denn dann zeigt sich die verschweigende Stille…

Jesus hat immer wieder seine Jünger mit drei Aufforderungen aufgerüttelt: Seid wachsam! Habt keine Angst! Bekehrt Euch! Das sind genau die Impulssätze, um den Kreis von Trägheit, Angst und Selbsttäuschung zu durchbrechen! Die sogenannte Jüngerregel Jesu fasst alle drei Schritte zusammen:

- Verleugnet euch selbst – macht Schluss mit eurem selbstaufgebauten Pseudoparadies, mit eurer Selbsttäuschung, mit eurem selbstgebastelten Image.
- Nehmt euer Kreuz auf euch – lasst den Schmerz und die Angst zu, schaut sie an, lasst sie da sein und haltet sie Jesus hin.
- Und folgt mir nach – schaut wachsam auf Christus, erhofft von ihm allein Heil und Heilung, öffnet Euer Herz. Die Beziehung zu ihm ist das Wertvollste, ist Leben!

Der verlorene Sohn geht genau diesen Weg zurück: Seine Egopläne gehen nicht mehr auf, sein Geld ist verprasst. Als er die Not, den Mangel und die Leere erleiden muss, erkennt er seine falschen Strategien und weicht der Not und Reue nicht aus. Er kehrt zum Vater zurück und erwartet von ihm Heilung und Heil in Demut

Durch diesen Heilungsprozess verwandeln sich unsere Sünden in Tugenden:

- Mit *Wahrhaftigkeit* durchschauen wir unsere Selbsttäuschung und Fassade.
- Die Angst wandelt sich in *Mut*, weil wir wissen, dass wir in Gott gehalten sind.
- Die bedingungslose Gottes treibt uns dazu, *tatkräftig* der innersten Sehnsucht nach Gott im Leben zu folgen statt das Wesentliche zu verschlafen.[9]

Sechs Variationen von tragischen Lösungsversuchen. (1. FaSo B)

Mk 1,12-15
Wer kennt sie nicht – die großen Leidenschaften der Menschen, die Leiden schaffen: Zorn, Stolz, Neid, Geiz, Maßlosigkeit, Schamlosigkeit. Ebenso: Trägheit, Lüge und Angst. Diese Leidenschaften sind Motoren unserer Egomuster. Wer egoistisch ist, folgt irgendwie einer dieser Leidenschaften. Ich nehme Sie mal mit auf eine Tour de passion, auf eine **Tour der Leidenschaften**: Der Zornige ist wütend über die Unvollkommenheit der Welt. Er hat den Drang, alles perfekter zu machen. Aber er scheitert an seinem inneren Richter. Nichts ist perfekt genug. Frustriert erkennt er in sich ein tragisches Gefühl, sündig und fehlerhaft zu sein. Ist er von Gott verlassen?
Dann kann er melancholisch werden. Er hat Sehnsucht nach der Verbundenheit mit Gott, aber er fühlt sich abgeschnitten. Er wird neidisch auf die einfachen Menschen, die sich nicht so viele Probleme machen wie er. Und neidisch auf alle, die mehr Talent, mehr Genie, mehr Ausstrahlung haben wie er. Diesem Egomuster sind viele Künstler verfallen.
Dann kann sich das Ego nach außen wenden, um die Verbindung bei den anderen zu finden. Wenn die Entfremdung von den eigenen Tiefen nicht rückgängig gemacht werden kann, scheint die Erfüllung offensichtlich darin zu liegen, durch die Liebe eines Anderen Erfüllung zu finden. Das Ego meint aber, es müsse etwas tun, um geliebt zu werden. Dafür schmeichele ich mich beim anderen ein, mache mich unentbehrlich und bin stolz darauf, dass ich helfen kann.
Aber mit der Zeit kommt vielleicht eine neue Unzufriedenheit auf: Ich will nicht Fußabstreifer für andere sein. Lieber die Übermacht erringen und sich für all die Erniedrigungen rächen, die man erlitten hat. Hart durchgreifen, schamlos zum Angriff übergehen. Anstatt andere zu manipulieren, um zu bekommen, was man haben

will, ist es jetzt an der Zeit, die Kontrolle zu ergreifen und sich alles zu nehmen, auf was man Lust hat, ohne sich um die anderen zu scheren.

Wenn diese Lösung nicht die gewünschte Erfüllung bringt, tritt unser Held der Leidenschaften den Rückzug an. Er geht auf sichere Distanz von all den fremden Einflüsterungen und Forderungen. Die leidenschaftlichen Verwicklungen mit dem Leben haben nur Leere hinterlassen. Lieber die Dinge aus sicherer Entfernung beobachten und sich dem Wissen widmen. Man wird geizig mit sich selbst und zieht sich zurück!

Wenn aber die Leere zu viel wird, sucht das Ego lieber nach anregenden Beschäftigungen. Ich entwerfe und plane mir selbst mein glückliches Leben und tappe immer mehr in die Falle der Maßlosigkeit. In meinem Planen entwerfe ich, wie die Dinge eigentlich sein könnten. Wenn nun noch die Vorstellung dazu kommt, dass sie auch so sein müssten, bringt uns der innere Fluss wieder zum zornigen Perfektionisten zurück.

In Kurzform die Tour der Leidenschaften bei einem fiktiven Teenager: Durch strenge Eltern geprägt versucht er, ein guter Schüler zu sein und alles richtig zu machen. Aber die Anforderungen sind zu hoch. Wenn er versagt, treibt ihn das in Melancholie und er ist neidisch auf die erfolgreicheren Mitschüler. Als er sich verliebt, möchte er alles für seine Freundin tun und opfert sich auf. Als diese Liebschaft abrupt zu Ende geht, hat er die Schnauze voll und geht auf Konfrontationskurs. Das verschafft ihn kurzzeitig Lustgewinn, langfristig aber keine Freunde. So zieht er sich zurück. Als ihm das Eigenbrötlerdasein zu viel wird, sucht er Vergnügen auf ausgelassenen Partys und verliert das Maß.

Häufig haben wir eine oder zwei Leidenschaften, in die wir besonders oft verfallen. Deswegen wird bei unserer Tour de Passion den meisten Zuhörern aus der eigenen Erfahrung manches bekannt sein und anderes fremd.

Nun was ist eigentlich das Problem an diesen Leidenschaften? **Warum schaffen sie auf Dauer Leiden?** Diese Leidenschaften sind Strategien, um erfülltes Leben zu erreichen. Jedes dieser Leidenschaften möchte ein bestimmtes Selbstbild erreichen. Der Zornige möchte alles richtig und recht machen. Der Stolze möchte Anerkennung für seine Hilfe erreichen. Der melancholische Künstler will außergewöhnlich sein. Der Partygänger möchte glücklich sein. Der Draufgänger möchte selbstbestimmt und stark sein. Und der Eigenbrötler möchte aus Distanz die Dinge durchblicken. **Hinter diesen Selbstbildern stehen berechtigte Bedürfnisse.** Aber wenn wir in einer Leidenschaft gefangen sind, dann übertreiben wir, dann sind wir gefangen in einem Programm, das uns antreibt.

Heilung von der Übertreibung geschieht, wenn wir unseren Glaubenssatz erkennen und Abstand zu der übertriebenen Dynamik bekommen. Dann zeigt sich, dass gutes Leben auch anders möglich ist, als unser Glaubenssatz und unsere Leidenschaft es uns vorgaukeln. Dann werden wir freier. Dann entwickeln wir aus unserem Abstand zu den Leidenschaften neue Tugenden. Das ist das Nein zum falschen Weg, das Jesus in der Wüste uns vorgelebt hat. Er ruft uns zu: Kehrt um! Das klingt vielleicht etwas allgemein und abstrakt. Deswegen drei Beispiele:

1. Beispiel: "Ich übe mich darin, zu sagen: 'Nein, das möchte ich jetzt nicht für dich tun. Es ist sehr schwierig, aber allmählich bekomme ich ein inneres Gefühl dafür, wann das richtig für mich ist. Das schwierige daran ist, dass ich mir vorkomme, als würde ich mich selbst in meinem Stolz verletzen, und es dauert immer ein Weilchen, bis das Wissen darum, dass das eine Einbildung ist, auch in meinen Körper hineinrutscht. Dann aber fühle ich mich sehr ruhig und auf eine bescheidene Art und Weise wirklich gut. Mein Mann sagt, er fühlt sich weniger schuldig mir gegenüber und kann freier auf mich zugehen."[10] Sie lernt, dass ihr Selbstwert sich nicht darin erschöpft, ob sie hilft und für andere da ist. Sie lernt, demütig ihre eigenen Bedürfnisse wahrzunehmen und wertzuschätzen.

2. Beispiel: "Seit ich begonnen habe zu meditieren, hat sich mein Gefühl, daß ich nicht ernsthaft genug daran arbeite, mich selbst zu verwirklichen, eher noch verstärkt. Ich beobachte, wie ich nach den anderen Kursteilnehmern schiele, die mir irgendwie natürlicher, entspannter, insgesamt eben weiter vorkommen als ich. Wenn ich das einfach so an mir beobachte und mich dann ganz und gar dem widme, was jetzt im Augenblick zu tun ist, dann stellt sich manchmal innerlich so etwas ein wie: Es ist okay so, wie's ist. Neulich hatte ich diesen „Zustand" beim Gemüseputzen. Nichts als... einfach diese eine Karotte!"[11] Er bekommt Abstand von seinem Glaubenssatz „Ich muss besonders sein!" und entdeckt die Tugend Gleichmut in sich.

Und ein letztes Beispiel: "Es gibt Momente - ich fürchte, öfter als mir lieb ist -, da fühle ich mich wie ein Dreijähriger: Ich möchte was haben, und zwar sofort! Ein Buch, ein Essen, ein zärtliches Gefühl, egal. Meine Gedanken rasen, und es läuft mir, bildlich gesprochen, schon das Wasser im Mund zusammen. Wenn ich mich genauer auf mich besinne, dann merke ich in letzter Zeit zunehmend, dass das alles mich nicht wirklich befriedigt. Es bleibt die Unruhe, und ich brauche mehr, mehr, mehr - und das vielleicht auch noch in einer höheren Dosis! Ich habe begonnen, mich mit diesem „Dreijährigen" etwas mehr zu befassen, und das war ziemlich ernüchternd. Dem ging's bei weitem nicht so gut, wie er selber und die andern alle geglaubt haben. Es ist zunächst wirklich hart, vor dieser Erfahrung nicht davonzulaufen.

Vor einer Woche hatte ich ein langes Gespräch mit meiner Frau. Ich habe ihr viele Dinge aus meiner Kindheit und Jugend erzählt, die ich selber schon beinahe vergessen hatte, und ich war sehr traurig dabei. Sie war aufmerksam und mitfühlend und ihrerseits zu Tränen gerührt Nach diesem Abend fühlte ich mich auf eine andere Art befriedigt und gesättigt, als ich das normalerweise von mir kenne."[12]

Er nimmt immer mehr seine Leidenschaft der Maßlosigkeit wahr und sein inneres Programm „Ich will und muss mein Glück planen!" Nüchtern kann er seine innere Traurigkeit anschauen und erlebt dann eine innere Zufriedenheit, die ihm geschenkt wurde, die er selbst nicht organisiert und geplant hat.

Heilung von der Übertreibung geschieht, wenn wir unseren Glaubenssatz erkennen und Abstand zu der übertriebenen Dynamik bekommen. Dann zeigt sich, dass gutes Leben auch anders möglich ist, als unser Glaubenssatz und unsere Leidenschaft es uns vorgaukeln. Dann werden wir freier. Dann entwickeln wir aus unserem Abstand zu den Leidenschaften neue Tugenden.

Enneagramm und GfK (5. OsSo C)

Liebt einander, wie ich Euch geliebt habe! Joh 13,34
Wir Menschen verletzen uns am häufigsten in Gesprächen, durch das, was wir sagen. Auch unsere Leidenschaften kommen deutlich in unserer Redeweise zum Vorschein. Das Enneagramm untersucht besonders die Dynamiken und falschen Sichtweisen der klassischen neun Wurzelsünden und Leidenschaften. Die gewaltfreie Kommunikation analysiert verletzende und konfliktfördernde Sprache und bietet verbindende, heilsame Alternativen an. Ich möchte in dieser Predigt beide Ansätze verbinden.

Wir alle kennen aus unserem Alltag und Leben verletzende Sprache. Wir alle kennen die Wolfssprache, die uns voneinander trennt statt verbindet.

Neun Beispiele für Wolfssprache entlang der neun Wurzelsünden

Wenn wir einen anderen belehren und von oben herab kritisieren, dann wissen wir, was richtig und falsch ist und spielen Richter. Dann folgen wir unserem Zorn, dass der andere nicht so ist, wie ich es für richtig halte.

Wenn ich mich mit anderen vergleiche, baue ich immer Hierarchien auf: Wer ist besser, wer schlechter. Neid trennt mich von anderen aber auch von mir selbst. Wenn ich so komponieren will wie Mozart, werde ich mich immer frustrieren.

Wenn ein Konflikt im Raum ist kann, kann ich durch vernebelnde Redeweise einen faulen Kompromiss erreichen. Aber irgendwelche Bedürfnisse mindestens eines Beteiligten werden dadurch verschlafen. Ich war nicht wachsam genug sondern träge! Oder ich kann abstrakt und allgemein kommunizieren. Dann geize ich mit meinen eigenen Bedürfnisse und Gefühle. Wie soll dann aber echte Verbindung und Kommunikation entstehen?

Ich kann mich auch so präsentieren, wie der andere sich einen erfolgreichen Menschen vorstellt. Ich täusche dann durch

Prahlerei. Ich stelle mich in den Mittelpunkt, der andere muss mir nutzen.
Wer ängstlich ist, schiebt gerne die Verantwortung von sich weg. „Ich habe den Klienten angelogen, weil der Chef es mir befohlen hat."
Manche versprühen Komplimente und schmeicheln sich ein, weil sie letztlich selbst Komplimente hören möchten. Ihr Stolz ist verletzt, wenn diese Komplimente dann nicht kommen!
Machtmenschen dagegen befehlen lieber und ordnen an. Wer nicht folgt, wird schamlos die Konsequenzen spüren und merken, wer der Stärkere ist.
Andere sind etwas geschickter, ihre Mitmenschen für ihre Glückserlebnisse einzuspannen. Durch maßlose Übertreibungen überfahren sie die anderen und folgen ihren Strategien, das Glück zu organisieren.

Eine heilende Alternative: Der Weg der gewaltfreien Kommunikation
Die gewaltfreie Kommunikation bietet uns zu solchen manipulativen, trennenden, bedrängenden und urteilenden Redeweisen heilende Alternativen.
Wenn ich etwas loswerden möchte, kann ich das in vier Schritten tun: Stellen Sie sich vor. Sie kommen erschöpft gegen 22 Uhr von der Arbeit nach Hause. Weil es später geworden ist, hat Ihr Mann sich schon Spaghetti gekocht und gegessen. Er sitzt nun vor dem Fernseher und schaut sich einen Krimi an. Sie sehen in der Küche schmutzige Töpfe und eine angebrochene Packung Spaghetti. Sie haben keine Lust, die Küche selbst sauber zu machen. Morgen früh möchte sie gerne in einer sauberen Küche frühstücken. Dann können Sie in vier Schritten sagen
„Florian, ich sehe in der Küche das Geschirr und die angebrochene Spaghetti-Packung liegen;
... da bin ich unzufrieden, ...
... weil es mir wichtig ist, dass alle ihren Beitrag im Haushalt leisten.

Deshalb möchte ich dich bitten, heute Abend noch die Küche aufzuräumen, o.k.? [13]
Erster Schritt: Ich schildere wahrheitsgetreu die reinen Tatsachen. (Wahrhaftigkeit ist die Tugend von Typ 3, statt Realität blockieren,) *Ich sehe in der Küche das Geschirr und die angebrochene Spaghetti-Packung liegen.*
Zweiter Schritt: Ich äußere mutig meine Gefühle. (Ohne Angst stehe ich zu meinen Gefühlen, statt sie zu blockieren, Typ 6) ... *da bin ich unzufrieden, ...*
Dritter Schritt: Ich stehe auch zu meinen Bedürfnisse, statt sie träge zu unterdrücken, (Tat statt Trägheit, Typ 9) ... *weil es mir wichtig ist, dass alle ihren Beitrag im Haushalt leisten.*
Vierter Schritt: Ich bitte ehrlich, statt irgendeine manipulierende Strategie anzuwenden, zu drohen oder zu fordern (Wahrhaftig wieder Typ 3. Also die vier Schritte gehen das innere Dreieck des Enneagramms und seiner Tugenden entlang! 3 – 6 – 9 – 3.)
Deshalb möchte ich dich bitten, heute Abend noch die Küche aufzuräumen, o.k.?"
Mit diesen vier Schritten rede ich wahrhaftig, mutig und wach. Ich vermeide Täuschung und Übertreibung, überwinde Angst vor meinen Gefühlen und verschlafe und verdränge nicht meine Bedürfnisse.
Wenn jemand anderes mit seinem Anliegen mich anspricht, kann ich umgekehrt seine Gefühle und Bedürfnisse in Worte fassen und schaffe dadurch ehrliche und echte Verbindung zu ihm.
Zum Beispiel machen Sie Ihrem Freund den Vorschlag, nach Kreta zu fahren und zeigen ihm die Reiseprospekte, die Sie besorgt haben. Da bekommen Sie zur Antwort: „Immer müssen wir dahin fahren, wo du hin willst. Habe ich hier eigentlich gar nichts mehr zu sagen?"
Wenn Sie nun seine Gefühle und Bedürfnisse erfragen, schaffen Sie wieder heilende Verbindung zu ihm: *„Alex, du fragst, ob du überhaupt noch was zu sagen hast. Bist du aufgebracht, weil dir*

eine gemeinsame Urlaubsplanung wichtig ist? Antwort: Ja, genau! Sie fragen weiter: Wo würdest du denn gerne hinfahren?"[14]
Einladung zum Perspektivenwechsel und Überwindung der Wurzelsünden
Wenn wir so versuchen, miteinander zu kommunizieren, überwinden wir auch die Wurzelsünden, die ich oben angesprochen habe.
Mit der gewaltfreien Kommunikation gehen wir nicht mit einem vorgefassten „Maßstab von richtig und falsch" auf den anderen zu. Vielmehr wenn ich enttäuscht bin, stehe ich zu meinen Gefühlen und begründe sie mit meinen Bedürfnissen: „Ich bin enttäuscht, weil mir Ordnung wichtig ist." Anstatt zu sagen: Das ist unmöglich! Jeder weiß doch, dass das so sein muss! So kann ich meinen Ärger auf eine Weise äußern, die mich nicht über den anderen erhebt. Ich bleibe fair auf Augenhöhe! Dann erfüllen wir Jesu Forderung: Nicht urteilen! (Herausforderung insbesondere für Typ Eins: Nicht urteilen! Jenseits von „objektiv" richtig und falsch ist die Übersetzung in Bedürfnisse.)
Außerdem lerne ich mit der Zeit, dass ich nicht verantwortlich für die Gefühle und Bedürfnisse des anderen. Ich bin nur Auslöser, wenn der andere enttäuscht ist! Im obigen Beispiel: Alex hätte sich ja auch freuen können, weil Sie alles schön vorgeplant haben und er sich um nichts mehr kümmern braucht. Außerdem lerne ich, dass eigene Bedürfnisse äußern ein Geschenk an den anderen ist. Es ist für Menschen normalerweise eine Freude, zum Wohlergehen anderer beizutragen, wenn sie das freiwillig tun können. Also habe ich Schmeichelstrategien nicht mehr nötig, um meine Bedürfnisse zu äußern. (Typ Zwei: nicht manipulieren)
Viele Menschen gehen von der Vorstellung aus, dass unter Menschen win-win-Situationen selten möglich sind. Die Erfüllung der Bedürfnisse des einen geht auf Kosten des anderen. Also schaue ich geizig, dass meine wichtigsten Bedürfnisse erfüllt sind. (Typ Fünf) Häufig kommen wir zu dieser Ansicht, weil wir Strategien mit Bedürfnisse verwechseln. (Typ Sieben) Um den

Hunger zu stillen, muss ich nicht Hummer essen. Ein Schwarzbrot ist vielleicht sogar nährreicher. Außerdem viele Bedürfnisse können wir nur uns erfüllen, wenn wir uns austauschen, wenn wir uns zusammentun, wenn wir aufeinander zu gehen. Wie zum Beispiel: Freundschaft, Freude, Geborgenheit, Zugehörigkeit usw. Mit der gewaltfreien Kommunikation können wir das Schwarze Peter – Spiel zwischen uns beenden. Machtmenschcn tendieren gerne dazu, den Schwarzen Peter anderen schamlos zuzuschieben. (z. B. Typ 8) Angriff ist die beste Verteidigung. Wie reagieren Sie z. B. auf den Satz: „Ständig diese unkoordinierten Sonderwünsche! Mir reichts!" Vielleicht mit: „Tu nicht so kompliziert – in deinem Job musst du viel flexibler sein!" Dann haben Sie den Schwarzen Peter weiter geschoben. Oder suchen Sie gerne den Fehler bei sich selber? (z. B. Typ 4) „Wahrscheinlich hat er recht – ich sollte mich endlich mal entscheiden."

Statt des Schwarzen Peter – Spiels können wir nach Gefühlen und Bedürfnissen bei mir oder bei anderen suchen. „Bist du genervt, weil du deine Arbeit gerne planen möchtest?" Oder ehrlich: „Ich bin gereizt, weil ich Unterstützung brauche." Keiner wird beschuldigt. Es wird ehrlich kommuniziert und nachgefragt.

Auf Dauer ist es in der Familie, in der Beziehung, im Betrieb oder im Verein auch besser, auf Freiwilligkeit zu bauen. Natürlich kann man mit Zwang und Druck und Drohung viel erreichen. (Typ 8) Aber man bezahlt auch einen Preis Z. B. die Beziehung verschlechtert sich, die Motivation sinkt usw. Auf Dauer ist es besser zu bitten und seine Bitten mit seinen Werten transparent zu begründen.

Die gewaltfreie Kommunikation ist ein möglicher Weg, die Nächstenliebe zu üben und zu leben und unsere Wurzelsünden wie Zorn, Stolz, Lüge, Neid, Geiz, Angst, Maßlosigkeit, Schamlosigkeit und Trägheit zu überwinden. Liebe Deinen Nächsten wie Dich selbst. Denn er und sie haben ähnliche Bedürfnisse wie Du! Fangen wir also immer neu an, ehrlich, fair und gegenseitig interessiert miteinander zu sprechen!

9 Variationen der Verblendung, nicht geliebt zu werden (5. OsSo A)

Ich bin der Weg, die Wahrheit und das Leben! Joh 14,5
Gott liebt dich so, wie du bist! – Diesen Satz hören wir oft in der Kirche, in Predigten, in vielerlei Variationen! Und man könnte fragen: Müssen wir ihn wirklich so oft uns gegenseitig zusagen? Die Zeiten von Höllenpredigten und Bildern von einem strafenden Gott sind doch längst vorbei. Also alte falsche Bilder müssen wir nicht mehr bekämpfen.
Und trotzdem gilt auch heute: Wir müssen ihn uns immer wieder und auf verschiedene Weise zusagen, weil wir normalerweise nicht an ihn glauben. Oder anders ausgedrückt: Jedes ängstliche Ich glaubt, dass es nicht so geliebt wird, wie es eben ist! Und ein ängstliches Ego prägt uns alle mehr oder weniger.
Jede Egozentrik kann man aus dieser falschen Sicht ableiten, aus der Sicht: Ich werde nicht so geliebt, wie ich bin! Jeder Egoist hat ein mindestens angekratztes bis stark beschädigtes Urvertrauen bzw. Gottvertrauen! Ja sogar jede zentrale Sünde kann auf diese falsche Sichtweise zurückgeführt werden. Wem das Urvertrauen mehr oder weniger abhandengekommen ist, der glaubt nicht, dass die Schöpfung gut ist, sondern er glaubt, dass Liebe und Güte nur ab und zu vorkommen – und ihm nicht immer vergönnt sind!
Das immense Leid, das Menschen erleiden oder Menschen anderen zufügen, ist ja auch so überwältigend, so dass jeder vernünftige Mensch naives Gottvertrauen infrage stellen muss.
Einerseits ist also volles Gottvertrauen wahr und andererseits ist ebenso Zweifel und Hiobs Anfragen berechtigt und wahr. Und schon sind wir in der **inneren Zerrissenheit der menschlichen Existenz angelangt.**
Wir können nun neun Formen, neun Variationen eines ängstlichen Ichs entwickeln, die versuchen, aus dieser Zerrissenheit auszubrechen. Tragischer Weise setzen sie das Dilemma nur auf

neue Weise fort. Sie behandeln alle zentralen Sünden der Menschen.

Ich will Ihnen diesen **neun Variationen** in drei Schritten jeweils vorstellen:
- Charakteristische Verzerrung, Übertreibung, falsche, einseitige Sichtweise.
- Daraus entwickelt sich eine charakteristische Schwierigkeit. Sie wird von außen ausgelöst, aber die Situation wird mit der falschen Sichtweise interpretiert
- Das Ego-Muster antwortet mit einer charakteristischen Reaktion darauf.

1. Verzerrung: Die Realität wird immer unter der Brille richtig oder falsch, gut oder böse wahrgenommen. Wut über die mangelhafte Welt kommt auf.
Die charakteristische Schwierigkeit: Das Ich denkt sich „Irgendetwas stimmt mit mir nicht!" z. B. die Eltern schimpfen und das Kind denkt: „Ich habe etwas falsch gemacht!"
Die charakteristische Reaktion: Das Ich bemüht sich angestrengt, sich zu verbessern.

2. Verzerrung: Ich habe einen eigenen Willen, unabhängig von den anderen Mitmenschen. (Stolz über den eigenen Willen)
Die charakteristische Schwierigkeit: Ich bekomme nicht meinen Willen, das ist demütigend.
Die charakteristische Reaktion: Ich versuche durch Schmeicheleien, Helfen und Manipulation meinen Willen durchzusetzen.

3. Verzerrung: Ich bin ein Selfmademan, ich muss es allein schaffen. Das ist die Lüge: Ich kann es allein schaffen.
Die charakteristische Schwierigkeit: Die Anforderungen (z. B. der Eltern) sind zu groß, ich fühle mich hilflos.
Die charakteristische Reaktion: Ich muss mehr leisten, ich strebe nach mehr Erfolg.

4. Verzerrung: Ich bin anders als die anderen. Es entsteht Neid über alle anderen, die noch besser und genialer sind. Ich bin allein, einsam, getrennt vom Ursprung des Lebens.
Die charakteristische Schwierigkeit: Ich bin verlassen. Ich bin entfremdet.
Die charakteristische Reaktion: Ich muss mich selbst kontrollieren, damit ich authentisch erscheine und meinem Idealbild gerecht werde!
Mit einem Bild ausgedrückt: Ein Boot, das keinen Anker hat, muss durch Kontrolle seinen Halt ständig selbst herstellen, sonst wird es durch Wellen fortgerissen.
5. Verzerrung: Ich bin getrennt von den anderen, ich bin ein eigenes Individuum.
Die charakteristische Schwierigkeit: Ich fühle mich isoliert, klein, abgeschnitten, armselig.
Die charakteristische Reaktion: Lieber sich zurückziehen, um sich vor der Realität zu verstecken. Lieber aus Entfernung alles analysieren. Ich geize mit mir selbst, gebe wenig von mir Preis, aus Angst, dass andere zu nahe kommen und mich verletzen.
6. Verzerrung: Ich habe keinen guten Kern. Angst vor dem Unberechenbaren in mir und den anderen Menschen. Denn der Mensch ist des anderen Menschen Wolf!
Die charakteristische Schwierigkeit: Ich bin total unsicher!
Die charakteristische Reaktion: Ich muss immer auf der Hut sein, misstrauisch sein, allzeit bereit zur Selbstverteidigung.
7. Verzerrung: Ich muss mich selbst entfalten.
Die charakteristische Schwierigkeit: Ich fühle mich verloren und desorientiert, wer soll ich sein und werden?
Die charakteristische Reaktion: Ich plane und organisiere mein Leben und Zukunft und bin idealistisch. Dann wird man zwanghaft optimistisch. Maßlos plane und organisiere ich.
8. Verzerrung: Die Welt wird immer in Schwarz/Weiß und in Freund/Feind eingeteilt.
Die charakteristische Schwierigkeit: Bin ich schuldig?

Die charakteristische Reaktion: Angriff ist die beste Verteidigung. Lieber schamlos andere beschuldigen!
9. Verzerrung: Ich bin nicht so geliebt, wie ich bin, bedingungslos.
Die charakteristische Schwierigkeit: Ich bin nicht liebenswert.
Die charakteristische Reaktion: Also stelle ich mich und meine Bedürfnisse zurück. Dann werde ich träge und verpasse, das Reich Gottes in mir und andere zu entdecken!
Aber all diese neun Formen sind Variationen von: Ich bin nicht wirklich geliebt.

Jesus hat uns genügend heilende Bilder gegeben, um diese verzerrten Sichtweisen zu übersteigen:
Kommt alle zu mir, die ihr euch plagt und schwere Lasten zu tragen hat. Meine Last ist leicht. Mt 11,28. Übersteigt die Sichtweise: Ich bin ein selfmade man, ich muss es allein schaffen. (Zu 3)
Ich bin der Weinstock, ihr seid die Rebzweige. Jeder ist mit Christus verbunden und bekommt von ihm Kraft. Übersteigt die Sichtweise: Ich bin anders als die anderen, allein, getrennt vom Ursprung des Lebens. (Zu 4)
Paulus´ Bild vom Leib und den vielen Gliedern, die aufeinander angewiesen sind. Übersteigt die Sichtweise: Ich bin getrennt von den anderen, ich bin ein eigenes Individuum. (Zu 5)
Reißt nicht das Unkraut aus dem Weizenfeld, sonst reißt ihr auch den guten Weizen heraus. Übersteigt die Sichtweise: Die Realität wird immer unter der Brille richtig oder falsch, gut oder böse wahrgenommen. (Zu 1)
Oder er erzählt von dem Zöllner, der auf nichts stolz sein kann und mit leeren Händen vor Gott demütig bittend tritt und als Beschenkter aus der Synagoge geht. Übersteigt den Stolz, mit dem eigenen Willen es schaffen zu können. (Zu 2)
Zu den Geheilten sagt Jesus: Dein Glaube hat Dir geholfen! Oder zu den Jüngern: Habt keine Angst! Übersteigt die Sichtweise: Ich habe keinen guten Kern. (Zu 6)
Die Saat wächst von sich aus und der Bauer schläft und steht auf und weiß, nicht wie. Oder auch: Ich bin der Weg, die Wahrheit und

das Leben. Übersteigt die Sichtweise: Ich muss mich selbst entfalten. (Zu 7)
Wer von Euch ohne Sünde ist, werfe den ersten Stein. Übersteigt die Sichtweise: Die Welt wird in Schwarz/Weiß, Freund/Feind eingeteilt. (Zu 8)
Zur Hochzeit, zum Reich Gottes werden alle eingeladen. Alle sogar von der Straße werden eingeladen. Verschlafe die Einladung nicht. Gegen Trägheit und Ich bin nicht liebenswert. (Zu 9)
Zu allen ängstlichen Egos, die ihr Gottvertrauen verloren haben, sagt Jesus: Liebt einander, wie ich Euch geliebt habe! Denn: So wie das Tageslicht alles mit Licht und Wärme durchflutet und durchdringt, so ist die Liebe Gottes überall gegenwärtig, auch wenn wir sie nicht immer spüren! Gott läuft jedem nach, wie der Hirte dem verlorenen Schaf nachläuft.
Wir dürfen es alle wie der verlorene Sohn machen. Erst übermannt uns die Verzerrung, weil wir das Urvertrauen verloren haben und wir wollen es selber schaffen: Ich gehe jetzt allein los! – Wenn wir aber erkennen, dass unsere Verblendung und unsere Ego-Reaktionen in immer größere Sackgassen führen, dann dürfen wie der verlorene Sohn zurückkehren und merken: Gott nimmt uns mit offenen Armen mit Freuden auf, weil er uns wirklich liebt!
Jedoch der verlorene Sohn ist nach der Rückkehr ein anderer geworden. Es ist nicht eine einfache Rückkehr zum Zustand vor seiner Reise. Seine Irrungen und Wirrungen haben irgendwie den tiefen Sinn, die Wahrheit, vom Vater bzw. von Gott geliebt zu sein, wirklich zu erleben.

Pfingsten: Ideale schlecht imitieren oder vom Heiligen Geist beschenkt werden!

„Der Mensch sei edel, hilfreich und gut." Ja das möchten wir sein: Ein edler, hilfreicher und guter Mensch. Und so bemühen wir uns darum. Wir eifern einem Ideal nach. Das Ideal, das wir erreichen möchten, kann unterschiedlich sein. Aber wir können es allgemein mit Goethes Satz zusammenfassen.
Ideale krampfhaft imitieren Nur so ganz klappt es natürlich nicht immer! Schon Jugendliche spüren das, wenn sie über Schulkameraden sagen. „Die sind nicht cool!" „Aber sie treten ganz lässig auf, kleiden sich modisch, reden wie coole Teenager …" Dann kommt die Antwort: „Sie probieren cool zu sein. Aber das ist nicht das gleiche wie cool sein!"
Anderes alltägliches Beispiel: Wenn Sie einem gestressten Mensch sagen: „Werde mal locker! Sei nicht so verkrampft!", dann bewirken Sie meist das Gegenteil.
Ist es mit unserem Ideal nicht ähnlich? Wir bemühen uns redlich, es zu erreichen, aber immer wieder stehen wir uns mit dem Bemühen im Weg? Unser Verhalten erscheint wie eine Imitation des Ideals, aber man erahnt, dass es nur scheinbar ist - eine mehr oder weniger gute Fälschung, würde man in der Kunst sagen!
Gehen wir einige typische Ideale durch:
Echte Freude leben! Aus ganzem Herzen sich freuen können: Vielleicht überschwänglich oder in stiller, tiefer Wonne. In Freude andere Menschen lieben, in Freude Ereignisse genießen. Begeistert sein können! – Wer diese Freude erreichen möchte, sucht vielleicht nach Vergnügen, denkt optimistisch und plant, welche Party er als nächstes besuchen könnte… Aber diese Suche nach Freude kann verkrampft wirken. Ja sie kann sogar in Verdrängung von Leid so weit abgleiten, dass man mit Drogen die Freude herbeizaubern will.[15]
Oder: **Liebenswürdigkeit!** Im bekannten Geburtstagslied besingen wir dieses Ideal: Wie schön, dass Du geboren bist, wir

hätten dich sonst sehr vermisst. Heute kann es regnen, stürmen oder schneien, denn Du strahlst ja selber wie der Sonnenschein.
Ja liebenswürdig sein, dazugehören, bemerkt, geliebt und anerkannt zu werden – das ist wie von Sonnenlicht durchflutet sein. Wer aber diese Situation des Wohlfühlens erreichen will, stellt sich immer wieder zurück, um lieber Harmonie zu haben anstatt Konflikte anzupacken.[16]
Oder: **Ein brillanter Kopf sein!** Intuitiv und klar wissen, was jetzt richtig ist! Klarheit ausstrahlen! Wie toll sind Menschen, die durch ihre brillanten Beiträge Einsichten offenbaren, weiterführen, zusammenführen und gute Lösungen für alle aufzeigen! Dann ist alles wieder in Ordnung! – Aber wenn einer versucht, mit seinen angeeigneten Maßstäben Ordnung zu schaffen und alles Recht zu machen, dann wirkt das weniger brillant sondern vielmehr perfektionistisch.[17]
Oder: Mit **klarem Willen** unerschrocken voranschreiten! Ein Fels in der Brandung sein! Verlässlich sein! Nicht die Bestätigung von anderen brauchen, weil man in sich gefestigt ist! – Und wenn man in sich aber verängstigt und unsicher ist und in sich keinen Halt und festen Willen findet? Dann kann man sich eine Autorität suchen, der man nachfolgt, die einem diesen Halt schenkt. Oder man überspielt die Unsicherheit und imitiert den Unerschrockenen![18]
Andere wollen stark sein, sprühende Vitalität leben.[19] Oder sie sehnen sich nach Vereinigung und Verbindung wie verschmelzendes Gold. Wieder andere möchten individuell einzigartig und bedeutsam sein, wie ein leuchtender Stern.[20] Usw. Aber wie schon am Anfang angemahnt: Cool sein wollen ist nicht gleich cool sein!
Was soll man aber ansonsten tun als sich redlich zu bemühen?
Ich gebe Ihnen eine kurze und eine lange Antwort.
Die kurze Antwort: Statt Bemühen die Gnade wirken lassen! Statt selbst herstellen wollen und Ideal nachahmen in sich das Gute

entdecken: denn es ist längst von Gott geschenkt! Leichter gesagt als getan... Stimmt! Deswegen nun die lange Antwort:
Mit vier Heiligen will ich Ihnen zeigen, wie es gehen kann: die **Gnade wirken lassen!**
Der **Heilige Franziskus** strahlte echte Freude aus! Sein Sonnengesang ist Ausdruck wirklicher Freude an der Schöpfung. Jeder Beter spürt dies. Und seine fröhliche Unbekümmertheit ist heute noch ansteckend. In seiner Jugendzeit bemühte er sich auch, seine Vergnügen durch viele Partys zu organisieren. Aber er erkannte die Hohlheit seiner Lebensstrategie. In der Begegnung mit dem Leprakranken konfrontierte er sich mit dem, was er am meisten ablehnte und fürchtete: Schmerz, Leid, Hässlichkeit. Später vertiefte er sich wie wenige in den Kreuzweg Christi, so dass er sogar die Wundmale bekam. Schluss mit maßloser Genusssucht: Franziskus legte seine leeren Hände vor Christus und betete. Er erhoffte von ihm die Fülle. Und sie wurde ihm geschenkt. Plötzlich musste er nicht freudige Partys organisieren. Echte Freude über Gott und seine Schöpfung bekam er durch Christus geschenkt.
Die Gnade kann wahrlich einen Menschen komplett umändern: **Oscar Romero** war eigentlich ein ängstlicher, konservativer, zaudernder Mensch. Er orientierte sich an der Autorität der katholischen Lehre und Hierarchie. Aber als Pater Grande ermordet wurde, erkannte er, dass dieser Pater Jesus wirklich nachfolgte. Romero wurde klar, dass das mutige und prophetische Eintreten für soziale Gerechtigkeit in San Salvador Treue zum Evangelium ist. Er verankerte sich in die wahre Autorität, den gekreuzigten Christus, der sich in seiner Diözese zeigte im leidenden Volk von San Salvador. Er – der Ängstliche – wurde für die Kirche und das ganze Volk der Fels in der Brandung. Mutig predigte er und klagte das Unrecht an. Mutig ermahnte er in seiner letzten Predigten die Soldaten, nicht auf ihre Landsleute zu schießen und lieber den Gehorsam zu verweigern als gegen das eigene Volk vorzugehen. Tags darauf wurde er während der Messe

erschossen. Der Heilige Geist schenkte ihm Mut und standhaften Willen.
Auch in einem anderen Heiligen täuschten sich viele. **Johannes XXIII.**, der liebenswürdige Papst, der in seinen Reden weitschweifig war und als Kompromisskandidat und Übergangspapst gewählt wurde, weil er weder Konservative noch Progressive vor dem Kopf stoßen würde, war plötzlich ein Mann der Tat, der genau wusste, was er wollte: Ein Konzil, das Aggiornamente, Verheutigung in der Kirche bewirken sollte. Der Heilige Geist schenkte ihm wahrhaftige Liebenswürdigkeit: Gerade weil er alle Menschen ernst nahm, weil er Wertschätzung nach allen Seiten ausstrahlte, konnte er einen fruchtbaren Dialog zwischen allen Kardinälen mit ihren verschiedenen Theologien anstoßen.
Brillanz können wir besonders bei **Ignatius von Loyola** erleben. Aber auch er wusste nicht gleich, was für ihn richtig oder falsch sei. Sollte er Ritter oder Heiliger werden? Auf dem Krankenbett ging er seinen verschiedenen Lebensträumen nach. Aber nur ein Traum verschaffte ihm wirklich inneren Trost. Er horchte nach innen, ließ den Heiligen Geist zu sich sprechen, indem er nachspürte, wo mehr Friede ist. So fand er die Quelle für Brillanz in der Ausrichtung auf den Heiligen Geist. Wer den Weg zur größeren Ehre Gottes finden will, der gehe den Weg der geistlichen Übungen von Ignatius.
Echte Freude, Brillanz, Liebenswürdigkeit, fester Wille, Vitalität, lebendige Verbindung, einzigartige Besonderheit, Führung aus dem Inneren heraus, einfach zu sein, wertvoll wie eine Perle zu sein – das schenkt uns alles der Heilige Geist in uns! Wir müssen es nicht machen. Wer der Sehnsucht nach Gott folgt, wer nicht dem Kreuz ausweicht und seine vergeblichen Bemühungen und Strategien durchschaut, der öffnet sich der Gnade!

Jede Religionsgemeinschaft muss sich prüfen (2. Adv A)

Mt 3,1-12
Klar: Der radikale Islamismus ist nicht eine Religionsform des Friedens! Sie brachte und bringt Terror, Gewalt und Krieg ebenso hervor wie unterdrückende, totalitäre und intolerante Regime.
Und ebenso klar: In den frühen Teilen des Korans war Mohameds Aussagen gegenüber Christen und Juden respektvoll und tolerant. Als Mohamed jedoch Feldherr und Staatslenker wurde, wandelte er seine Einstellung. Die Aussagen in den späten Teilen des Korans wurden immer intoleranter, verachtender und gewalttätiger.
Als er nach Mekka zurückkam, zerstörte er alle Götterbilder, die um die Kaaba standen. Alle, die seine Herrschaft über Mekka ablehnten, ließ er hinrichten. Die Stadt Medina ließ er von Juden und Christen vollständig säubern.
Dürfen wir Christen daraus folgern:
Christentum ist die wahrere und friedlichere Religion!? Das Christentum hat in seinen Ursprüngen (also mit Jesus und dem Neuen Testament) weniger Verführungen zum Krieg und zum Hass? Deswegen sind wir besser oder besser dran?
Wenn uns solche Vermutungen kommen, sollten wir jedoch uns hinterfragen: Warum gab es trotzdem Kreuzzüge, einen dreißigjährigen Krieg und Hexenverfolgungen, obwohl das alles eigentlich nicht aus der Hl. Schrift und Jesu Botschaft ableitbar ist?
Wenn wir die Predigt Johannes des Täufers in unsere Frage nach der wahreren und friedlicheren Religion hinein stellen, zeigt sie folgendes:
Hütet Euch vor falscher Sicherheit, vor der Meinung, ihr habt die richtigere, die bessere Religion! „Ihr Schlangenbrut" – genau diese Meinung verführt oft zu Arroganz und Aggression. Wenn Johannes Jesu Gleichnis vom barmherzigen Samariter gekannt hätte, wäre ihm vielleicht noch folgender Hinweis eingefallen: Der Priester und der Levit, die sich im Besitz der wahren Religion

dünkten, gingen vorbei. Der andersgläubige Samariter jedoch, der „Falschgläubige" hat Mitleid und lebt die Nächstenliebe!
Gott kann aus diesen Steinen Kinder Abrahams machen – wir sollten uns dann auch nichts darauf einbilden, dass wir zur katholischen Kirche gehören, dass wir Christen sind. Gott kann nicht nur aus jenen Steinen Kinder Abrahams machen, sondern auch brave Taufscheinchristen. Umgekehrt gilt leider auch: In dieser Kirche gab es nicht nur große Heilige sondern auch brutale Inquisitoren.

Auch der Islam ist vielschichtig, vielfältig und insgesamt ambivalent: Auch er entwickelte eine Mystik. Auch er schaffte es im Mittelalter eine Theologie zu entwickeln, in der der Koran als Menschenwort interpretiert wurde und kritisierbar war. Und in den Hochzeiten lebten in Bagdad jüdische und christliche Gelehrte mit islamischen zusammen. Toleranz, gegenseitiges ironisches Kritisieren, aufklärerisches Denken prägte diese Kultur.

Leider zerstörte der Mongolensturm 1258 diese liberale islamische Kultur. Islamische Gelehrte deuteten diese Zerstörung als Zeichen und Warnung, dass die Muslime sich zu weit vom wahren islamischen Glauben entfernt haben. Angst, Rückschritt und Enge regierte seitdem die islamische Welt.

Wenn der Islam sich schon einmal zu einer aufgeklärten und toleranten Form entwickelt hat, dann gibt es auch heute die Chance, dass er sich nach schlimmen zerstörerischen Irrwegen wieder dahin entwickelt. Auch wenn die Bedingungen dafür zurzeit äußerst ungünstig sind. Jedoch wer hätte sich vor dem I. Weltkrieg vorstellen können, dass 50 Jahre später die katholische Kirche sich mit dem II. Vatikanum so grundlegend ändern würde?!

Auf einer ganz tiefen Weise müssen wir letztlich **Lessings Ringparabel** Recht geben: Wenn jemand den Ring trägt, sich aber nicht friedlich und großzügig und barmherzig verhält – was bringt dann der Ring? Wenn ein Bamberger Bischof auf Hexenjagd geht, Unschuldige verdächtigt und hingerichtet werden, dann hat sich im Kleinen das gleiche grausame Angstklima entwickelt wie im

Stalinismus oder im islamischen Staat. Dann ist dieser Bischof Schlangenbrut, der man nur Umkehr predigen kann wie es Johannes der Täufer getan hat.

Gerade wenn wir den jetzigen gewalttätigen Islamismus die Hexenverfolgungen, Judenprogrome oder Kreuzzüge gegenüber stellen, zeigt sich: Wir können uns nicht darauf ausruhen, Christen zu sein. Christsein allein ist kein Garant, dass wir wirklich gläubige und nächstenliebende Menschen sind. Erst wenn wir anerkennen, dass auch im Koran eine Potenz zum wirklich nächstenliebenden Gläubigen da ist, erst dann erkennen wir unsere radikale Verantwortung, aus dem Mixtum an Impulsen, das uns eine religiöse Tradition anbietet, für das eigene Leben ein Weg des Glaubens, der Nächstenliebe und des Friedens zu machen!

Das Gleiche gilt für die **Demokratie**: Wir dürfen uns nie ausruhen und aufhören, als Demokraten an der Demokratie zu bauen. Demokratie darf nie etwas Selbstverständliches werden. Die Grundwerte unserer Demokratie, die nie einfach umzusetzen sind, weil sie teilweise auch in Spannung zueinander stehen, müssen immer wieder neu belebt werden: die Menschenwürde jedes einzelnen, Toleranz, Meinungsfreiheit, Religionsfreiheit, Solidarität, soziale Gerechtigkeit, Gewaltenteilung usw.

Sie meinen ich beginne ein neues Thema? Vielleicht gar nicht: Denn die Glaubwürdigkeit des Westens wächst erst wieder, wenn die westlichen Demokratien wieder demokratische Werte lebendig vorleben und klarer umsetzen. Ja die Glaubwürdigkeit des Christentums ist mit der Glaubwürdigkeit der Demokratie verbunden. Denn die christlichen Werte können heutzutage am meisten, am besten in einer funktionierenden Demokratie verwirklicht werden.

Wir können uns nichts darauf einbilden, Christen zu sein. Wir müssen versuchen, glaubwürdig Jesus nachzufolgen. Wir können uns nichts darauf einbilden, in demokratischen Staaten zu leben. Wir müssen aktiv daran mitbauen, dass diese Staaten auch die demokratischen Werte wirklich immer neu umsetzen.

Der Newman Test (3. Adv C)

Lk 3,10-14
Die Menschen fragen Johannes: Was sollen wir tun? Sie merken: Wir müssen etwas an unserem Leben ändern! Wir dürfen nicht einfach so dahin leben, als ob wir die Predigt Johannes nie gehört hätten.
Diese kritische Frage „Was sollen wir tun?" sollten wir uns auch selber stellen. Wir haben die Botschaft vom Reich Gottes, das in unserem Leben anbrechen will, gehört. Was verändert diese Botschaft in meinem Leben?
John Henri Newman hat sich diese Frage gestellt. Er erlebte in England im 19. Jahrhundert ein anglikanisches Christentum, das bürgerlich unbeschwert dahin lebte. Professoren in Oxford mögen intelligent über Theologie dozieren. Aber ihr Lebensstil, ist er geprägt vom Evangelium?
Der Newman-Test So fragt Newman prägnant: „Fragt euch", sagte er, „ob ihr, wenn das Reich Gottes verschwände, irgendetwas in eurem Leben ändern müsstet. Wenn ihr nichts findet, was sich dann ändern müsste, so habt ihr euer Leben nicht an Christus und sein Reich drangegeben."[21] Wir können die Frage von Newman auch positiv wenden: Was hat sich in meinem Leben oder auch in gewissen Situationen geändert durch meinen Glauben? Wo habe ich anders gehandelt, weil ich an ein Wort Jesu gedacht habe und mich davon leiten ließ, weil ich gebetet habe, weil ich Gott vertraute?
Johannes der Täufer ist diese Frage an uns! Er hat sein Leben radikal geändert: Er geht in die Wüste, widmet sein ganzes Leben der Vorbereitung auf das Reich Gottes. Deswegen gehen die Menschen zu ihm und fragen ihn: Was sollen wir tun? Sie merken: Johannes der Täufer macht ernst mit der Frage: Was ändert sich in meinem Leben, wenn das Reich Gottes bald anbricht? Er ist wie der Mann in Jesu Gleichnis, der alles verkauft, um die eine Perle, das Reich Gottes, zu bekommen.

Was sollen wir tun? Auf diese Frage gibt Johannes ganz konkrete Antworten, die zu den jeweiligen Menschen und ihrem Alltag passen. Soldaten sollen nicht misshandeln, erpressen und sich mit ihrem Sold begnügen. Zöllner sollen nicht mehr verlangen, als festgesetzt ist. Interessant finde ich: Er verlangt nicht, dass sie ihren Beruf aufgeben. Aber er fordert die Menschen auf, sich mit dem Lebensnotwendigen zu begnügen. Wenn du zwei Gewänder hast, dann gebe eines dem, der keins hat.
Was sollen wir tun? Wir heute? Die wir im 20. Jahrhundert leben und die Botschaft Jesu vom Reich Gottes gehört haben?
Es beginnt alles damit, dass wir glauben, dass das Reich Gottes auch in unserem Leben anbricht, anbrechen will, in unserem Alltag. Ein christlicher Autor schreibt:
„Ein wahrhaft christliches Leben ist ein Leben, das keinen Sinn mehr hat, wenn die christliche Liebe nicht die Wahrheit ist. Wenn die christliche Liebe eine Täuschung ist, hat unser Leben dann noch einen Sinn? Ist unsere Antwort darauf ein ehrliches „Nein", so haben wir um des Himmelreiches willen alles gelassen - wenigstens in der Form eines ersten aufrichtigen und nicht wieder zurückgenommenen Aufschwungs. Aber dieses „alles Lassen" hört niemals auf."[22]
Was sollen wir im Alltag tun? Johannes der Täufer empfiehlt uns Gewänder abzugeben. Ja Flüchtlinge erleben das anbrechende Reich Gottes in Deutschland durch die Bereitschaft so vieler Ehrenamtlicher, sie willkommen zu heißen, mit ihnen zu teilen. Insbesondere Zeit mit ihnen zu teilen: Bei Behördengängen zu begleiten, Deutschkurse anzubieten, mit ihnen Fußball zu spielen. Ja Arme in dieser Welt erleben das Reich Gottes durch die Hilfsprojekte Adveniat, Missio, Sternsinger, Misereor, Jesuiten Flüchtlingshilfe usw.
Wie können wir im Zwischenmenschlichen das Reich Gottes beginnen lassen? Vielleicht indem wir versuchen, uns an einer Liebe zu orientieren, die nicht rechnet. Ein Zöllner, der mehr verlangt, als festgesetzt – der rechnet für sich aus: Wie kann ich

mich bereichern? Eine Liebe, die nicht rechnet, weiß sich zuerst von der Liebe Gottes reich beschenkt. Ich bin so reich von Gottes Liebe beschenkt. Ich bin ins Leben gerufen, darf so viel genießen, mich sicher fühlen, habe so viele liebe Menschen um mich, durfte die frohe Botschaft vom Reich Gottes hören.

Teresa von Avila sagte einmal zu ihren Schwestern: Wir zahlen ein, Gott macht die Bilanz! Das ist wie der Sämann, der einfach freizügig die Saat überall hin sät. Das geht, wenn wir uns klar machen, dass wir im Reich Gottes aus der Fülle schöpfen, in der unendlichen Liebe Gottes geborgen sind.

Dann kann ich immer neu die frohe Botschaft jungen Menschen in der Firmvorbereitung verkünden, ohne zu erwarten, dass nach der Firmung die Jugendlichen fleißig in die Kirche gehen. Ich übergebe es Gott, wann und wie die Saat aufgeht. Oder ich verzeihe dem Mitmenschen, ohne das der andere etwas zugibt. Oder ich setze mich ehrenamtlich ein, einfach aus Dankbarkeit und ich spüre, dass es Sinn macht.

Wer an das Reich Gottes glaubt, der hat Hoffnung, dass letztlich durch Gott alles in der Welt zum Guten gelenkt wird. Wer an das Reich Gottes glaubt, der betrachtet im Rückblick sein Leben anders und erkennt im Rückblick leichter, wo die Führung Gottes gewirkt hat.

Die Adventszeit ist eine wertvolle Zeit, um den Newman-Test zu machen: Wann habe ich mich an eine Weisung, Gleichnis, Wort Jesu erinnert und sie auf mein Leben angewendet? Wann habe ich im Gebet etwas entschieden? Wann bin ich gelassener gewesen, weil ich Gottes Kraft vertraute, weil ich glaubte, dass das Reich Gottes auch in meinem Leben wirkt?

Stephanus als Wahrheitskämpfer und Vernunftverteidiger

Apg 6,8-15; 7,1-2a. 51-60 (erweiterte Lesung!)
Wir können den Konflikt um Stephanus leicht in unserer Zeit in neuem Gewand wiederentdecken.
Stephanus heute Jemand, ein Wissenschaftler, Journalist oder Politiker, sagt wie Stephanus die Wahrheit bzw. fundiert nachgewiesene Tatsachen. Dann aber im Netz, auf Internetforen entsteht ein großer Streit. Jedoch gegen die klare Argumentation dieses Mannes oder dieser Frau können sie es nicht aufnehmen. Deswegen wechseln sie zu der Strategie Shitstorm: Im Internet kann man wunderbar hetzen und falsche Argumente schnell in Umlauf bringen. Menschen z. B. behaupten, dass dieser Wissenschaftler, Journalist oder Politiker Gott lästert. Oder – heute passender als Mose – Mohamed lästert. Oder man hängt ihm eine schmutzige Geschichte an. Und wenn das alles glückt, wird der Fall öffentlich auch in Zeitungen und im Fernsehen diskutiert und die Person öffentlich ruiniert. Oft braucht es dann keine Gerichtsverhandlung oder Steinigung. Die Gegner haben schon früher den Wissenschaftler, Journalist oder Politiker mundtot gemacht.
Wenn es sich nicht gegen eine bestimmte Person richtet sondern gegen eine fundierte Theorie, dann finanzieren die Gegner Institute die angeblich das Gegenteil beweisen und lassen diese in öffentlichen Medien gegen die Vertreter der fundierten Theorie antreten. Dass der Klimawandel stattfindet und Großteils durch unser menschliches Produzieren, Wirtschaften und Verbrauchen verursacht ist, ist eine in jeder Hinsicht fundierte Theorie mit unzähligen Belegen. Trotzdem schafften es die Gegner z. B. in USA große Teile der Bevölkerung glauben zu machen, dass diese Theorie falsch sei oder nur unzureichend bewiesen und fragwürdig sei. Durch diese unnötige und unvernünftige Debatte wird nicht ein Mensch sondern letztlich unser Ökosystem gesteinigt!

Im Internet können sich viele ihre Meinungen und Vorurteile und verzerrten Weltbilder leicht bestätigt sehen. Denn sie werden durch die Links immer zu den Seiten geführt, die ihre Position bekräftigen. Bei aller Tendenz präsentieren die alteingebrachten Medien wie Zeitungen und öffentliches Fernsehen und Rundfunk immer noch ein Spektrum verschiedener Ansichten und Positionen, so dass die eigene Meinung auch hinterfragt werden kann. Verschwörungstheorien, absurde Weltsichten verbreitern sich im Netz heute schneller und eine Fan-Gemeinde ist schnell entstanden.

Aber was hat das alles mit Weihnachten zu tun? Nun gut – seriöse Wissenschaftler, Journalisten, Politiker, aber auch glaubwürdige Bischöfe und Priester erleiden Hetze und Verleumdungen wie Stephanus! Stephanus ist so aktuell wie eh und je!

Jedoch hat dieses Thema auch mit Weihnachten zu tun. Wenn Gott Mensch wird, dann nimmt Gott die Welt mit ihren Ereignissen und Tatsachen ernst. Insbesondere die Menschen mit ihrem Elend, die nicht zum Bild der friedlichen, prosperierenden Pax Romana passt, nimmt Gott ernst! Deswegen lässt Lukas die Hirten als erstes Jesus Christus begegnen.

Flucht vor echter Wahrheitssuche Man kann sich krude, unbewiesene Verschwörungsgeschichten, Theorien und Weltbilder zusammen basteln. Aber das ist nicht die Bewegung, die Gott an Weihnachten vollzogen hat: Die Wirklichkeit ernst nehmen und in sie wirklich hinein gehen! Es ist genau das Gegenteil: Weltflucht, hinein in die eigene abgeschlossene, bequeme Gedankenwelt.

Was geht dabei verloren? Erst einmal die kritische Haltung zu den eigenen Theorien. Statt ab und zu sich zu hinterfragen, zementiert man sein verschrobenes Weltbild. DIE Wahrheit, DAS absolute Wissen werden wir nie erreichen. Jedoch gerade deswegen müssen wir Fakten, fundierte Untersuchungen, bewährte Theorien und Argumente der klaren Vernunft in Diskussionen wieder ernst

nehmen. Und genau das geht gerade verloren.[23] Zwei Beispiele möchte ich ausführlicher erzählen:
1. Beispiel: Kardinal Henry Newman, ein großer Theologe im 19. Jahrhundert, äußerte ein wertvolles, völlig sinnvolles und verständliches Argument in Bezug auf die Evolutionslehre: Man kann nicht leugnen, dass es Fossilien gibt, die uns offenbaren, dass es zu früheren Zeiten Lebewesen gab, die heute so nicht mehr leben. Aus diesen Funden entwickelten die Biologen die Evolutionslehre. Henry Newman argumentierte: Angenommen, Gott hätte die Welt in sechs Tagen erschaffen, genauso wie es das erste Kapitel der Genesis darstellt. Es ist undenkbar, dass Gott in die Schöpfung bewusst Fossilien vergräbt, um uns Rätsel aufzugeben oder uns zu verwirren. Gott will uns Menschen nicht ärgern, foppen oder in die Irre führen. Also ist auch für ihn als Theologen durch die Fossilien die Evolutionslehre genügend begründet.

Die Kreationisten halten daran fest, dass die Schöpfung genauso abgelaufen ist, wie das Buch Genesis es berichtet. In Bezug auf die Fossilien argumentieren sie: Gott habe bewusst diese in der Schöpfung vergraben, um eitle Wissenschaftler in ihrem Wahn Irre zu führen. Also der gleiche Gedankengang Newmans – jedoch mit der gegenteiligen Schlussfolgerung. Als vernünftiger Mensch schüttelt man entsetzt den Kopf! Und fragt sich folgendes: Welches Gottesbild haben diese Menschen? Ein Gott, der bewusst verwirrt? Wozu hat er uns dann die Vernunft geschenkt, wenn sie so fehl laufen soll?

Ich als Christ und vernünftig denkender Mensch möchte den Kreationisten sagen: Ihr nehmt den christlichen Gott, der in die Welt gekommen ist, und seine Welt in ihrem Sosein nicht ernst! Außerdem: Jeder, der immer wieder neue Zusatzerklärungen braucht, um seine Theorie zu untermauern, sollte sich kritisch fragen, ob seine Theorie nicht auf einem ganz schwachen Fundament an Fakten und vernünftigen Argumenten steht!

2. Beispiel: Der ägyptische, kritische Intellektuelle Hamed Abdel-Samad hielt am 4. Juni 2013 in Kairo einen Vortrag. Er zeigt auf, dass faschistisches Gedankengut nicht erst mit dem Aufstieg der Muslimbrüder Eingang in den Islam gefunden hat, sondern dass es schon am Anfang des Islams Tendenzen gab, unbedingten Gehorsam zu verlangen, Abweichler nicht zu dulden und die Weltherrschaft anzustreben. Ein Video dieses Vortrags verbreitete sich im Netz rasant, so dass führende islamische Gelehrte die Thesen und Argumente des Vortrages im öffentlichen Fernsehen diskutierten. Erst führten sie Beispiel an, dass der Islam Vielfalt und andere Meinungen akzeptierte. Dann aber debattierten sie, wie Abdel-Samad für seine Beschmutzungen des Islams bestraft werden sollte. Sie empfahlen die Todesstrafe! Welch ein performativer Widerspruch! Und die Gelehrten merkten nicht einmal, dass sie mit dieser Empfehlung, Abdel-Samed zu töten, seine Thesen als wahr und richtig bezeugen! All ihre Gegenargument, dass der Islam offen für Vielfalt und Andersdenkende ist, haben sie selbst ad absurdum geführt! Abdel-Samad lebt in Deutschland und steht unter Polizeischutz.

Stephanus ist für die Wahrheit gestorben! Auch heute kämpfen Menschen für Wahrheit, Vernunft, gegen unsinnige oder menschenverachtende Theorien oder Weltbildern! Jedoch die Tendenz in den letzten Jahren ist beängstigend: Nüchterne und sinnvolle Argumente, Fakten, begründete Theorien werden immer mehr weggewischt, nicht gehört, geleugnet.

Stephanus nachfolgen heißt heute: Vernunft einsetzen, genaue Analyse der Fakten und ernste Suche und Diskussionen wagen. Alles andere ist Weltflucht und nicht Nachfolge Jesu Christi, dem Sohn Gottes, der die Welt ernst nimmt und Mensch wurde!

Heilige Familie: Die drei ersten Stufen der Entwicklung nach Clare Graves

Wir kennen alle die typischen Darstellungen der Heiligen Familie: Maria hält das Jesuskind im Arm. Und Josef steht hinter ihr und schaut auf das Kind. Mag sein, dass manche dieser Bilder kitschig sind. Jedoch sie rühren etwas Tiefes in uns an: ein tiefes Gefühl von Geborgenheit und Verbundenheit. Ein ähnliches Gefühl beschleicht uns wohl auch, wenn wir nach einer Geburt ein Foto des neugeborenen Kindes mit seinen Eltern zugeschickt bekommen.

Ein Säugling kommt hilflos auf die Welt. Es denkt nicht bewusst, es lebt einfach, lässt sich ernähren, schläft, wacht auf, schaut, schreit, trinkt. Die Eltern tragen das Kind. Die Mutter nährt das Kind.

Eltern wissen oder lernen es, was ein Baby braucht: Berührung, Getragenwerden, Blickkontakt, Fürsorge, Wärme, sowohl physische Wärme als auch emotionale Wärme. Eltern geben gerne diese Wärme, sie staunen über das neue Leben.

Wenn wir heute in der Weihnachtszeit das Fest der Heiligen Familie feiern, dann feiern wir auch: Gott hat alles Leben durchdrungen. In seiner Menschwerdung durchdringt Gott das ganze Menschsein und beginnt ganz unten: An der untersten Bewusstseinsstufe. Als hilfloses, kleines Baby. Der Retter kommt nicht von oben, sondern von unten. Damit hat Gott diese Phase des Menschseins neue Würde gegeben. Das Urvertrauen, das wir in dieser Zeit aufbauen, ist Fundament unserer späteren Glaubenserfahrungen.

Maria, Jesus und die unterste Bewusstseinsstufe Die Marienverehrung bei uns Katholiken hat gerade deswegen oft heilende Kraft. Wenn wir auf Maria mit dem Kind schauen, dann ruft die nährende Mutter dieses kindliche Urvertrauen in uns wach. Die tiefste Ebene unseres Bewusstseins wird gestärkt. Wir spüren genau: So wie Maria das Jesuskind trägt und nährt, so trägt uns

Gottes Liebe. Maria hält äußerlich das Kind und erfüllt es innerlich, wenn das Kind trinkt. So wird sie Sakrament der mütterlichen Liebe Gottes: Sie trägt uns und ernährt uns!
Jesus selbst wird den Menschen das auch geben, damit ihr tiefstes Urvertrauen gestärkt wird, ihre unterste Bewusstseinsschicht genährt wird. Er verteilt Brot und sättigt mehrere tausend Menschen, er berührt Kranke und segnet Kinder und lässt den Lieblingsjünger an seiner Brust liegen. Ja in der Eucharistie gibt er sich ganz uns hin und nährt uns, damit wir erfüllt sind von ihm.
Wir Christen haben das große Glück, dass unsere Religion bei dieser tiefsten Bewusstseinsstufe beginnt. Das wollten Christen immer neu weiter geben, indem sie Kranke pflegten oder Hospize und Waisenhäuser eröffneten. Wie kann man z. B. einen Gottesdienst mit dementen Menschen feiern? Eine intellektuelle Predigt ist unnötig. Im Haus Schwansen z. B. werden viele Kerze angezündet, Taize-Lieder gesungen und oft wiederholt, die Bewohner werden im Gottesdienst auch mal mit etwas Trinken versorgt oder sie bekommen Rosenöl in die Hand massiert.
Bei dementen Menschen wird diese Bewusstseinsebene eines Kleinkindes wieder dominanter. Sie brauchen Berührung, Essen und Trinken, sinnlich schöne Zeichen wie Kerzen, Rosenöl oder einfache Gesänge. So wird ihr Glaube gestärkt und gefeiert, auf der ihnen passenden Ebene.
Zweite Bewusstseinsstufe Wenn das Kind größer wird, entdeckt es mehr und mehr die Großfamilie: es gibt ja auch Oma und Opa, Tante und Onkel, Cousin und Cousine. Und es gibt Verstorbene. Das Kind wird an das Grab von verstorbenen Verwandten geführt und erkennt: Das sind meine Vorfahren. Vielleicht beginnt es, mit dem verstorbenen Opa oder Oma Gespräche zu führen.
Matthäus beginnt sein Evangelium mit dem Stammbaum Jesu: Gott wird Mensch, indem er sich wie jeder Mensch auch in eine Familiengeschichte hineinstellt. Jesus wächst in seiner Großfamilie auf, in seinem Clan. Und er wächst im Glauben seiner

Vorfahren auf. Er übernimmt den Glauben an Jahwe von seiner Familie.

Wenn Eltern zu mir kommen und mit mir überlegen, wann sie ihr Kind taufen lassen sollen, empfehle ich immer die Kleinkindtaufe. Wenn ein Kind keine Glaubenserfahrungen gemacht hat, dann kann es auch nicht in der Grundschule fundiert entscheiden, ob es getauft werden will oder nicht. Und sind wir mal ehrlich: Ein Kind mit fünf Jahren erlebt z. B. das Osterfeuer in der Osternacht auf ganz andere Weise als ein Erwachsener. Ich weiß aus meiner Erinnerung: Mich hat das Osterfest oder Weihnachten als Kind ganz besonders berührt. Mit den Eltern nachts in die Kirche gehen – zu einer Zeit, bei der ich normalerweise schlafen soll. Und dann das Feuer und die vielen Lichter! Kindliches Abenteuer pur!

Maria und Josef bringen ihr Kind in den Tempel, um ihr Kind ganz bewusst in die Glaubenstradition ihrer Vorfahren zu stellen. Jedoch da wird Maria verheißen: Dir selbst wird ein Schwert durch die Seele dringen. Ja heilige Familie heißt nicht: Immer heile, heile Welt.

Auch die Eltern Jesu müssen ihren Sohn loslassen und müssen Abnabelungsprozesse ertragen, ja sogar tiefste Trauer erleiden.

Schon mit 12 Jahren erteilt Jesus seinen Eltern eine Lektion: Er bleibt im Tempel und sagt ihnen nicht Bescheid. Das erste Schwert für Maria. Ca. 28 Jahre später verlässt er den Familienclan und versammelt Jünger um sich, die quasi seine neue Familie sind: „Wer ist meine Mutter und wer sind meine Brüder? Wer Gottes Willen tut, der ist meine Bruder und meine Schwester und meine Mutter." (Mk 3,3-5) Das war das zweite Schwert für Maria. Das größte Schwert wird das dritte sein, wenn sie ihren toten Sohn in den Armen hält.

Dritte Bewusstseinsstufe Zu allen Zeiten bis heute geht es in der Pubertätszeit mehr oder weniger wild zu in den Familien: Die Kinder nabeln sich ab vom Familienclan. Sie suchen nach neuen Gruppen, neuen Vorbildern, suchen nach ihrer Identität jenseits der behüteten Familie. Missverständnisse, Streit, Enttäuschungen und

Frust können diese Lernprozesse und Abnabelungsprozesse begleiten. Tröstlich, dass es in der Heiligen Familie nicht anders war.
Jesus hat sich diese Energie der Jugendlichen auch in positiver Weise bewahrt: Er streitet mit den Schriftgelehrten und verurteilt die Heuchelei der Pharisäer. Er wirft die Tische der Geldwechsler um. Die Leidenschaft eines rebellierenden Jugendlichen setzt er ein, um die Gerechtigkeit Gottes zu demonstrieren.
Es braucht diese drei Entwicklungsphasen. Sie gehören zu jedem heranwachsenden Menschen und zu jedem Familienleben.
Die heilige Familie ist uns heiliges Vorbild, weil sie genau diese Entwicklungsphasen durchlebt und das Richtige zur richtigen Zeit lebt:
Am Anfang trägt und ernährt Maria das Kind.
Dann führen die Eltern den jungen Jesus ein in die Großfamilie und in den Glauben ihrer Vorfahren.
Zuletzt aber lassen sie ihren Sohn seinen eigenen Weg gehen, obwohl sie nicht alles verstehen und ihnen das Loslassen schwer fällt.
Besonders Maria wird spätestens mit Ostern erleben: Wer loslässt, wird auf neue Weise beschenkt. Ihr wurden ihr auferstandener Sohn und die Gemeinschaft der Urkirche geschenkt!

Kampf, Gesetz, Aufklärung, Kooperation - Die nächsten drei Stufen der Entwicklung nach Clare Grave (2.WeihSo)

Lesung:
Vladimir Solowjew war der berühmteste christliche Philosoph und Theologe in Russland im 19. Jahrhundert. Mit 20 Jahren schreibt er einen Brief an eine Freundin, in dem er seine persönliche Glaubensentwicklung erzählt. Mit 13 Jahren hat er seinen Kinderglauben abgelegt und wurde Atheist.
"Was mich persönlich betrifft, so zweifelte ich in diesem Alter nicht nur, negierte nicht nur meine früheren Glaubensvorstellungen, sondern ich hasste sie auch von ganzem Herzen – ich schäme mich, wenn ich daran denke, was für überaus dumme Lästerungen ich damals ausgesprochen und begangen habe. [zum Beispiel hat er aus Wut religiöse Gemälde (Ikonen) zerstört und aus dem Fenster geworfen. In der orthodoxen Kirche ist das eine sehr schlimme Tat. Fast vergleichbar wie wenn einer den Leib Christi schändlich zerstört.] – Am Ende der Geschichte sind alle Glaubensüberzeugungen verworfen, und der junge Geist ist vollkommen frei. Viele bleiben bei einem solchen Freisein von jeder Überzeugung stehen und sind sogar sehr stolz darauf; in der Folge werden sie gewöhnliche Menschen des praktischen Lebens oder Schufte. Die aber, die für ein solches Los nicht geschaffen sind, bemühen sich, ein neues System von Überzeugungen anstelle des zerstörten zu schaffen, die Glaubensüberzeugungen durch vernünftiges Wissen zu ersetzen. Und da wenden sie sich der positiven Wissenschaft zu; aber diese Wissenschaft kann keine vernünftigen Überzeugungen begründen, weil sie nur die äußere Wirklichkeit, nur Tatsachen und weiter nicht kennt; und da kommt ein schrecklicher, verzweifelter Zustand aber dieses Dunkel ist der Beginn des Lichtes; denn wenn der Mensch gezwungen ist zu sagen: ich bin nichts – so sagte eben damit: Gott ist alles. Und hier

erkennt er Gott – nicht die kindliche Vorstellung aus früherer Zeit und nicht den abstrakten Begriff des Verstandes, sondern den wirklichen und lebendigen Gott. Der Glaube auf Hörensagen wird ersetzt durch den Glauben der Vernunft. So siehst du also, dass der Mensch, was die Religion betrifft, wenn es sich richtig entwickelt, durch drei Altersstufen hindurch geht: erst die Zeit des kindlichen oder blinden Glaubens, dann die zweite Epoche, die Entwicklung des Verstandes und die Verwerfung des blinden Glaubens, schließlich die dritte Epoche des bewussten, auf die Entwicklung der Vernunft gegründeten Glaubens."[24]

Predigt
Der Psychologieprofessor Clare Graves stellte sich die Frage: Was charakterisiert eine reife Persönlichkeit? Als er seine Studenten fragte, ergab sich kein eindeutiges Ergebnis. Vielmehr zeigte sich eine spiralförmige Entwicklung mit acht Ebenen.
Keine Angst! Ich werde Ihnen nun nicht nacheinander acht Ebenen erklären, sondern nur drei, die in unserer Gesellschaft besonders vertreten sind. Die ersten drei Ebenen haben Sie letzten Sonntag am Fest Heilige Familie schon kennengelernt:
1. Ebene Beige das Babyalter: es geht um Nahrung, Getragenwerden, Schutz. Dann folgt die
2. Ebene Purpur das Kind: das Kind fügt sich in die Familie und Großfamilie und Kultur ein.
3. Ebene Rot Teenageralter: Abnabelung vom Elternhaus, sich erproben in der Jugendgruppe, wilde Zeit. Dann folgen drei Ebenen, die heutzutage insbesondere die Erwachsenenwelt prägen.
4. blaue Ebene, man kann sie auch die Konservativen nennen: Sie vertrauen darauf, dass das zügellose Streben der Stärkeren nur durch Gesetz und Ordnung in Schach gehalten werden kann. Z. B. eine Schule kann nur funktionieren, wenn gewisse Regeln eingehalten werden, wenn Disziplin durchgesetzt wird. Ansonsten entsteht Chaos, weil die Jugendlichen sich von ihren blinden Gefühlen, Neigungen und Aggressionen leiten lassen würden. Für

sie gibt es klare Gebote und klare Vorstellungen für ein gutes und rechtschaffendes Leben. In ihrem Gesellschaftsbild gibt es klare Hierarchien. Dem Oberen gilt es zu gehorchen. In ihrer Religiosität gibt Gott die Gebote, und wenn ich sie halte, werde ich belohnt. Wenn ich sie nicht halte, werde ich bestraft.
Eine streng hierarchische Organisationsform ist nicht an sich schlecht oder gut. Es kommt auf den Fall ein. Nehmen Sie z. B. die Feuerwehr. Damit sie schnell handeln kann, braucht sie eine strenge Hierarchie, damit der Kommandant seine Leute schnell und eindeutig und passend einsetzen kann. Eine Forschungsgruppe sollte dagegen anders ticken als rein hierarchisch strukturiert.
Wenn das blaue Weltbild aber zu diktatorisch, zu fundamentalistisch wird, dann regt sich berechtigter Widerstand, der zur nächsten Ebene drängt:
5. die orangene Ebene, man kann sie auch die Modernen oder Aufklärer nennen. Sie hinterfragen äußere Autoritäten und vertrauen im wissenschaftlichen Bereich dem Experiment und der naturwissenschaftlichen Forschung. Sie orientieren sich an dem, was funktioniert. D. h. sie handeln nicht nach festen Geboten, die eine Hierarchie oder eine Religion vorgibt, sondern schauen, ob es ihrer Vernunft gemäß ist, ob es wissenschaftlich oder wirtschaftlich weiter bringt. Der Naturwissenschaftler, der Unternehmer aber auch der aufgeklärte kritische Philosoph gehören zu dieser Stufe.
Sie legen die alten Gottesbilder ab, genauso wie es Solowjew in seinem Brief beschrieben hat. Sie hinterfragen kritisch die Glaubenslehren und werden erst einmal zu Kritiker, Skeptiker oder Atheisten.
Aber auch diese Ebene kann in eine Krise kommen: z. B. Erleben von Sinnlosigkeit, Leere und Einsamkeit trotz materiellem Erfolg. Es erwacht ein Bedürfnis nach sinnvollem Handeln, das die eigenen Ziele übersteigt: Es entsteht der Wunsch, einen Beitrag zum Gemeinwohl zu leisten. Das Gefühl entsteht: auf der Suche

nach materialistischem Erfolg haben wir unser Herz und unsere Seele verloren. So kommen wir zur
6. grünen Ebene, wir können sie auch die kulturell Kreativen nennen. Für sie ist Kooperation wichtiger als Wettbewerb. Der gnadenlose Wettbewerb hat zu großen Unterschieden geführt. Auf dieser Ebene erkennen Menschen ihr Mitgefühl mit Schwächeren, aber auch mit der Umwelt, der Natur. Menschen auf der grünen Ebene können einen gewissen Pluralismus aushalten und andere als gleichwertige Menschen mit eigenen Bedürfnissen und Interessen wahrzunehmen.
In ihrer Religiosität betonen sie Ökumene, Toleranz, Dialog. Taizegesänge passen zur grünen Ebene.
Ein Mensch kann durchaus in verschiedenen Lebensbereichen zu verschiedenen Ebenen gehören. So kann jemand streng gläubig sein mit wenig Toleranz für einen anderen Glauben (blau), in seinem Berufsleben ein stark erfolgsorientierter Unternehmer sein (orange) und am Wochenende in seiner Fußballmannschaft stark teamorientiert (grün) gegen andere Mannschaften um den ersten Platz kämpfen (orange).
Warum erzähle ich Ihnen gerade von diesen drei Ebenen? Weil wir mit dieser Unterscheidung einige gesellschaftliche und auch einige kirchliche Phänomene besser verstehen können:
Konflikte zwischen den Ebenen Erstens zum ersten Mal in der Geschichte entstand im 20. Jahrhundert die Situation, dass innerhalb einer Gesellschaft bei den Erwachsenen drei Entwicklungsebenen gleichzeitig und fast gleich stark präsent sind: Blau, Orange und Grün existieren nebeneinander, und das geht nicht immer ohne Konflikte ab. Zum Beispiel Blau wirft Orange kaltes Gewinnstreben und Grün laxe Prinzipienlosigkeit vor. Grün kontert, in dem es Blau als rückständig, verknöchert und reaktionär hinstellt, Orange dagegen als rationalistisch, rücksichtslos und materialistisch. Orange teilt nach oben und nach unten aus und setzt sich vom autoritären Blau und politisch überkorrekten und ineffizienten Grün ab.[25]

Aber das Aufeinandertreffen dieser Ebenen birgt auch Chancen in sich. Die skandalösen Missbrauchsfälle in der katholischen Kirche, in Internatsschulen und Sportvereinen konnten erst in einer Kultur aufgedeckt werden, die genügend „grüne" Menschen hat. Das einfühlsame Grün, gepaart mit aufklärerischen Orange, kann Opfern einen schützenden Raum anbieten und ihnen das Gefühl geben, wirklich gehört, angenommen und verstanden zu werden. Das konnte auf der blauen Stufe nicht passieren, weil die Opfer Angst und Schuldgefühle hatten und weil die Hierarchie die Täter stützte. Auf der orangenen Stufe wurde es verdrängt, weil man sich schämte und nicht als Versager dastehen wollte.[26]

Für die Kirche, für die Pastoral ist das Nebeneinander von blauen, orangen und grünen Weltbildern und Lebensstilen eine immense Herausforderung.

Damit diese Herausforderung gelingen kann, muss man beachten: 1. Keine Entwicklungsebene kann übersprungen werden. 2. Keine Ebene ist an sich gut oder schlecht. Vielmehr sollte man sich fragen: Welche Ebene ist zu welcher Zeit passend? Und: Was sind Stärken und die Schwächen bzw. negativen Tendenzen der jeweiligen Ebene?

Ein Beispiel: „Ein Grüner, von der Gleichheit aller Menschen überzeugter Schulleiter hat es mit Roten, in Banden organisierten Schülern zu tun. Um wirksam zu arbeiten, muss er in seine Schule zunächst ein starkes, blaues Ordnungssystem mit unbedingt gültigen Verhaltensregeln errichten. Darauf kann er einen leistungsorientierten orangen Unterricht aufbauen und die Schüler zu eigenständigem Denken anleiten. Erst wenn das alles funktioniert, kann er davon ausgehen, dass seine Schüler anfangen, die emphatischen grünen Werte vom großen gleichberechtigten Miteinander aller Menschen zu übernehmen das ist aber schwer möglich weil Grün den Wert der früheren Stufen noch nicht würdigen kann und gerade Orange nicht sehr mag"[27]

Und wie steht es nach Graves Modell mit der Kirche?

Vieles, noch zu viel in der Kirche ist noch vom blauen Bewusstsein geprägt. Die Sprache des Messbuches spricht oft in einer alten Sprache und Denken. Die Menschen haben durch die Übertretung der Gebote gesündigt. Jesus hat durch sein Kreuzesopfer die Menschen erlöst und die Ehre Gottes wieder hergestellt.
Es gibt immer noch Pfarrer, die ganz bedacht sind, eine blaue Liturgie zu feiern. Keine Blumen auf den Altar. Hinter dem Priester darf kein Ministrant vorbei laufen. Der Christbaum muss nach dem 6. Januar sofort weg. All das signalisiert: Der Pfarrer steht an der Spitze der Hierarchie in der Pfarrei und gibt Regeln und Ordnung vor. Die orangenen oder grünen Menschen erreicht er damit nicht.
Die größte Herausforderung für die Kirche ist das orange Denken: Zum Glück streiten sich in Europa nicht Kreationisten und Überfromme mit Evolutionstheoretikern. Aber trauen wir uns, in unseren Predigten, die Ergebnisse der historischen-kritischen Exegese in verständlicher Sprache zu präsentieren? Dass nicht überall, wo steht „Jesus sagte", Aussagen und Reden des historischen Jesus stehen! Erklären wir genug, dass mit solchen kritischen Betrachtungen die Heilige Schrift nicht entheiligt wird, sondern eigentlich glaubwürdiger vor dem Tribunal der Vernunft erklärt wird? Es gibt meines Erachtens viel zu wenig Orte in der Kirche, wo Menschen kritisch philosophieren können. Wir haben viel zu wenig Platz, dass Menschen ihren alten Kinderglauben ablegen können, kritisch reflektieren können.
Solowjew hat diese Phase der Kritik, der vernünftigen Überprüfung, des Zweifelns, des denkerischen Protestes sehr schön beschrieben. Diese Phase braucht es. Ich habe sie im Theologiestudium mit großem Interesse und viel forschendem Elan durchlebt. Aber wo geben wir unseren Jugendlichen und jungen Erwachsenen Platz zu diesen Denk- und Glaubensprozessen?
Nicht wenige Seelsorger lösen das Problem, indem sie die orange Ebene überspringen und gleich zu grün gehen: Taize-Lieder, viel

Ökumene, Bibelkreise mit Bibel teilen, soziales Engagement, partnerschaftliche Kultur in der Gemeinde. Das ist alles sehr wertvoll und spricht auch viele an.

Ein grüner Seelsorger mag in einer Sprache über Glauben sprechen, die viele anspricht. Menschen mit einem Kinderglauben aus der purpurnen Ebene, Traditionalisten aus der blauen Ebene und dialogbereite, tolerante grüne Gemeindemitglieder können in seine Sprache einklinken. Der Erfolg der Schriften von Anselm Grün könnte daher rühren, dass er viele Menschen aus verschiedenen Entwicklungsstadien anspricht.

Aber es ist ein Unterschied, ob man noch nie seinen Glauben kritisch hinterfragt hat oder ob man die kritischen Fragen zugelassen hat und gereift aus diesem Prozess zum Glauben wieder gefunden hat. An einem Abend habe ich in einer Seniorengruppe das II. Vatikanische Konzil vorgestellt. Ein Ehepaar hatte davon noch nie etwas gehört und reagiert aggressiv und fast panisch. Die Frau sagte: Ich lasse mir meinen Kinderglauben nicht nehmen. Und der Mann, ganz im blauen Denken verhaftet, griff mich hart an: Sie können doch nicht aufhören, Regeln und Gebote zu predigen!

Das ist die große Herausforderung: Wie können wir Menschen in ihren Glaubensprozessen behutsam weiterführen, auch durch die kritischen Fragen hindurch? Wie können wir sie zu einem reiferen Glauben führen, der der Vernunft gewachsen ist? Wie können wir Gottesdienst feiern, predigen, Gemeinde leben, so dass nicht nur eine Ebene eine Gruppe von Menschen, sei es blau, orange oder grün, angesprochen wird?

Die 7. Gelbe Ebene Die Ebene nach grün, die gelbe Ebene ist als erste Ebene fähig, die anderen Ebenen in ihren Stärken und Schwächen zu würdigen. Sie kann komplex denken, Paradoxien aushalten, von verschiedenen Seiten Dinge betrachten, kann vernetzt handeln und ist lernfähig. Ein gelbes Denken braucht es wohl, um diese Vielfalt aushalten zu können und gut weiter entwickeln zu können.

Taufe Jesu: Drei Fragen zum Taufgespräch

Zum Fest Taufe des Herrn erzähle ich Ihnen heute, welche Fragen ich Eltern in einem Taufgespräch zur christlichen Erziehung stelle. Die Eltern werden ja in der Taufe gefragt, ob sie bereit sind, ihr Kind christlich zu erziehen. Aber christliche Erziehung geschieht nicht von selbst. Eltern müssen dies bewusst gestalten.
Deswegen ist meine erste Frage an die Eltern: **Was ist Ihnen am christlichen Glauben wichtig? Was möchten Sie an Ihre Kinder weitergeben?**
Nun, das fordert schon manche etwas heraus. Aber ich sage dann: Nur was wir uns bewusst überlegen, können wir auch glaubhaft weitergeben. Viele möchten christliche Werte weitergeben wie Nächstenliebe, Hilfsbereitschaft. Andere betonen, dass sie Schutz und Segen Gottes für ihr Kind erwünschen. Wieder andere haben gute Erfahrung in einer Kirchengemeinde gehabt und wünschen sich tragende Gemeinschaftserfahrung für das Kind.
Ich leite zur zweiten Frage über: Man kann einem Kleinkind schwer etwas von Werten erklären. Aber man kann dem Kleinkind schon Geschichten erzählen, die diese Werte vermitteln. Also die zweite Frage: **Welche Bibelgeschichten möchten Sie Ihrem Kind besonders erzählen?** Welchen Wert vermittelt für Sie diese Geschichte?
Viele Eltern schlucken dann! Welche Bibelgeschichte? Es rattert im Kopf! Ich erkläre dann: Ich möchte Ihnen diese Frage mitgeben, dass Sie sich diese Frage auch später mal stellen, wenn Sie z. B. mit Ihrem Kind eine Kinderbibel durchblättern. Denn wenn Sie wissen, was Ihnen an der Bibelgeschichte wichtig ist, können Sie es auch Ihrem Kind im Gespräch nahe bringen.
Vielen fällt dann schon eine Geschichte ein: die Brotteilung oder der barmherzige Samariter. Und an diesen Beispielen kann ich den Eltern verdeutlichen, dass diese Geschichten Werte wie Helfen und Teilen vermitteln. Manche Eltern fällt die Mantelteilung des Heiligen Martin ein. Da kann ich mich leider nicht halten und

etwas frustriert platzt es aus mir heraus: Das steht nicht in der Bibel. Der Heilige Martin war ein Bischof, er lebte später und las selber in der Bibel. (So viel zum Bibelwissen mancher Katholiken.)

Jedoch dafür ist ein solches Taufgespräch da: Den Eltern, die nicht Experten sind, paar Tipps für die christliche Erziehung zu geben. Deswegen auch die dritte Frage: **Was könnten Sie im Alltag tun, um die christliche Erziehung umzusetzen?** Viele kommen mindestens auf eine Idee wie z. B. ein Gebet mit dem Kind vor dem Schlafengehen oder zum gemeinsamen Essen. Wenn das Kind im Kindergarten ist, kann man Kindergottesdienste besuchen und mit dem Kind in der Kinderbibel lesen. Die anderen Ideen füge ich hinzu. Ich will den Eltern klar machen, dass diese drei „Gewohnheitsbausteine" – Kinderbibel lesen, gemeinsames Gebet einmal täglich, Kindergottesdienste regelmäßig besuchen – eine sehr gute und leicht organisierbare Basis für die christliche Erziehung ist. Regelmäßig heißt für mich nicht einmal jährlich zur Kindermette, das ist zu wenig. Und natürlich weiß ich, dass für viele Familien die Vorgabe jeden Sonntag eine zu große Hürde ist. Aber ca. einmal oder zweimal im Monat in den Kindergottesdienst müsste eigentlich machbar sein.

Neben einer schönen Kinderbibel empfehle ich den Eltern das Buch „Wo wohnt Gott und 99 weitere Fragen". Alle wichtigen Fragen zum katholischen Glauben werden verständlich und kompakt beantwortet, so dass ein Grundschulkind den Text verstehen kann. Dieses Buch hilft den Eltern bei den doch oft interessanten und herausfordernden Kinderfragen, die irgendwann ja auftauchen.

Diese Fragen habe ich Ihnen erzählt, weil sie für uns alle immer wieder wertvoll sind:

1. Was ist mir am christlichen Glauben wichtig?
2. Welche Bibelstellen bedeuten mir etwas und prägen mein Denken und Leben?

3. Welche Gewohnheitsbausteine pflege ich in meinem Leben, um meinen Glauben zu leben?
Bete ich regelmäßig? Lese ich religiöse Bücher? Besuche ich den Gottesdienst regelmäßig?
Oder habe ich andere Gewohnheitsbausteine? Ich glaube, dass wirklich Menschen z. B. beim Spazierengehen oder Joggen zu einer Stille und Achtsamkeit gelangen, so dass diese Praxis für sie auch eine spirituelle Praxis geworden ist.
Mut zum Nachfragen Aber wichtig ist, dass wir etwas tun! Dazu ein Erlebnis. Bei einem Geburtstagsbesuch kam ich mit der Tochter der Jubilarin ins Gespräch über die bevorstehende Firmvorbereitung der Enkelin. Sie sagte, sie weiß nicht, ob ihre Tochter bei der Firmung mitmacht. Das muss sie selbst entscheiden. Ich bemerkte: „Klar sollen die Jugendlichen frei entscheiden. Das ist mir auch wichtig. Jedoch man kann als Mutter die Tochter auch motivieren." Daraufhin antwortete sie: „Ich glaube zwar an Gott, aber dafür brauche ich die Kirche nicht." Ein Satz, den viele inzwischen stereotyp in solchen Situationen von sich geben.
Da war in mir die sokratische Lust des Nachfragens geweckt! Ich fragte: „Und welche Praxis pflegen Sie dann, um Ihren Glauben zu leben?" Sie meinte: „Ich bete nicht. Ich bete nicht in schweren Zeiten, weil ich auch nicht in guten Zeiten bete." So fragte ich weiter: „Aber was bedeutet dann der Satz „Ich glaube an Gott" bei Ihnen? Sie können sagen: „Ich glaube, in Indien fließt der Ganges!" Wenn es keinen Ganges in Indien gibt, ändert das nichts an Ihrem Leben. Was ist dann anders, wenn Sie sagen: „Ich glaube an Gott!" – ändert das etwas in Ihrem Leben?"
Schweigen! Ich verdeutlichte: „Es gehört zum Wesen Gottes und zum Wesen des Menschen, dass der Mensch, wenn er glaubt, Gott irgendwie sucht! Der Mensch der glaubt, sucht nach dem absoluten Geheimnis „Gott"! Wie suchen Sie Gott?" Fehlanzeige, Schulterzucken! Irgendwann meinte sie: „Vielleicht werde ich wieder mal in die Kirche gehen. Aber jetzt brauche ich das nicht!"

Wenn also mal wieder bei einer Party jemand sagt: Ich glaube zwar an Gott, aber dafür brauche ich die Kirche nicht. Dann fragen Sie nach: Welche Praxis pflegen Sie dann, um Ihren Glauben zu leben? Der Mensch der glaubt, sucht nach dem absoluten Geheimnis „Gott"! Wie suchen Sie Gott?

In den ersten zwei Jahrhunderten des Christentums gab es Apologeten, die den christlichen Glauben den Andersgläubigen erklärten und verteidigten. Das ist auch für uns heute eine Aufgabe, die wir mit solchen Fragen auf einer Party anpacken können.

Denn es geht bei der Kindererziehung und bei sich selbst und bei Gesprächen mit anderen um immer dasselbe: Wir sollen uns bewusst machen, warum wir Christen sind und sein wollen.

Die Taufe ist Gabe und Aufgabe. Mit der Taufe bekomme ich das Wissen geschenkt, dass ich Gottvater bedingungslos vertrauen kann. Mit der Taufe bekomme ich Jesus als Vorbild und Erlöser und Heiland geschenkt. Mit der Taufe bekomme ich eine tragende Glaubensgemeinschaft geschenkt, die vom Heiligen Geist beseelt ist. Genau das sind die drei Punkte, die die Eltern in anderer Weise anführen: Viele möchten christliche Werte weitergeben wie Nächstenliebe, Hilfsbereitschaft. Andere betonen, dass sie Schutz und Segen Gottes für ihr Kind erwünschen. Wieder andere haben gute Erfahrung in einer Kirchengemeinde gehabt und wünschen sich tragende Gemeinschaftserfahrung für das Kind.

Das sind die drei Aspekte Gottes, auf die wir alle getauft sind: Im Namen des Vaters, der uns bedingungslos liebt, des Sohnes, der uns die wahren Werte vorlebt, und des Heiligen Geistes, der die Glaubensgemeinschaft Kirche beseelt.

Aber die Taufe ist auch Aufgabe: Aus dieser Gabe bewusst leben und nicht diese Gabe weglegen, verstauben lassen oder sogar aus dem Fenster zu werfen.

Aschermittwoch: Der Marshmallow Test

Der Marshmallow Test – kennen Sie ihn?
Kindergartenkindern wird ein Marshmallow vorgesetzt. Der Tester sagt zu dem Kind: Ich komme in 10 bis 20 Minuten zurück. Wenn Du bis dahin den Marshmallow nicht gegessen hast, bekommst Du zwei!
Manche Kinder essen den Marshmallow! Andere Kinder schaffen es, sich in Zaum zu halten! Ihre Strategien sind unterschiedlich: Manche Kinder schauen einfach in eine andere Richtung! Andere Kinder lenken sich ab, singen Lieder, tanzen herum! Wieder andere Kinder kämpfen mit sich. Sie nähern sich dem Marshmallow, stecken ihn fast in den Mund und legen ihn wieder hin.
Manche Kinder untersuchen den Marshmallow. Wenn man ihn als Forschungsgegenstand untersucht, setzt man ihn in einen anderen gedanklichen Rahmen. Die Süßigkeit ist dann keine Begehrlichkeit sondern Forschungsobjekt.
Die Forschungen haben nun gezeigt: Im Durchschnitt sind die Kinder, die warten können, als Erwachsener erfolgreicher, haben weniger Scheidungen und Suchtprobleme usw.
Die Kinder, die den Marshmallow gegessen hatten, nachdem der Tester aus dem Zimmer gegangen war, haben im Durchschnitt eine geringere Bildung, geringeren beruflichen Erfolg und haben mehr Suchtprobleme.
Heißes und kühles Denken Die psychologische Forschung wollte diese Zusammenhänge verstehen und fand heraus: Wir haben ein heißes System und ein kühles System. Der präfrontale Kortex ist das kühle System. Mit ihm denken wir vernünftig und nüchtern! Das heiße System, der Hirnstamm, reagiert spontan, wild, heiß. Deswegen sagen wir: Heißhunger, eine heiße Liebe. Die Impulse sind stark und treiben uns an: Gleich, ja gleich will ich was zu essen haben. Gleich will ich einen Joint rauchen. Sofort möchte ich ein Glas Alkohol haben.

Es ist äußerst wichtig, dass Kinder irgendwie lernen, sich abzukühlen.
Ein Kind sieht den Marshmallow. Zuckersüß, verführerisch, es möchte zugreifen. Aber wenn es wartet, bekommt es in 20 min 2 Stück! Also versucht es den heißen Impuls abzukühlen!
Das ist in jeder Hinsicht wertvoll für das Leben: Ich kann länger lernen, wenn ich Spontanimpulse abkühlen kann. Ich kann mich in Konflikten beruhigen, wenn die Gefahr besteht, dass die Konflikte eskalieren. Ich bin Rauschmitteln weniger ausgeliefert.
Die Fastenzeit lädt uns dazu ein: Übe Dich im Nicht-Folgen! Folge nicht dem heißen Impuls!
Was hilft uns, unsere heißen Impulse abzukühlen?
Eine Idee: Man fragte Kinder „Was würdest Du deinem besten Freund raten?" – „Ich würde ihm empfehlen, den Marshmallow stehen zu lassen und abzuwarten!"[28]
Ich trete mit dieser Frage in Distanz zu meinen Impulsen! Wenn ich jemand anderes, den ich mag, einen Rat gebe, dann schalte ich mein kühles System an!
Eine andere Idee: In einem Streit steigern wir uns gerne in heiße Impulse hinein. Wir deuten dann verzerrt und mit Wut. Das kühle System lässt sich wieder aktivieren mit der Frage: Was hätte gerade bei dem Konfliktgespräch eine Fliege an der Wand gesehen und gehört? Ich würde aus meiner Perspektive etwas heraus treten. Ich würde deutlicher sehen: Was ist wirklich ohne Deutung passiert? Und ich würde meine eigene Deutung etwas mit Distanz betrachten können. Wie wirkt mein Verhalten auf den anderen? Kann ich dann mehr nachvollziehen, dass er/sie so reagiert hat?
Den heißen Impulsen nicht völlig ausgeliefert sein – diese Freiheit wieder zu entdecken – darum kann es beim Fasten gehen. Aber dann müssen wir auch immer fragen: Freiheit wozu? Was ist letztlich der religiöse Sinn des Fastens?
Christus nachfolgen Wir brauchen für die Antwort nur die erste Idee etwas verändern: Anstatt mich zu fragen, was würde ich meinem besten Freund/Freundin empfehlen, kann ich mich auch

fragen: Was würde Jesus mir empfehlen? Was würde Jesus dazu sagen?

Wenn ich mit Jesus ins Gespräch komme, beruhigen sich meine heißen Impulse und ich kann wieder kühler denken. Aber auch: Wenn ich mit Jesus ins Gespräch komme, finde ich auch gute Lösungen, gute nächste Schritte.

Wenn ich mit Jesus ins Gespräch komme, lasse ich mich von seinem Geist prägen und folge ihm nach!

Ja das ist der tiefste Sinn des Fastens: In die Nachfolge Jesu Christi kommen. Sich vom Geist Christi prägen lassen.

So sollten wir uns in der Fastenzeit immer zwei Dinge vornehmen:
1. Auf etwas verzichten, um das Abwarten zu üben, um die heißen Impulse in mir abzukühlen.
2. Mit Jesus ins Gespräch zu kommen, damit ich mich von seinem Geist prägen lasse, damit meine durch Fasten gewonnene Freiheit mir Nachfolge Jesu ermöglicht!

Im Knast ein Kloster (3. FaSo A)

Joh 4,5-42
Jesus ging auf Menschen zu und schenkte ihnen Offenheit, Liebe, Vertrauensvorschuss, denen andere damals niemals vertrauten: Zöllner, Ehebrecherinnen, Aussätzigen. Er beruft den Pharisäer Levi, lädt sich bei Zachäus ein, heilt zehn Aussätzige und verurteilt nicht die Ehebrecherin, die gesteinigt werden soll.

Die Frau am Jakobsbrunnen war sicherlich ebenso verrufen wie Zöllner oder Ehebrecherinnen: Fünf Männer hatte sie. Und mit dem Mann, mit dem sie jetzt zusammenlebt, ist sie nicht verheiratet.

Aber Jesus geht ohne Vorurteile und mit bedingungsloser Liebe auf sie zu. Das verändert sie im Tiefsten. Dieses Wunder der Heilung und Umkehr kann auch heute geschehen. Ein höchst erstaunliches Beispiel bietet das Gefängnis Norfolk State Prison bei Boston.

Ruth Raichle ist seit vielen Jahren dort Gefängnisseelsorgerin. Sie veranstaltete zuerst Glaubenskurse und brachte Ehrenamtliche mit ins Gefängnis, damit Insassen offene Ohren und nichtverurteilende Mitmenschen erleben konnten.

Daraus entstand – man höre und staune – eine Klostergemeinschaft. Ja Sie haben richtig gehört. **Initiiert durch die Gefängnisseelsorgerin gründeten Häftlinge eine Laien-Dominikaner-Gemeinschaft.**

Die inzwischen 26 Häftlinge beten zwei Mal täglich das Stundengebet, montags feiern sie mit einem Priester die Messe, mittwochs und sonntags kommen sie zu einem Gemeinschaftstreffen zusammen. Die Säulen ihres Ordenslebens: Gebet, Gemeinschaft, Studium und Einsatz für andere. Eine echte Klostergemeinschaft in einem Gefängnis, bis jetzt weltweit einzigartig.

Der Dominikaner Lataste hätte sich über dieses Kloster riesig gefreut. Er ist der Apostel der Gefangenen. Er wurde 2012

seliggesprochen. Er war überzeugt, dass die größten Sünder das Potenzial zu den größten Heiligen haben. Genau das kann man im Norfolk State Prison erleben: Viele der Laiendominikaner sind wegen schwerer Gewalttaten lebenslänglich inhaftiert. In dieser Gemeinschaft lernten sie, zu ihrer Vergangenheit zu stehen und eine Umkehr in ein neues Leben zu finden
Ein Reporter des Bayrischen Rundfunks besuchte für eine Reportage das Gefängnis. Er darf beim gemeinsamen Sonntagnachmittag dabei sein: Er erlebt die Stimmung freundlich und zugewandt. Er kommentiert sein Erleben: „Wenn ich es nicht wüsste, würde ich nicht im entferntesten auf den Gedanken kommen, dass diese Menschen draußen als Monster angesehen werden. Männer in den vierziger oder fünfziger, in Jeans und ernsthaft mit dem Stundenbuch in der Hand und mit offenen Augen."
Ein Mitgefangener, der die Laienbrüder erlebte und dann in die Gemeinschaft eintrat, berichtet: „Ich habe bei diesen Brüdern etwas in den Augen gesehen. Schwer zu erklären. Es ist so befreiend, wenn du dich wieder als Mensch siehst. Im Gefängnis fühlst du dich nicht so. Die Aufseher behandeln dich nicht wie einen Mensch. Die anderen Insassen behandeln dich nicht so. Und dann kommen die Gefängnisseelsorgerin und ihre Mitarbeiterinnen und vermitteln dir, dass du ein Mensch bist. Mein Leben hat sich dadurch verwandelt. Sechs Meter hohe Mauern um mich herum und ich war frei. Zum ersten Mal in meinem Leben. Es rettete mein Leben."
Der Reporter trifft einige Brüder zu einem Gespräch. Sie haben gemordet, Gewalttaten vollbracht und gehörten zum organisierten Verbrechen. Aber sie haben eine existenzielle Bekehrung erlebt und wurden Laienmitglieder im Dominikanerorden.
Wie reagieren die anderen Insassen auf diesen sonderbaren Club? „Sie sehen, wie wir uns nach dem Treffen am Sonntagnachmittag umarmen. Es macht sie neugierig. Sie kommen zu Messe und da beginnt dann alles. Unser Umgang miteinander hat die Herzen von

Leuten berührt, von denen du das nie erwartet hättest. Sogar bei den Wachleute. Wir haben erlebt, wie härteste Wachleute liebenswürdig wurden und fürsorglich. Sie sehen, was vor sich geht und der Geist berührt sie und verändert sie."

Sie singen zu Beginn „Amazing graze": Die Botschaft des Liedes betrifft genau ihr Lebensthema: Der Sünder wird durch Gnade gerettet!

Das ist für Ruth Raichle das Wunder: Dass sich durch Gottes Liebe Herzen wandeln. Dass Verbrecher heilig geworden sind. Ein Kloster im Knast.

Die Intensität ihrer Gotteserfahrung liegt insbesondere darin, dass sie erfahren, dass sie im Tiefsten Kind Gottes sind. Sie sind im Tiefsten eben nicht Mörder, Monster, Drogenabhängige oder Gewalttätige.

Paul berichtet: „Ich war immer voll Wut. Man zieht dann auch solche Menschen an. Aggressive Menschen locken aus anderen aggressiven Menschen die Wut heraus. In der Kirche fiel mir auf, dass die Leute dort diese Wut nicht mehr hatten. Weil sie den Hass, den Fanatismus und die Voreingenommenheit Gott übergeben hatten. Schuld und Scham äußern sich immer in Gewalt. Wenn du es in dir brodeln lässt, kommt die Gewalt irgendwann heraus. Das ist mir genommen worden. Ich kenne Scham über meine Gewalttaten, dass ich nicht anständiger war. Wenn du mit Scham gelebt hast und diese durch Gnade genommen wird, dann ist auch Wut und Zorn weg. Die Liebe ist es, die Menschen verändert! Die Liebe Gottes, die ich auch durch Menschen erfahren habe."

Weil das so ist, fällt sein Urteil über das amerikanische Gefängnissystem sehr kritisch aus: „Im Gefängnis werden die Menschen demoralisiert. Sie legen es darauf an, dich zu zerbrechen, so dass du dich selbst hasst, dass du einfacher zu kontrollieren bist. Wenn du Leuten rote Overalls anziehst oder sie angekettet nackt über den kalten Flur laufen lässt mit Hunden hinten dran. Wenn sie das filmen für Lehrfilme. Das ist Entmenschlichung."

Es ist nicht leicht, in diesem harten Alltag amerikanischer Gefängnisse christlich zu leben, Liebe und Versöhnung zu kultivieren. Aber die Laien-Dominikaner haben hier das Wunder an sich selber erlebt: Wenn Menschen umkehren und ihr Leben neu betrachten unter der Perspektive, geliebte Kinder Gottes zu sein, dann ist Versöhnung mit sich selbst und Versöhnung mit einer schlimmen Vergangenheit möglich. Und es wächst die Kraft zum Weiterleben in einer unter normalen Verständnis ausweglosen Situation – lebenslänglich im Knast!
Sie durften wirklich wie die Frau am Jakobsbrunnen erleben: Jesus begegnet mir! Er beschönigt nichts! Und trotzdem liebt er mich und führt mich zu der Quelle des Lebens, d. h. zu sich selbst, zum Heiligen Geist in mir selbst!
Das Wunder von Northfolk State Prison offenbart: Sogar im größten Verbrecher ist ein göttlicher Kern. Aber dieser kommt nicht zum Vorschein, indem die Insassen in Gefängnissen entmenschlicht werden, sondern indem sie vorurteilsfreie Liebe erfahren, damit sie wirklich den Weg der Reue und Umkehr gehen können.[29]

Palmsonntag: Christus erlöst von unseren Sünden – was heißt das?

Zu simples Deutungsmodell Ich besuchte einmal einen Gottesdienst einer evangelikalen Gemeinschaft. Ein junger Prediger skizzierte seine Version der christlichen Erlösung. Zwischen Gott und Mensch ist ein unüberwindbarer Graben. Der Mensch kann ihn nicht von sich aus nicht überbrücken. Denn die Menschen sind der Sünde verfallen. Er nannte Beispiele: Drogenmissbrauch, Sex vor der Ehe, Lüge, Diebstahl. Die Menschen sündigen, wenn sie die Gebote Gottes nicht einhalten. Aber einer überwand den Graben: Jesus Christus. Der Prediger malte seine Version sogar auf ein Flipchart-Blatt: Der Querbalken des Kreuzes überquert den Graben zwischen Gott und den Menschen. Jesus Christus hat uns erlöst. Er ist die Brücke über den Graben.
Als ich das hörte, fühlte ich mich unwohl. Und ich fragte mich: Was gefällt mir nicht an dieser Deutung der Erlösung?
Erstens: Sein Begriff von Sünde. Ist Sünde, wenn ich mich nicht an eines der Gebote Gottes halte? Mir ist dieses Verständnis von Sünde zu flach. Sünde kann doch nicht nur Regelverstoß sein! Denn ein kritisch denkender Mensch fragt sich zu Recht: Wer hat die Regeln vorgegeben und wie hat er sie begründet? Regeln müssen der Gestaltung eines guten Lebens dienen. Schon Jesus möchte das Verständnis in dieser Weise vertiefen: Der Sabbat, die Sabbatregel, muss dem Menschen, der Gestaltung eines guten Lebens, dienen. Der Mensch soll nicht blind der Regel folgen.
Also was könnte eine tiefere Sichtweise von Sünde sein? Sünde kommt von absondern. Der Mensch fühlt sich von Gott abgesondert, er fühlt sich verlassen, verängstigt, auf sich allein gestellt. Aber wenn das eine Illusion ist? Wenn Gott schon immer bei den Menschen ist, wenn der Heilige Geist in jedem Mensch ist – aber die Menschen merken es zu wenig. Dann ist die Sünde das, was Menschen daran hindert zu merken, dass Gottes Gegenwart in

uns und um uns herum ist. Sünde ist erst einmal eine Verwirrung, eine Dunkelheit, die das göttliche Licht in uns verstellt. Aus dieser Verwirrung folgen Gedanken, Worte und Taten, die gutes Leben für sich und andere Menschen verhindert oder erschwert. Oder anders gesagt: Diese Dunkelheit des Herzens erschwert die Liebesfähigkeit des Menschen zu sich selbst und zu anderen, weil er die Liebe Gottes zu ihm zu wenig spürt, obwohl sie da ist.

Nach einem Gottesdienst sagte mir einmal eine Gläubige: Ich kann mit dem Satz „gestorben wegen unserer Sünden" nichts anfangen. Was habe ich schon für Sünden begannen… Mal ein bisschen wütend, mal eine kleine Notlüge. Für solche kleinen Sünden muss doch Jesus nicht am Kreuz leiden und sterben, um solche Sünden zu überwinden.

Sie hat vollkommen Recht, dass sie irritiert ist. Und sie ist nicht allein. Schon viele Menschen konnten und können nicht so richtig verstehen, was das bekannte Passionslied „O Haupt voll Blut und Wunden" in der 4. Strophe so formuliert: Was du, Herr, hast verschuldet, ist alles meine Last. Ich, ich hab es verschuldet, was du getragen hast. Die Irritation betrifft zweierlei: den Sündenbegriff und die Engführung auf das Kreuz. Den Sündenbegriff habe ich schon besprochen. Nun komme ich zur Engführung. Der junge begeisterte Prediger zeichnet auf das Blatt die Skizze: Das Kreuz überbrückt den Graben, die Sünde.

Ist nur der Tod Jesu allein erlösend? Wenn ja, warum braucht Gott ein so blutiges Opfer seines eigenen Sohnes, um die Sünden der Menschen zu überwinden? Das verstehen heute immer weniger Menschen.

Die Evangelisten dagegen berichten auch von Jesu Predigten, Taten, Heilungen, Streitgespräche und natürlich von seiner Auferstehung. Also das ganze Leben Jesu, seine Hinwendung zu den Ärmsten und Ausgeschiedenen, seine Gleichnisse vom Reich Gottes, seine Einladungen zum Umdenken an die Pharisäer und seine Art, wie er sein Kreuz getragen hat: Er hat es mit vergebender Haltung getragen! Das Kreuz wäre nicht erlösend, wenn Jesus mit

Wut und unversöhnt das Kreuz getragen hätte! Und die Erfahrung der Jünger, dass Gott den Gekreuzigten nicht verstoßen hat – all das zusammen muss erlösend sein.

Rahner hat betont, dass es nicht nur eine Deutung geben kann für Erlösung. **Das Geheimnis der Erlösung ist zu tief und zu groß**, so dass wir ohne weiteres mehrere Deutungen finden können und immer wieder neue Aspekte finden können. Deswegen möchte ich hier nur eine mögliche Antwort skizzieren, die aber – wie ich hoffe – weniger Irritationen hervorruft, weil sie von einem anderen Sündenbegriff ausgeht und das ganze Leben Jesu einbezieht.

Ein anderer Deutungsversuch Der Mensch erkennt zu wenig, dass die Liebe Gottes ihn beseelt. Aber Jesus selbst, sein gütiger Umgang mit Menschen, seine neue Art, auf Gott zu vertrauen, seine Botschaft vom anbrechenden Reich Gottes, bricht in vielen Menschen die Dunkelheit des Herzens auf. Sie erkennen, dass durch ihn hindurch die Liebe Gottes ungehindert sich zeigt, offenbart wird. So erkennen sie auch in sich selbst das Licht Gottes.

Aber seine Predigten und Taten überzeugen nicht alle. Einige trachten nach seinem Leben. Die Lage spitzt sich zu.

Jesus verlässt Jerusalem nicht. Denn er will seinem Auftrag, das Reich Gottes zu verkünden, treu bleiben.

Wenn er das Kreuz trägt, dann heilt er nicht nur einige Kranke – nein: er solidarisiert sich mit allen Leidenden der ganzen Menschheitsgeschichte.

Er zeigt die Trotzdem-Liebe Gottes auf, die alle Menschen, wirklich alle Menschen anspricht, indem er seinen Peinigern vergibt: Vater vergib ihnen, denn sie wissen nicht, was sie tun.

Und er durchschreitet die tiefste Sünde, nämlich das Gefühl, total von Gott zu verlassen zu sein, total von Gott abgesondert zu sein. „Mein Gott, warum hast du mich verlassen" – und solidarisiert sich damit mit allen, die zweifeln, nicht mehr weiter wissen, in tiefste Dunkelheit verfallen sind.

Kreuz und Tod ist nur mit Verkündigung und Taten Jesu und mit seiner Auferstehung erlösend. Denn Ostern verkündet: Da, in dieser Dunkelheit der Kreuzigung war überall Gottes Gegenwart, auch wenn sie nicht mehr zu bemerken war. Jesus Christus hat sich nicht geirrt und nicht umsonst am anbrechenden Reich Gottes festgehalten. Deswegen ist sein ganzes Leben das unüberbietbare Sakrament der Liebe Gottes. So überwindet sein Leben, Sterben und Auferstehen unsere Verwirrung, unsere Dunkelheit des Herzens. So erlöst er uns von unserer Sünde!

Christi Himmelfahrt – Weltbilder nach Walter Wink

Ich will das heutige Fest zum Anlass nehmen, um über Weltbilder nachzudenken. Denn es ist ja nicht selbstverständlich, dass man sich vorstellen kann, dass ein Auferstandener von der Erde zum Himmel fahren kann.
Weltbilder haben etwas Grundsätzliches. Wo ist der Himmel, wo ist die Erde, was ist real, was ist irreal? Weltbilder prägen unser Denken, unser Fühlen, unsere Art, wie wir Situationen deuten!
Normalerweise sind Weltbilder etwas Unbewusstes. Viele Menschen denken über ihre Weltbilder nicht nach. Doch das heißt nicht, dass sie keine hätten. Jeder Mensch hat Weltbilder, auch wenn sie nur im Hintergrund sind und im Verborgenen wirken. In Schöpfungsmythen, in Symbolen oder auch in philosophischen Gedankensystemen kommen die Weltbilder dann zum Vorschein.
Die entscheidende Frage ist: Welche Weltbilder passen zu der frohen Botschaft Jesu Christi? Und welche nicht? Welche Weltbilder fördern befreiendes Leben? Und welche nicht?
Der Theologe Walter Wink hat eine grobe Einteilung von verschiedenen Weltbildern aufgezeigt, die sich besonders auf das Verhältnis zwischen Erde und Himmel als Einteilungskriterium konzentriert.
Da gibt es zum Beispiel das **materialistische Weltbild**. Es wurde nach der Aufklärung populär, aber schon in der Antike hatte Demokrit es propagiert. In diesem Weltbild gibt es keinen Himmel. Es gibt nur Materie, die irgendwie miteinander interagiert. Da gibt es keinen Himmel, keine spirituelle Welt, keinen Gott und keine Seele. Die Psyche ist nur Produkt des Zusammenspiels von Nervenzellen.
Das Gegenteil zu materialistischen Weltbild ist das **spiritualistische Weltbild**. Eigentlich gibt es nur den Himmel. Schöpfung ist eigentlich ein Unfall. Die Seelen sind eingeschlossen in das Gefängnis ihres Körpers und in das

Gefängnis der materiellen Welt. Alles kommt darauf an, sich von dieser bösen und unwirklichen Welt zu befreien, um wieder zurück zum Himmel zu kommen. Für uns heute ist dieses Weltbild auf den ersten Blick fremd. Aber in den Anfängen des Christentums gab es in der antiken Welt verschiedenster Strömungen, die so dachten: die Gnosis oder der Neuplatonismus.

Das **antike Weltbild der Bibel** dagegen hält Erde und Himmel gleichermaßen für wirklich. Und es geht von einer engen Verbindung zwischen Himmel und Erde aus: Alles auf der Erde hat eine Entsprechung im Himmel und umgekehrt alles im Himmel hat eine Entsprechung auf der Erde. Wenn ein Krieg auf der Erde beginnt, dann muss es gleichzeitig einen Krieg der Engel im Himmel geben. Dies ist die symbolische und erzählerische Art auszudrücken, dass jede materielle Realität eine spirituelle Dimension hat und dass jede spirituelle Realität eine irdische Konsequenz hat.

In Reaktion auf das materialistische Weltbild entwickelten nicht wenige Theologen ihr **zwei Stockwerken Weltbild**: es gibt die Erde, das Irdische und es gibt den Himmel, das Göttliche. Aber zwischen beiden gibt es keine Verbindung. Die Wissenschaft erzählt uns, wie die Welt entstanden ist, die Religion erzählt uns, warum! Damit das materialistische Weltbild, das durch die Erfolge der Naturwissenschaften in den letzten drei Jahrhunderten Hochkonjunktur bekommen hat, den Glauben und die Theologie nicht überflüssig macht, trennt man schön zwischen dem Himmlischen und Irdischen. Der Preis, der dafür zu zahlen ist, ist hoch: die Einheit des Ganzen geht verloren, ebenso die Bedeutung des Göttlichen im Irdischen. Es ist gewissermaßen eine „schizoide" Weltsicht.

Aber nicht alle Theologen reagierten auf die Herausforderung der Moderne auf diese Weise: Teilhard de Chardin, Whitehead, Bergson, Matthew Fox, Befreiungstheologie, feministische Theologie und Prozesstheologie – sie alle verbindet nach Walter Wink ein **integrales Weltbild**: Alles hat eine äußerlichen und innerlichen Aspekt. Himmel und Erde sind die innere und äußere Seite der einen Realität. Dieses neue Weltbild übernimmt alle wichtigen Aspekte des antiken biblischen Weltbildes, kombiniert und versteht es aber auf neue Weise. Ganz kurz und vereinfacht gesagt: Der Himmel ist nicht oben sondern innerhalb! Alles ist in Gott! Zu diesem Weltbild passt der spirituelle Leitsatz des Ignatius: Gott sehen in allen Dingen!

Wählen können Und abschließend sagte Walter Wink: Vielleicht sind wir die erste Generation in der Geschichte der Welt, die bewusst zwischen diesen fünf möglichen Weltbildern wählen kann! Das ist eine Chance, denn die bewusste Wahl ermöglicht uns, uns von zerstörerischen Weltbildern bewusst zu verabschieden und ein lebensförderliches Weltbild zu wählen.

Es ist wahrscheinlich nun jedem offensichtlich, welches Weltbild ich propagiere: das integrale Weltbild. Aber ich möchte natürlich noch verdeutlichen, warum.

Auf dem Konzil von Chalcedon hat die Kirche bekannt, dass Jesus Christus wahrer Gott und wahrer Mensch ist, unvermischt und ungetrennt. In der Person Jesu Christi sind beide wesentlich vereint. Vor diesem Konzil gab es verschiedene Streitigkeiten und andere Positionen: Christus ist eigentlich nicht göttlich, sondern ein Geschöpf, wenn auch das erste Geschöpf des Vaters. Das sagte Arius. Andere sagten, die menschliche Natur würde sich in der göttlichen auflösen wie ein Süßwassertropfen im Meer. Es gäbe also eigentlich nur die göttliche Natur. Und Nestorius konnte zwischen der göttlichen und menschlichen Natur keine wesentliche Verbindung.

Wenn wir das nun auch die Weltbilder übertragen, kommen wir zu unseren dargestellten Alternativen: im biblischen Weltbild wie im integralen Weltbild werden beide Seiten, das irdische wie das göttliche, als real angesehen und zwischen beiden gibt es irgendwie Verbindungen – diese Weltbilder entsprechen dem Glauben von Chalcedon. Dort wird auch keiner der Naturen unterdrückt, weder die göttliche noch die menschliche Natur. Und beide Naturen sind wesentlich verbunden und nicht getrennt.

Kritik Die anderen drei Weltbilder entsprechen den häretischen Positionen, die das Konzil abgelehnt hat. Sie entsprechen nicht nur nicht dem christlichen Glauben, sie sind auch nicht befreiend und lebensförderlich.

Das materialistische Weltbild macht die Welt flach: Wenn alles nur irdisch und materiell ist, dann kann es nur ein Ziel für Menschen geben: Irgendwie für sich selbst das Leben angenehm machen. Aber der Christ glaubt an die Tiefe und die Höhe und erfährt sie auch: Wer wirklich sich in Liebe verschenkt, erlebt tiefen Sinn. Wer trotzdem Gott vertraut, erfährt im Leid Halt aus der Höhe. Der Mensch ist mehr als ein biochemischer Zusammenhang. Er ist ein Kind Gottes und muss und darf sich immer neu in Freiheit entscheiden.

Das spiritualistische, gnostische Weltbild verleugnet die Schöpfung Gottes. Die Welt ist kein Unfall sondern ein Wunder aus Schöpferhand. Der menschliche Körper ist kein Gefängnis sondern Tempel des Heiligen Geistes, den wir schätzen und pflegen sollen.

Das zwei Stockwerke Weltbild macht den Glauben zu einem reinen Gedankengebäude. Wer so das Himmlische und das Irdische trennt, der kann eigentlich keine Gotteserfahrungen in der Welt machen. Und der Glaube verliert seine Bedeutung und seine verändernde Kraft in der Welt!

Nein: Himmel und Erde fallen nicht auseinander, sie sind miteinander verschränkt wie Innenseite und Außenseite! Gott sehen in allen Dingen!

Nach der Himmelfahrt kann man Jesus Christus nicht als äußerlich sichtbaren Menschen oder Auferstandenen wahrnehmen. Aber er ist innerlich bei uns. Das meint genau der Satz: Jesus Christus ist in den Himmel aufgefahren! Denn der Himmel ist die Innenseite unserer Welt![30]

Die eine, heilige, katholische und apostolische Kirche (7. OsSo B)

Joh 17, 6a.11b-19
Wir bekennen im Glaubensbekenntnis die eine, heilige, katholische und apostolische Kirche! Diese vier Merkmale scheinen wesentlich für die Kirche zu sein - seit der Urkirche! Denn schon unser heutiges Evangelium enthält diese vier Merkmale:
Jesus bittet den Vater für die Christen, für die Kirche, die Versammlung der Christen um:
Einheit: Heiliger Vater, bewahre sie in deinem Namen, damit sie eins sind wie wir!
Heiligkeit: Heilige sie in der Wahrheit!
Katholisch: Ich habe deinen Namen den Menschen, also allen Menschen offenbart!
Apostolisch: Dein Wort ist Wahrheit! Ich habe sie in die Welt gesandt! Von den Aposteln, die von Jesus entsandt worden sind, haben wir das Evangelium, die Wahrheit bekommen.
Aber was bedeuten diese vier Merkmale? Jeweils zwei Begriffe stehen in spannungsvoller Wechselbeziehung. Einheit und Katholizität stehen in Spannung wie Einheit und Pluralität.
Heiligkeit und Apostolizität stehen in Spannung wie Spiritualität und Institutionen.
Wir ahnen es schon: Die Kirche muss diese Spannungen aushalten und immer neu kreativ gestalten, damit sie ihre Herausforderung, Kirche Jesu Christi zu sein, erfüllt.
Schauen wir uns einzeln die vier Merkmale der Kirche an. Dabei ist es hilfreich, sich zu fragen, was das Merkmal nicht ist, wie es falsch verstanden werden kann.
Zuerst Einheit: Einheit ist nicht Uniformität! Kirchlicher Zentralismus versteht oft genug Einheit zu sehr als Uniformität. Natürlich braucht eine große Organisation ein bestimmtes Maß an Ordnung und allgemeinverbindlichen Strukturen. Aber so müssen

wir kritisch fragen: Woher kommt die eigentliche Einheit in der Kirche? Paulus antwortet darauf im Galaterbrief: „Ihr seid alle durch den Glauben Söhne Gottes in Christus Jesus. Denn ihr alle, die ihr auf Christus getauft seid, habt Christus (als Gewand) angelegt. Es gibt nicht mehr Juden und Griechen, nicht Sklaven und Freie, nicht Mann und Frau; denn ihr alle seid „einer" in Christus Jesus." Gal 3,26 – 28.

Die Einheit aller Christen wird durch die Taufe geschaffen. Sie zeigt auf: Wir sind eins durch Jesus Christus und nicht durch eine einheitliche straffe Organisation. Paulus spricht auch die Vielheit in der Einheit an: Juden und Griechen, Sklaven und Freie, Männer und Frauen. Paulus möchte diese Unterschiede nicht aufheben wie es die Kommunisten in einer klassenlosen Gesellschaft anstrebten. Einheit ist nicht Uniformität! Einheit entfaltet sich gerade vielmehr dann, wenn die Vielfalt sich entfalten darf, wenn in einem klaren Rahmen genügend Flexibilität vorhanden ist.

Und was ist mit den verschiedenen Kirchen und der Ökumene? Viele Christen an der Basis sind frustriert, dass es trotz so vieler mit Schweiß erarbeiteter Konsenspapiere nicht weiter geht! Schmerzlich bedauern sie, dass z. B. rein rechtlich ein evangelischer Christ nicht an der Eucharistie teilnehmen soll und auch nicht umgekehrt ein Katholik am evangelischen Abendmahl. Und sie ahnen, dass der gemeinsame verbindende Nenner anscheinend nicht genügend ernst genommen wird: Wir sind aufgrund der Taufe durch Jesus Christus eins. Wir müssen nicht durch Uniformität Einheit schaffen, die andere ausgrenzt und ihr Kirchesein abspricht.

Als Zweites: Katholizität. Katholisch wird üblicherweise falsch gebraucht. Die Katholiken, die Evangelischen, die Orthodoxen. Eigentlich totaler Quatsch. Denn alle Christen müssen sich am Evangelium orientieren. Quasi alle Christen sind evangelisch. Alle Christen wollen rechtens glauben, sind als ortho-dox.

Und katholisch? Ursprünglich bedeutete das griechische Wort: allgemein, umfassend, ganz und gar, vollständig, eine Ganzheit

umfassend. Eine „katholische Geschichte" ist dann eine Abhandlung über die ganze Menschheitsgeschichte. Jesus sandte seine Jünger in die ganze Welt: Er sandte sie somit katholisch, allumfassend. Weil Gott selbst katholisch ist, allumfassend: Er ist der Vater aller Menschen, der Schöpfer allen Seins.
Mut zur Katholizität bedeutet deswegen für den Dogmatiker Wolfgang Beinert: Habt Platz für Fülle und Vielfalt und Diversität! Seht im Neuen und Anderen nicht einfach das Üble!
Die Kirche hat sich in ihren Anfängen in die fremde Kultur der Griechen und Römer hineinbegeben und viele Riten, Denkweisen und Lebensstile mit der Botschaft des Evangeliums verbunden. Das Zweite Vatikanische Konzil hat wiederum die Teilkirchen zu einer solchen Inkulturation ermuntert. Denn leider wurde zu lange ein europäisches Christentum in andere Kontinente importiert! Ein Inder wird mit seinem indischen Denken das Mysterium Jesus Christus anders verstehen und in Gottesdiensten feiern wollen als ein Bayer mit seiner deutschen Kultur oder ein Afrikaner mit seinen Erfahrungen und Lebensstil. Diese Vielfalt kann sogar bereichernd sein. Wir können nur so voneinander lernen, wenn wir die Vielfalt zulassen.
Und was ist mit den vielen Menschen, die in unserem Land aus der Kirche austreten? Sie finden leider in unseren Kirchen keinen passenden Ort für sie. Wir sind zu wenig katholisch, wenn wir nach der Sinusstudie inzwischen nur noch zwei bis drei von insgesamt 9 Milieus in Deutschland erreichen.
Einheit und Katholizität fordern somit einander heraus: Einheit darf nicht zu Uniformismus verkommen und Katholizität darf nicht in Chaos zerfallen.
Ähnlich steht es mit Heiligkeit und Apostolizität: Die Kirche darf weder in schwülen Spiritualismus verfallen noch zu verknöcherten Traditionalismus verkommen.
Als drittes Heiligkeit: Heilige Menschen werden oft fälschlicherweise als rein, tadellos, sündenfrei dargestellt. Nun: die Kirche ist jedenfalls vieles, aber nicht tadellos und nicht

sündenfrei. Das zeigt ein kurzer Blick in die Kirchengeschichte! Aber mit diesem Bild von Heiligkeit stimmt schon der große Paulus nicht überein und nach ihm viele andere große Heilige. Er rühmte sich seiner Schwachheit, weil in ihr die Gnade Christi offenbar wird.

Und diese Logik gilt auch für die ganze Kirche: Erst einmal ist nur einer heilig, nämlich Gott. Das besingen wir im Sanktus: Heilig ist der Herr! Von seiner Herrlichkeit ist die ganze Erde erfüllt. Damit gilt aber auch: „Alles, was irgendwie zu Gott gehört, ist gleichfalls heilig."[31] Die Heiligkeit der Kirche schenkt Gott der Kirche selber! Es gehört zu seiner Größe und zu seiner unermesslichen Liebe, dass diese seine Kirche aus Menschen besteht und ebenso menschlich ist und damit ein Gemisch ist. In ihr gibt es größere und kleinere Sünder, in ihr gibt es Menschen, die die Gnade und Heiligkeit mehr in ihrem Leben zulassen, und Menschen, die die Gnade und Heiligkeit wenig zulassen. Wir können auch nicht die Mitglieder von der Kirche an sich trennen. Denn erstens *sind* die Mitglieder die Kirche und zweitens gab und gibt es auch sündige und zerstörerische Strukturen, Gewohnheiten oder Regeln. Die Kirche ist also auch als Ganzes ein Gemisch, nicht nur in ihren Mitgliedern.

Das hält Gott in seiner Liebe aus! Er will keine Kirche mit ausschließlich „ethischen Genies". Immer wieder gab es in der Kirchengeschichte Bewegungen, die die Kirche von den Sündern und Unreinen reinigen wollte. Aber schon Jesu Gleichnis vom Unkraut im Weizenfeld zeigte uns, dass wir nicht durch Unkraut herausreißen heilig werden.

So ist Heiligkeit für uns alle, für die ganze Kirche Gabe und Ansporn: Werden wir, was wir sind! Heiligkeit ist uns geschenkt! Lassen wir sie scheinen! Heiligkeit soll sichtbar und erlebbar werden in Nächstenliebe, Freude, Glaube, Hoffnung, Geduld! Und bei all dem Bemühen sollen wir immer wissen, dass gelingendes christliches Leben letztlich Geschenk Gottes ist und nicht das „Resultat von Hochleistungssportlern in der Religion"[32].

Zuletzt Apostolizität: Apostolizität ist ein historischer Maßstab! Wir stehen auf dem Fundament der Apostel und auf dieses Fundament müssen wir bauen, wenn wir Kirche Jesu Christi sein wollen.

In der Zeit der Apostel wurden die vier Evangelien geschrieben, Paulus hat seine Briefe geschrieben. Diese Schriften führen uns zu Jesus. Apostolisch bedeutet somit: unserem Ursprung treu bleiben! Das Neue Testament ist unsere Gründungsurkunde!

Und schon wieder müssen wir uns einer schwierigen Spannung stellen und zwei Straßengräben vermeiden: Wir dürfen nicht die Heilige Schrift wortwörtlich, scheinbar interpretationsfrei lesen. Denn diese Texte sind nicht eins zu eins umsetzbar wie die Anweisungen für eine Kaffeemaschine. Wir dürfen aber auch nicht die Schrift so sehr den verschiedenen Wünschen und Moden anpassen, so dass die verändernde Kraft des Evangeliums ausgelöscht wird und die Verbindung zum Ursprung verblasst. Wir sollten es hier Petrus und Paulus gleich tun, die um die rechte Lehre der Apostel gestritten haben. Diskussionen und Ringen um die besseren Wege werden bleiben. Bleiben wir also im Dialog in Liebe miteinander.

Apostolizität kann aber auch heißen, sich am Lebensstil und der Ethik der Apostel zu orientieren. Freigiebigkeit, Solidarität mit den Armen, engagiertes Eintreten für das Evangelium in der Öffentlichkeit, eine gewisse Armut und Bescheidenheit usw. - all das verbinden wir mit den Aposteln. Die Glaubwürdigkeit der Kirche hängt nicht unwesentlich damit zusammen, dass ihre Mitglieder versuchen, apostolischer zu leben. Das ist eine Mahnung und Herausforderung an uns alle!

Pfingsten: Musik be-geist-ert!

Wann hat Sie das letzte Mal Musik begeistert? Wann hat Ihnen Musik Trost, Freude oder Kraft geschenkt? Welche Musik ist für Sie vielleicht auch Heimat und Seelennahrung? Versetzen Sie sich zurück in ein besonderes Musikerlebnis: Was haben Sie gespürt und gefühlt? Wie haben Sie sich in das Fließen der Musik eingeschwungen? Was war Ihnen wertvoll an dieser Musik?

Musik offenbart Geist Ich glaube, dass Musik Geist offenbart und erlebbar macht. Musik kann ein Tor sein, den Heiligen Geist zu erleben. Deswegen möchte ich an diesem Pfingstfest über Musik sprechen. Ich kann einerseits über eigene Musikerfahrungen sprechen, aber andererseits möchte ich vielmehr Ihre eigenen Musikerlebnisse wachrufen.

Kirchenlieder Und so beginne ich mit Kirchenliedern: Wir haben alle unsere Lieblingslieder, die in uns das Herz öffnen. Gerade, weil wir sie schon oft gesungen haben, erleichtern sie uns das ehrliche und freudige Beten. Welches Lied singen Sie gerne? Mit welchem Lied verbinden Sie besonders Weihnachten? Bei welchem Lied können Sie so richtig ins Loben und Preisen kommen? Welches der neuen geistlichen Lieder gefällt Ihnen besonders gut? Was ist Ihr Lieblings-Marienlied?

Lieder singen erfüllen unser Herz! Der Text kann uns ansprechen und zum echten Beten einladen. Die Melodie berührt im besten Fall Herz und Sinn und be-geist-ert uns! Und gemeinsames Singen verbindet und schafft Gemeinschafft. Ein Lied kann Botschaft, Atmosphäre und gemeinsames Beten in einem sein! Gerade in der evangelischen Kirche waren und sind Lieder und Musik wichtige Wege, um Glaube erleben zu lassen.

Bach Hier denke ich besonders an Johannes Sebastian Bach. Sein Weihnachtsoratorium, seine Johannespassion, seine Orgelmusik sind für viele tiefster Ausdruck unseres Glaubens. Ich kenne viele Klassikfans, für die es unbedingt zu Weihnachten gehört, das

Weihnachtsoratorium in den Feiertagen in den CD-Player zu legen. Ebenso ist für viele das Hören der Johannespassion am Karfreitag die beste Weise, das Geheimnis von Karfreitag zu würdigen. Und Ostern feiern sie mit Händels Halleluja! Viele sind wirklich durch Bachs Musik zum Glauben gekommen. Seine Musik ist für viele ehrlicher und wirklich herzanrührender als noch so kluge Predigten! Er war ein wirklich gläubiger Mensch, der beseelt war vom Heiligen Geist und der mit seiner Musik Heiligen Geist erleben lässt!

Taize Musik kann auch in die Stille führen. Das kann man besonders bei Taize-Liedern erleben. Die vielen Wiederholungen von einer einfachen Melodie und eines Gebetssatzes erschaffen einen Raum der Ruhe. Mit Taize-Lieder können wir gemeinsam ruhig werden und mit der Zeit immer mehr auch in die Stille lauschen, so wie Elija auf dem Berg Horeb Gott in der Stille entdeckte.

Rockkonzert Musik kann auch das Gegenteil von Ruhe und Stille bewirken: Wenn Jugendliche den Rockbands bei Rock im Park lauschen, dann erleben sie Ekstase, sie können mal so richtig ausflippen. Aber ist das nicht auch eine Offenbarung des Schöpfergeistes?! Natürlich nicht so fromm wie Bach und Taize. Aber ein Rockkonzert lässt einen Energie, Kraft, Lebendigkeit erfahren – alles Gaben des Heiligen Schöpfergeistes, der die Welt durchweht und belebt.

Veni creator spiritus – 8. Sinfonie von Mahler Wer Ekstase, Kraft, Energie und Lebendigkeit des Geistes lieber in klassischer Musik erleben möchte, dem empfehle ich besonders an Pfingsten den ersten Satz von Gustav Mahlers 8. Sinfonie: Ein großer Chor und ein großes Orchester besingen 20 Minuten mit überbordender Freude die schöpferische Kraft des Heiligen Geistes! Für mich ist es das passende Stück für Pfingsten wie Bachs Weihnachtsoratorium für Weihnachten.

Wir sollten noch eine kritische Frage stellen: Musik mag uns in Ekstase versetzen, mag uns in die Ruhe führen oder Heimat und

Vertrauen schenken, mag uns das Wirken des Heiligen Geistes erahnen. Aber bleibt nach erklungener Musik nicht alles beim Alten? Oder kann Musik auch prophetische Kraft entfalten?
Ja, Musik kann auch Widerstand leisten und damit Ort der Hoffnung, Ort des Widerstands, Ort der Verarbeitung von Trauer und Angst werden. Viele Widerstandsbewegungen haben ihre eigenen Lieder produziert, um sich zu begeistern. Im 20. Jahrhundert gibt es ein für mich besonders beeindruckendes Beispiel: Die Musik von Dimitri Schostakowitsch.

Schostakowitsch Er lebte und komponierte zur Zeit der Russischen Revolution und unter Stalins Schreckensherrschaft. Stalin besuchte eine Aufführung von Schostakowitschs Oper „Lady Macbeth in Minsk". Zwei Tage später erschien ein Verriss in der Prawda – der Artikel: „Chaos statt Musik". Nicht unterschrieben. Alle wussten dann: Josef Stalin hatte selbst die Kritik geschrieben. Jetzt war Schostakowitsch in echter Lebensgefahr. Stalin hatte schon viele Künstler, die ihm nicht behagten, verhaften, foltern, verschwinden oder durch einen organisierten Unfall sterben lassen!

Das erste Wunder des Heiligen Geistes in dieser Geschichte: Schostakowitsch verzagt nicht, er lässt sich nicht total von der Angst auffressen, sondern er komponiert weiter. In seinen folgenden Sinfonien leistet er subtil prophetischen Widerstand. Der Marsch in der 7. Sinfonie klingt für die Stalinisten wie das drohende Herannahen der deutschen Armee. Aber viele erkennen darin die dumpfe sinnlos um sich greifende Gewalt der Kommunisten und besonders der Stalinisten. Im langsamen Anfangssatz seiner folgenden 8.Sinfonie gibt Schostakowitsch dem leidenden Volk eine Stimme. So vermittelt seine Musik eine subtile Solidarität der Leidenden in Russland, obwohl in diesem Gewaltstaat keiner einem anderen trauen kann. Und das zweite Wunder: Schostakowitsch überlebte Stalin. Seine Sinfonien haben in der Hoffnungslosigkeit des stalinistischen Russlands der Verzweiflung Widerstand geleistet und vielen Menschen Kraft gegeben. Er hat es geschafft, mit seiner Musik die Herrschenden subtil zu kritisieren!

Abschließend noch eine letzte Wirkung be-geist-erter Musik. Sie vermag nicht nur Ausdruck von tiefstem Leid sein, sondern auch von kindlicher Freude. Der Geist Gottes will uns zeigen, dass wir alle Kinder Gottes sind. Und so sagt Jesus: Wenn ihr nicht werdet wie die Kinder, kommt ihr nicht in das Reich Gottes. Kindliche Verspieltheit aus einem tiefen Gottvertrauen offenbaren uns die Musik von Joseph Haydn und Wolfgang Amadeus Mozart. Ihre Musik können wirklich Heilung bringen, weil sie aus einem tiefen Glauben an die Freude, die der Heilige Geist schenkt, heraus komponiert sind!

Pfingsten: Buber der Weg des Menschen

Der große jüdische Religionsphilosoph Martin Buber übersetzte nicht nur mit Franz Rosenzweig das Alte Testament ins Deutsche in beindruckenden Stil, er sammelte auch viele chassidische Geschichte, kleine und tiefe spirituelle Geschichten und Gespräche von Juden im Osten im 18. Jahrhundert.

Buber sammelte nicht nur die Geschichten, sondern fasste ihre Botschaft in einer Schrift zusammen: Der Weg des Menschen nach der chassidischen Lehre. In sechs Aspekten zeigt er auf, wie der Mensch den Geist Gottes Raum geben kann, wie ein Mensch mit dem Geist Gottes seinen Lebensweg gehen kann. Die sechs Aspekte können wir heute an Pfingsten als Momente aufgreifen, um den heiligen Geist im eigenen Leben zu entdecken.

1. Selbstbesinnung ODER der Geist, der zur Umkehr einlädt:
Gott ruft Adam im Garten Eden an: „Wo bist du?" Der Oberst der Gendarmerie fragt den Rabbi Salman, warum Gott diese Frage stellt – denn Gott ist doch allwissend. Der Rabbi antwortet: „In jeder Zeit ruft Gott jeden Menschen an: Wo bist du in deiner Welt?"[33]

„Adam versteckt sich, um nicht Rechenschaft ablegen zu müssen."[34] Adam, wo bist du? – diese Frage will uns alle aufrütteln. „Mag ein Mensch noch so viel Erfolg, noch so viel Genuss erfahren, mag er noch so große Macht erlangen und noch so gewaltiges zu Stande bringen: sein Leben bleibt weglos, solange er sich der Stimme nicht stellt."[35]

Der Heilige Geist stellt uns diese Frage, um uns aufzurütteln. Er will uns aus den oberflächlichen Lebenskonzepten heraus reißen. Er will uns zu erfülltem Leben führen.

2. Der besondere Weg ODER der Geist, der uns beruft:
Der Zaddik von Lublin antwortet Rabbi Bär: „Jedermann soll wohl achten, zu welchen Weg ihn sein Herz zieht, und dann soll er sich diesen mit ganzer Kraft erwählen."[36] Und Rabbi Sussja: „In der kommenden Welt wird man mich nicht fragen: warum bist du nicht

Mose gewesen? Man wird mich fragen: Warum bist du nicht Sussja gewesen?"[37]

Was ist mein Weg? Wie findet ein Mensch heraus, was sein besonderer, eigener Weg ist? Es kann ihm nur aus ihm selber offenbar werden.

Der Heilige Geist in mir zeigt mir, was für mich der besondere Weg ist, er ist mein innerer Lehrer.

3. Entschlossenheit ODER der Geist, der meine Seele eint:
Buber schreibt: „Das Innerste dieser Seele, die Gotteskraft in ihrer Tiefe, vermag auf sie einzuwirken, sie zu ändern, die einander befehdenden Kräfte aneinander zu binden, die auseinanderstrebenden Elemente ineinander zu schmelzen, es vermag sie zu einen."[38] Das ist ein allmählicher Prozess mit Umwegen und Irrwegen. Die Einigung der Seele bezieht sich auf den ganzen Menschen, Leib und Geist miteinander.

Wie sollen wir mit unseren vielfältigen, oft widerstreitenden Kräften in unserer Seele umgehen? Man kann sich asketisch anstrengen. Dann will man sich selber im Griff haben. Man kann aber auch sich immer wieder entschlossen dem Heiligen Geist hingeben, sich seiner Führung anvertrauen.

4. Bei sich beginnen ODER der Geist, der inneren Frieden schenkt: „Der Ursprung allen Konflikts zwischen mir und meinen Mitmenschen ist, dass ich nicht sage, was ich meine, und dass ich nicht tue, was ich sage."[39]

Rabbi Bunam lehrte: „Unsere Weisen sagen: suche den Frieden an deinem Ort. Man kann den Frieden nirgendwo anders suchen als bei sich selber, bis man ihn da gefunden hat. […] Erst wenn der Mensch in sich selber den Frieden gefunden hat, kann er daran gehen, ihn in der ganzen Welt zu suchen."[40] Dafür müssen wir aber auch uns unseren Gewohnheiten stellen, sie neu ordnen und von der inneren Mitte her neu gestalten.

Suchen wir den inneren Frieden in uns, den der Geist Gottes uns schenkt. Von da aus wirken wir dann auch friedlich nach außen.

5. Sich mit sich nicht befassen ODER der Geist, der mich in die Welt sendet: Rabbi Elieser: „Ihr habt nur Euch im Sinn. Vergeßt Euch und habt die Welt im Sinn!"[41] „Wozu soll ich mich auf mich selbst besinnen, wozu meinem besonderen Weg erzählen, wozu mein Wesen zur Einheit bringen? Die Antwort lautet: nicht um meinetwillen. Darum hieß es auch das vorige Mal: bei sich selbst beginnen."[42] Einen Weg zu Gott zu finden heißt: den Weg zur Erfüllung der besonderen Aufgabe, für die Gott mich in dieser Welt bestimmt hat. Deswegen sollen wir uns auch nicht so viel mit unseren Fehlern grämen: „Weiche vom Bösen und tue das Gute!" sagte der Gerer Rabbi. „Jede menschliche Seele ist ein dienendes Glied in der Schöpfung Gottes"[43], und der Heilige Geist will uns in die Welt senden und in das Ganze der Heilsgeschichte einfügen.

6. Hier, wo man steht ODER der Geist, der sich im hier und jetzt, im Leben und im Alltag zeigt: Wo ist der Schatz? Wo finde ich das Reich Gottes? Wo ist mein Acker, wo mein Schatz vergraben ist? Wir suchen oft an der falschen Stelle danach. „Unterm Herd unseres Hauses ist unser Schatz vergraben."[44] Sinngemäß sagt Buber dazu: Die Menschen, mit denen wir leben oder zusammentreffen, die Tiere, die uns in unserer Wirtschaft helfen, der Boden, den wir bebauen, die Naturstoffe, die wir verarbeiten, die Geräte, deren wir uns bedienen, alles ist von Gott geschaffen, nichts ist nur einfach so für uns da, damit wir es benutzen. Sind wir nur auf die jeweiligen Zwecke bedacht, ohne eine echte Beziehung zu den Wesen und Dingen zu entfalten, an deren Leben wir teilnehmen wie sie an dem unsern, dann versäumen wir selber das wahre, erfüllte Dasein.[45]

Da, wo ich lebe, da, wo ich jetzt mit Menschen rede, arbeite, esse, gehe und schlafe, - genau da finde ich immer wieder neu den Heiligen Geist und sein Wirken.

Trinität im Alltag

Ich kann hochtheologisch über die Dreifaltigkeit nachdenken. Ich kann mich aber auch fragen: Wie begegnet mir Vater, Sohn und Heiliger Geist im Alltag? Oder noch mal anders gefragt: Wie kann ich im Alltagsleben mich Vater, Sohn und Heiliger Geist öffnen? Der Theologe Klemens Tilman hat diese Frage anschaulich so beantwortet:
„Da ist der Vater oben vor mir. Aus seinen Händen kommen die Dinge und die Ereignisse des Tages auf mich zu, wie auf dem laufenden Band die Dinge auf die Arbeiter zukommen. Der Vater ist es, der mir die Aufgabe stellt.
Jesus ist mein Meister und Vorbild. Auch auf ihn kamen einst die Dinge so zu, und er gab die Antwort des Gewissens, des Gehorsams und der Liebe. Er steht im Leben neben mir. Er leitet mich an, wie ich die Aufgaben bewältigen soll. Mit ihm bespreche ich, was der Vater wohl mit diesem und jenem vorhat. Er kennt den Vater und seine Absichten am besten.
Er leitet mich aber nicht nur durch sein Vorbild, sondern durch seinen Heiligen Geist, den er in mein Inneres gegeben hat. Es ist der Geist Jesu, etwas wie das Denkvermögen des Herrn in mir, wodurch ich die Möglichkeit habe, mit kongenialem Erkenntnisvermögen das zu erfassen, was vom Vater her kommt; das auch nachzuahmen, was Jesus mir vormacht. Dieses dreifache Wirken ist das Wirken des einen Gottes, der in so wunderbar verschiedener Weise den Menschen umfängt."[46] Vertiefen wir etwas diese Gedanken.
Gottvater Gottvater stellte mich in mein Leben. So wie jetzt meine Welt ist, so hat er es gewollt. Umso mehr ich mich dem Alltag und seinen Herausforderung stelle mit Aufmerksamkeit und Hingabe, umso mehr schwinge ich mich in seinen Willen ein. D. h. nicht unbedingt die großen Gedanken und Ideen zeigen mir seinen Willen. Sondern der heutige Tag offenbart seinen Willen: „Aus seinen Händen kommen die Dinge und die Ereignisse des Tages

auf mich zu, wie auf dem laufenden Band die Dinge auf die Arbeiter zukommen. Der Vater ist es, der mir die Aufgabe stellt." Manchmal kann ich ganz gut mit meinem Tag umgehen. Manchmal aber nerven mich meine Kollegen oder der Chef. Ich bin vielleicht wütend über meinen Partner oder meine Kinder. Ich sorge mich um einen lieben Menschen, der krank ist. Oder ich warte gespannt und ängstlich selbst auf ein Ergebnis. Ich kann nicht die Ereignisse einfach annehmen.
Jesus Christus Dann ist es Zeit, mit Jesus ins Gespräch zu kommen. Ich kann meine Wut, Angst, Trauer, Verzagtheit aussprechen. Er versteht mich, denn er kennt ja das Hin und Her-Geworfensein eines Menschenlebens. „Er steht im Leben neben mir. Er leitet mich an, wie ich die Aufgaben bewältigen soll. Mit ihm bespreche ich, was der Vater wohl mit diesem und jenem vorhat." Wenn ich meinen Frust ausgesprochen habe, kann ich im Gespräch mit ihm mich umschauen: Wo sind die Ausnahmen von meiner dunklen Sichtweise? Wo kann ich auch die Ereignisse anders sehen und deuten? Was wäre jetzt der nächste gute Schritt? Was brauche ich gerade und was gibst du mir, Jesus, jetzt? Was würdest Du an meiner Stelle nun tun oder sagen?
Und vielleicht werde ich dann etwas stiller und ich hinterfrage selbst meine stressigen Gedanken: Ist das wahr? Kann ich absolut sicher sein, dass diese Stressgedanken über den anderen stimmen? Wo ist vielleicht mein Balken in meinem Auge, obwohl ich nur den Splitter beim anderen sehe? Und was ist da, wenn ich all diese Gedanken weg lege, eine Ahnung von Stille oder Zuversicht vielleicht?
Heiliger Geist Wenn ich so ins Lauschen komme, vielleicht mitten im Alltag an der Bushaltestelle, dann spüre ich etwas vom Heiligen Geist in mir. Möglicherweise nur ganz leise ist Friede zu erahnen im einfachen Hier-Jetzt-Dasein, eine Sehnsucht zu spüren nach dem unbegreiflichen Geheimnis, das immer jetzt da ist: Denn Gott ist Jahwe. Ich bin, der ich bin da. Dreifach umfängt uns Gott, führt uns weiter, hilft uns und stärkt uns!

Der im Alltag verborgene Gott Und doch gerade im Alltag fällt es uns schwer, Gott zu entdecken. Ein bisschen wie in einer Chassidim-Geschichte: „Rabbi Baruchs Enkel, der Knabe Jechiel, spielte einst mit anderen Knaben Verstecken. Er verbarg sich gut und wartete, daß ihn sein Gefährte suche. Als er lange gewartet hatte, kam er aus seinem Versteck; aber der andere war nirgends zu sehen. Nun merkte Jechiel, daß jener ihn von Anfang an nicht gesucht hatte. Darüber mußte er weinen, kam weinend in die Stube seines Großvaters gelaufen und beklagte sich über den bösen Spielgenossen. Da flossen Rabbi Baruch die Augen über, und er sagte: So spricht Gott: Ich verberge mich, aber keiner will mich suchen."[47]

Beides stimmt: Gott verbirgt sich im tristen Alltag. Wir ahnen eigentlich nicht, dass Gottvater seinen Willen besonders durch den heutigen Tag mit seinen Ereignissen, Menschen und Aufgaben uns kundtut. Gottes Geist verbirgt sich hinter den lauten Stimmen des Alltags, hinter dem Gewusel unserer Gedanken. Er versteckt sich im Alltag. Wobei „im" hier doppeldeutig ist: Er ist im Alltag zu finden. Und er verbirgt sich im Alltag.

Meister Eckhart meinte: „Gott ist in uns daheim, wir sind draußen."[48] Gott versteckt sich in uns selbst. Aber wie schon Meister Eckhart feststellte, sind wir selten bei uns selbst daheim. Wir treiben uns mit unseren Gedanken draußen herum, auch wenn wir im eigenen Heim sitzen. Wie sollten wir dann Gott entdecken, der sich in uns selbst versteckt hat!

Und so passiert es: Wir suchen zu wenig nach Gott. Viele Menschen heute beenden das Suchen nach Gott, so wie die Kameraden nicht mehr Jechiel gesucht haben. Sie spüren nicht mehr die leise Sehnsucht nach Gott. Sie haben den Eindruck, es läuft doch ohne ihn auch. Und ohne Religionen gibt es keine Religionskriege.

Aber wenn wir aufhören zu suchen, dann hört wenigstens einer nicht auf, uns zu suchen: Gott selbst. Irgendwelche Ereignisse rütteln uns dann auf, reisen uns aus unserer Gottvergessenheit. Und im Nachhinein ahnen wir, dass Gottvater sich offenbart hat, uns gesucht hat, uns aufgerüttelt hat, damit wir wieder die Augen aufmachen, mit Jesus wieder anfangen zu reden und wieder still werden, um Kraft zu schöpfen, um wieder die Sehnsucht selbst zu spüren, Gott zu suchen.

Frauenordination (2. So C)

1 Kor 12,4-11
Immer wieder passieren Veränderungen, die sich Menschen 30, 100 oder 200 Jahre früher nicht vorstellen konnten:
Die Nordstaaten kämpften gegen die Südstaaten wegen der Sklavenfrage. Martin Luther King wurde ermordet, weil er für Gleichberechtigung zwischen Weisen und Schwarzen eintrat. Aber im 21. Jahrhundert wählte die USA einen schwarzen Präsidenten.
1864 bezeichnete Pius IX. in einer Enzyklika Menschenrechte, Gewissensfreiheit, Pressefreiheit und Religionsfreiheit als gefährliche Irrtümer. 100 Jahre im II. Vatikanischen Konzil verabschieden die Väter ein Dekret zur Religionsfreiheit, betonen die Gewissensfreiheit und die Menschenrechte als Ausdruck der Würde des Menschen und bekennen sich auch zur Pressefreiheit. Genau das Gegenteil!
Demonstrationen mit Kerzen verwirren die Stasibeamten und die friedlichen Menschenmassen stürzen die unterdrückerische DDR. Die Mauer fällt.
Am Anfang des 20. Jahrhunderts kämpfen Frauen für das Wahlrecht in den verschiedensten europäischen Staaten. Inzwischen dringen Frauen sogar in solche Männerberufe wie Dirigent ein.
Wird es vielleicht auch einmal in der katholischen Kirche die Diakonweihe für Frauen geben? Und dann nach einer gewissen Gewöhnungszeit die Priesterweihe für Frauen?
Sagen Sie nicht zu schnell undenkbar: Im 19. Jahrhundert war ein schwarzer Präsident undenkbar, eine Frau am Dirigentenpult nicht vorstellbar und die Positionen des II. Vatikanischen Konzils und Ministrantinnen in der katholischen Kirche jenseits alles Möglichen.
An gewisse Gedanken und Möglichkeiten muss man sich erst gewöhnen. Ich weiß noch, ich war circa 13 Jahre alt und nahm bei einer Wanderpredigt der Franziskaner teilen. In einem Gespräch

mit einem Ordensbruder kamen wir auf die Frauenordination. Er erklärte mir, dass er sich ohne Probleme vorstellen könne, dass Frauen in der katholischen Kirche zu Diakonin und Priesterin geweiht werden. Ich weiß, dass ich damals das zuerst als sehr ungewöhnlich empfand. Es war eben für mich ein ganz neuer Gedanke.

Im Studium durfte ich zwei Frauen erleben, die in sich eine echte Sehnsucht verspürten, eigentlich Priesterin zu werden. Sie wären beide auch wirklich gute Gemeindeleiterinnen geworden. Obwohl sie in unserer jetzigen Kirche diese tiefe Sehnsucht nicht verwirklichen konnten, kehrten sie unserer Kirche nicht den Rücken. Die eine ist heute noch engagierte Pastoralreferentin in unserer Diözese. Sie lebt als zufriedene Single, weil sie in ihrer seelsorgerischen Arbeit genügend Sinn und Freude findet. Die andere ist in ein Benediktinerinnenkloster im Hl. Land eingetreten. Sie haben sich zum Glück mit den eingeschränkten Möglichkeiten für sie in der Kirche versöhnt und einen anderen Platz gefunden.

Aber das war für beide kein einfacher Prozess. Ich erinnere mich zum Beispiel an ein Seminar, in dem ich mit dem Dozenten aufs heftigste um die Frauen-Ordination stritt. Mir machte es – ich gestehe es – damals richtig Freude, den Dozenten mit meinen Argumenten in die Enge zu treiben. Aber nach dem Seminar fand ich meine Mitstudentin weinend dasitzen. Erschüttert fragte ich, warum sie so fertig sei. Sie fühlte sich durch die Argumente des Dozenten gegen die Frauenordination als Frau selbst nicht ernst genommen. Denn diese Diskussion war nicht nur eine intellektuelle Streiterei, sondern traf sie als Frau mit ihren Sehnsüchten und unmöglichen Lebenswünschen.

In der Lesung zeigt uns Paulus auf, dass unsere Begabungen Gaben des Hl. Geistes sind. Er schenkt Gaben, damit sie anderen nützen. Nehmen wir mal an, dass der Hl. Geist auch die Gaben für gute Seelsorge und Gemeindeleitung an Frauen verschenkt, wäre es da nicht tragisch, wenn die Kirche durch ihre Regelungen verhindert, dass diese Gaben aufblühen und fruchtbar werden für die Kirche?

Bei meinen zwei Mitstudentinnen habe ich erleben dürfen, dass beide mit diesen Gaben beschenkt wurden.
Aber Jesus wollte nur Männer als Priester und Diakone haben! Jesus Christus ist der Gründer der Kirche, ihm müssen wir treu bleiben! – Das ist DAS Grundargument von Rom. Ja so kann man dann weiter folgen: Da Jesus Christus und der Hl. Geist ja einer Meinung sind, beruft auch der Hl. Geist keine Frauen zu Diakoninnen oder Priesterinnen. Also ihre Sehnsucht eine Einbildung? Für mich ist das Erstaunliche, dass beide sich mit den Kirchenregelungen versöhnt haben, ein zusätzlicher Hinweis, dass ihre Sehnsucht vom Hl. Geist angestoßen ist.
Um es ganz kurz zu machen: Die theologische Position von Rom, dass Jesus nur Männer für das Diakonat und Priesteramt haben wollte, ist nicht haltbar. Es gibt genügend Gegenargumente. Paulus erwähnt Frauen als quasi Gemeindeleiterinnen und Missionarinnen. Im Johannesevangelium ist der erste Zeuge, dass Jesus auferstanden ist, eine Frau. Warum wird von Rom die Stelle, dass Petrus Jesus als Messias bezeichnet, zur Begründung eines kirchlichen Amtes benutzt, und wenn im Johannesevangelium Maria und Martha Jesus als Messias bezeichnen, kann das nicht zur Begründung eines kirchlichen Amtes benutzt werden? Wir könnten die Liste der Gegenargumente noch lange fortsetzen.
Aber ich will den innerkirchlichen Denkbereich verlassen und die Frage gemäß Gadium et Spes mit Freude und Hoffnung, Trauer und Angst der Menschen heute verknüpfen. Papst Johannes XXIII hat die Missachtung der Würde von Frauen als eines der wichtigen Zeichen der Zeit angeführt. Diese Herausforderung wurde in den letzten Jahren in einigen Ländern der Welt noch dringlicher: In China und Indien wurde in den letzten zwei Jahrzehnten erschreckend oft weibliche Föten abgetrieben. Ehemänner und die Großfamilie wollen Söhne, keine Töchter. Die Würde von schwangeren Frauen und von heranwachsenden Frauen wird hier mit Füßen getreten. Inzwischen gibt es zu viele junge Männer in beiden Ländern. Immer mehr junge Männer können keine Frau

finden – und damit geht der Teufelskreis weiter: Die Wahrscheinlichkeit von Vergewaltigungen und blühender Prostitution steigt durch diese gesellschaftliche Schieflage. Nach einer Vergewaltigung einer indischen Studentin in einem öffentlichen Bus durch 6 junge Männer dämmerte es der indischen Gesellschaft, dass die ungehinderte Gewalt gegen Frauen eine himmelschreiende Schande ist.

Jetzt komme ich zu meinem letzten Gedanken: Noch vor paar Jahren dachte ich mir. Ja ich bin theologisch für das Diakonat der Frau, für das Priestertum der Frau. Aber in der Weltkirche lässt sich das nicht durchsetzen. In so vielen Kulturen würde das zu übergroßen Unruhen und Kirchenspaltungen führen.

Aber wenn ich heute an Indien und andere Staaten denke, die Frauenrechte missachten, komme ich zu einem anderen Ergebnis: Wir weihen heute schon Unberührbare, Kastenlose zu Bischöfen. Das ist eine Provokation noch heute in der indischen Gesellschaft: Da muss vielleicht auf einem Empfang einer aus einer hohen Kaste mit einem Kastenlosen sprechen, nur weil dieser katholischer Bischof ist. Hier wirkt die katholische Kirche prophetisch und demonstriert Gerechtigkeit und Gleichheit der Menschenwürde.

Wenn die Kirche wenigstens fürs Erste auch Frauen zu Diakoninnen weihen würde, würde sie sich in allen Teilen der Welt glaubwürdig für die Würde der Frau ein Zeichen setzen!

Ich weiß, dass das in der heutigen kirchenpolitischen Wetterlage undenkbar ist. Aber Sie erinnern sich an meine Beispiele am Anfang: Ein undenkbar ist in der Menschheitsgeschichte schon oft schneller gefallen, als man gedacht hat. Und bis dahin gilt es die bohrenden Fragen wach zu halten, ob das nicht doch der Wille des Hl. Geistes ist.

Über als ob, als ob nicht (3. So B)

1 Kor 7,29-31
Rüdiger Safranski endet sein Buch „Das Böse oder das Drama der Freiheit" mit einem bemerkenswerten Satz: **„Eingedenk des Bösen, das man tun und das einem angetan werden kann, kann man immerhin versuchen, so zu handeln, *als ob* ein Gott oder unsere eigene Natur es gut mit uns gemeint hätte."**[49]
Ist unsere menschliche Natur wirklich gut? Wir wissen es nicht! Und viel spricht dagegen: Kriege, Verbrechen, Gewalt, soziale Ungerechtigkeit, Umweltzerstörung. Wer glaubt, dass Menschen im Grunde ihres Herzens brutal und egoistisch sind, der wird ein Misanthrop, ein menschenscheuer Menschenverachter. Wenn er lebt, als ob ein Gott oder unsere eigene Natur es nicht gut mit uns meinen würde, wird er genug Belege finden. Denn erstens kann man genügend Belege finden und zweitens, mit dieser Brille, mit dieser „als ob" Perspektive findet man noch mehr Belege.
Wittgenstein schrieb in seinem Tractatus den tiefsinnigen Satz: „Die Welt des Glücklichen ist eine andere als die des Unglücklichen" Tr 6.43. Gibt es hier nicht eine Schnittmenge? Menschen, die leben, *als ob* ein Gott oder unsere eigene Natur es gut mit uns gemeint hätte, gehören wohl eher zu den glücklichen Menschen. Nicht, dass sie immer Glück haben. Nicht, dass sie sich nicht mit Schicksalsschlägen oder Streitigkeiten auseinandersetzen müssten! – Aber in der Welt des Glücklichen ist die Grundhaltung anders. Sie handeln vielleicht bewusst oder unbewusst mit Kants Devise: **„Auch in schwierigsten Zeiten gibt es eine Pflicht zur Zuversicht!"** Die Zuversicht kommt aus der Entscheidung, so zu denken, zu reden und zu handeln, als ob ein Gott oder unsere eigene Natur es gut mit uns gemeint hätte.
Kant zeigte in seiner ersten Kritik „Kritik der reinen Vernunft" auf, dass wir nicht beweisen können, dass Gott existiert. Wir können auch nicht beweisen, ob der Mensch eine unsterbliche Seele hat, ob am Ende der Zeiten Gott Gerechtigkeit schaffen wird und die

Wunden der Menschheitsgeschichte heilen wird. Aber in seiner zweiten Kritik „Kritik der praktischen Vernunft" zeigt er auf, dass wir so leben sollten, als ob ein Gott oder unsere eigene Natur es gut mit uns gemeint hätte.

„Das unbedingt sittlich-gute Handeln ist seiner Natur nach immer und überall so; denn sittlich handeln heißt eben, entgegen den empirischen Bedingungen so handeln, als ob das Gute einen unbedingten Wert hätte, als ob es die Macht hätte, in eine überempirische Welt hineinzureichen, in der ein oberster Weltherrscher für die Harmonie des Guten und des Bösen sorgte. In diesem Sinne ist gutes Handeln identisch mit Glauben an Gott und Unsterblichkeit. In diesem Sinne glaubt also auch der sittlich handelnde theoretische Atheist an Gott und Unsterblichkeit praktisch, indem er ebenso handelt, als ob es Gott und Unsterblichkeit gerät."[50]

Diese Haltung bewirkt auch oft genug eine Wirkung im zwischenmenschlichen Miteinander. Wir wissen nicht absolut, welche Weltsicht richtig ist. Aber ich kann glauben, dass Gott existiert und uns im Wesen gut geschaffen hat. Wenn wir mit unserem eigenen Handeln auch Belege schaffen für die eine oder andere Weltsicht, dann lohnt sich wenigstens stückweise, in meinem eigenen Wirkungsbereich für eine gewisse selbsterfüllende Prophezeiung zu arbeiten! Es ist vernünftig und sinnvoll zu glauben, dass Gott existiert und uns gut geschaffen hat, und es ist wirkungsvoll und vorbildhaft, genau danach zu leben.

Aber wir sollten nicht in naiven Optimismus verfallen! Was trägt uns in Schicksalsschlägen und harten Konflikten?

„Als ob nicht" bei Paulus Erstaunlicherweise hilft uns eine „als ob nicht"-Haltung weiter, die wir bei Paulus finden: „Denn ich sage euch, Brüder: Die Zeit ist kurz. Daher soll, wer eine Frau hat, sich in Zukunft so verhalten, als ob er keine habe; wer weint, als ob er nicht weine; wer sich freut, als ob er sich nicht freue; wer kauft, als ob er nicht Eigentümer würde; wer sich die Welt zunutze

macht, als ob er sie nicht nutze; denn die Gestalt dieser Welt vergeht." 1 Kor 7, 29-31.
Dieser Text ist tiefgründig und inspirierend. Sogar moderne Philosophen wie Heidegger und Agamben arbeiten sich an ihm ab! Ich werde hier sicherlich nur einige wenige Aspekte aufdecken können.
Erst einmal klingen diese Gedanken seltsam bis absurd: Warum soll ich mich nicht freuen, wenn ich mich freue? Warum soll ich mich so verhalten, als ob ich nicht verheiratet bin – ich bin doch verheiratet?
Nehmen wir diese Sätze als Korrektur, als Übung, als Einübung einer gesunden Lebenshaltung, dann machen sie sehr viel Sinn.
Sie sind wütend auf Ihren Arbeitskollegen. In Ihren Gedanken beschimpfen Sie ihn und sehen ihn als Gegner an. Sie gehen unfreundlich mit ihm um, und er reagiert entsprechend. Wie wäre es, wenn Sie am nächsten Tag ihn so behandeln, *als ob* er *nicht* Ihr Gegner ist?! Der wunderbare Kinderroman Pollyanna zeigt, was passiert, wenn ein Mädchen ihre Mitmenschen so begegnet, als ob sie nicht Gegner sind. Sie verwandelt eine zerstrittene Kleinstadt in eine fröhliche Gemeinschaft.
Bei all diesen als-ob-nicht Sätzen geht es darum, dass wir unsere Identifizierungen relativieren. Das ist mein Eigentum, das gehört mir, das ist meins! Dann bin ich innerlich verklebt mit dem Gegenstand. Ich hänge mein Herz an den Besitz! Wenn ich aber innerlich mit meinem Besitz umgehe, als ob ich ihn nicht habe, werde ich freier. Ich verstehe mich eher als ein Beschenkter, der auf Zeit Dinge benutzen kann. Ich versuche aber mit dem Satz einzuüben, die Dinge, die ich besitze, auch loslassen zu können.
Mit den als-ob-nicht Sätzen werden wir realistischer und ehrlicher der Zeit gegenüber. Nichts hat auf Erden Bestand, alles wandelt sich. Keine Gestalt dieser Welt hält ewig. Wir werden mit diesen Sätzen ehrlicher zu uns selbst, zum irdischen Leben, zur Zeit. Wir üben ein, unser Standbein von den irdischen Dingen auf Gott und seine Ewigkeit zu verlagern. „Die Zeit ist kurz!" Aber die Fülle

erwartet uns im ewigen Osterfest! Ostern gibt uns Halt! Aber es relativiert auch dieses irdische Leben!
Paulus verteufelt nicht das irdische Leben. Er plädiert nicht dafür, das zeitliche Leben zu verleugnen. Er ordnet es nur richtig ein: Das irdisch zeitliche Leben ist wertvoll! Aber wir können es nur adäquat wertschätzen, wenn wir es als vergänglich akzeptieren.
Jemand erlebt ausgelassene Freude an einem Abend mit Freunden und Alkohol. Er möchte diese Freude wieder haben und trinkt weiter. Er braucht immer mehr, um diese ausgelassene Freude zu erreichen. Er möchte die Freude festhalten, wieder herstellen. Dann kann er die Freude eigentlich nicht mehr richtig genießen und würdigen. Erst wenn er lernt, sich zu freuen, als ob er sich nicht freut, lernt er, sich adäquat zu freuen und das Gefühl der Freude loszulassen, wenn sie geht.
Und nun komme ich zu meinem letzten Gedanken: Ich glaube, dass wir die Haltung und den Glauben, dass Gott existiert und dass er uns gut erschaffen hat, nur leben können, wenn wir auch uns in die als-ob-nicht-Haltung des Paulus immer wieder einüben. Wenn ich mein Herz an Vergängliches hänge, werde ich über kurz oder lang enttäuscht. Ich verhärte dann vielleicht mein Herz und vertiefe mich in die Welt der Unglücklichen. Wenn ich aber die als-ob-nicht-Haltung einübe, wenn ich sie ganz konkret auf meine Lebensprobleme anwende, kann sie helfen, dass ich meine Enttäuschungen überwinde, dass meine Trauer, Wut oder Klage heilen kann.
Auch im Akt des Glaubens selbst dürfen und sollen wir die als-ob-nicht-Haltung einnehmen: Ich glaube so, als ob ich nicht weiß, wie Gott ist, wie er mein Leben führt, wie er heilt, wie er mein Leben und die Menschheitsgeschichte vollendet! Dann können wir leben und handeln, als ob Gott und damit unsere eigene Natur es gut mit uns meint.

Tetralemma in Jesu Begegnungen (3. So C)

Lk 1,1-4; 4,14-21
Jesus kehrte aus der Wüste zurück, er war erfüllt von der Kraft des Geistes. Sein offener Geist, der alte Mauern durchbricht, der die Kraft Gottes in den Menschen sieht, der die Möglichkeiten zum Besseren erkennt, führt ihn zu den Menschen, um die alten Fesseln zu lösen.
Und nun beginnt die Kleinarbeit für Jesus: In jedem Gespräch den anderen einladen, mal anders zu sehen, die Sache neu zu überdenken, um Heilung oder Verwandlung oder mehr Liebe und Leben zu ermöglichen. Den Armen eine gute Nachricht bringen, den Gefangenen (auch in Gedanken gefangenen) Befreiung, und den Blinden (auch den im Geist Blinden) das Augenlicht.
Tetralemma Wie Jesus durch seine Begegnungen den Geist seiner Mitmenschen weiten und öffnen konnte, kann uns ein wenig ein Schema aus der indischen Rechtspraxis näher bringen: Stellen Sie sich vor, zwei Dörfer streiten sich um einen Brunnen, der zwischen den Dörfern liegt. Dorf A sagt, uns gehört der Brunnen, Dorf B sagt ebenso, uns gehört der Brunnen. Nach diesem indischen Schema, dem Tetralemma, soll der Richter vier Sichtweisen bzw. Möglichkeiten bedenken: Er hört A zu und nimmt an, der Brunnen gehört A. Dann gleiches bei B. Dann kann er beide, A und B einladen nachzudenken: Wäre Beides möglich? Könntet ihr nicht gemeinsam den Brunnen nutzen? Zuletzt bedenkt er Keines: Vielleicht gehört keinem der Brunnen, sondern der Brunnen gehört eigentlich dem Dorf C? Oder noch weiter gedacht: Ist es überhaupt sinnvoll zu sagen, der Brunnen gehört mir, sollte man nicht eher Wasserquellen allen zu Verfügung stellen und nicht als Eigentum eines Dorfes behandeln? Und wie könnte dies praktiziert werden? Also sich in A hineindenken, in B hineindenken, dann kann man sich fragen, ist Beides möglich/vereinbar? Oder Keines? Haben wir überhaupt die richtige Frage gestellt?

Eltern arbeiten mit ihren Kindern manchmal auch mit diesem Schema, ohne es zu wissen: Zwei Brüder kommen streitend zur Mutter: Ich habe die 2 Euro zuerst gefunden, nein ich! Vielleicht hört die Mutter zuerst beiden nacheinander zu. Dann vielleicht empfiehlt sie: Machen wir es so: Jeder bekommt einen Euro, oder ihr kauft auch zu zweit für zwei Euro, was ihr gemeinsam nutzen könnt. Oder sie geht auf Keines von Beiden: Lauft doch schnell mal zu dem Mann, der gerade die Parkbank verlassen habt und fragt, ob ihm das 2 Eurostück aus der Tasche gefallen ist.

A und B hören Jesus hat oft ein Umdenken bei zwei streitenden Parteien erreicht, indem er sich jeder Partei bewusst zuwandte. Da fragte die aufgebrachte Menge Jesus, ob man nicht die Ehebrecherin steinigen sollte. Erst wendet er sich der Menge zu: Wer ohne Sünde ist, werfe den ersten Stein. Er gibt ihnen Zeit zum Nachdenken, bückt sich und schreibt. Der Satz führt sie zu sich und ihrem eigenen Leben zurück. Dann wendet er sich der Frau zu und sagt voll Güte: Auch ich verurteile dich nicht. Geh und sündige von jetzt an nicht mehr.

Wenn wir zwischen zwei streitenden Parteien stehen, hören wir einfach nur einmal beiden Seiten aufmerksam zu und schenken beiden echte Aufmerksamkeit, oft ist das schon heilend.

Beides Jesus fand aber auch erstaunliche Denkanstöße für seine Gesprächspartner mit Beides. Soll man dem Kaiser Steuern zahlen? Da gibt es doch nur zwei Möglichkeiten! Entweder zahlen oder nicht – denkt man. Aber Jesus antwortete mit einem verblüffenden Beides: So gebt dem Kaiser, was dem Kaiser gehört, und Gott, was Gott gehört! Vielleicht wollte Jesus sie mit diesem Satz, auch zu Keines von Beiden einladen: Ihr erreicht nicht Befreiung von den Römern, wenn ihr einen Aufstand macht. Wenn ihr keine Steuern zahlt, kämpft ihr mit den gleichen Mitteln und in der gleichen Einstellung wie die Römer. Nur von Gott her kommt die Kraft zur wahren Befreiung und Wandlung.

Es gibt so viele Möglichkeiten von Beides, wir sollten kreativ sein. Jesus selbst lädt uns dazu ein. Wenn wir zwischen A und B entscheiden müssen, was für Möglichkeiten von Beides kann es geben?

Zum Beispiel: Jemand muss sich zwischen zwei Studienfächer entscheiden. „Soll ich Physik oder Musik studieren?" Ich kann mich für Physik entscheiden und Musik als Hobby pflegen. Ich kann beides gleichzeitig oder hintereinander studieren. Oder ich werde Klavierbauer. Oder ich entdecke, was mich sowohl an Musik als auch an Physik eigentlich interessiert... Es gibt oft vielmehr Möglichkeiten für Beides als man erst einmal denkt... - die gute Nachricht, dass wir reicher an Möglichkeiten sind, als wir denken.

Keines von Beiden Jesus steuert aber manchmal direkt auf Keines von Beiden zu. Da fragten ihn seine Jünger: Rabbi, wer hat gesündigt? Er selbst? Ober haben seine Eltern gesündigt, sodass er blind geboren wurde? Jesus antwortete: Weder er noch seine Eltern haben gesündigt, sondern das Wirken Gottes soll an ihm offenbar werden. Joh 9,2-3. Jesus will nicht nur den Blinden heilen, sondern auch seine Jünger einladen, die Blindheit ihres Herzens zu überwinden. Sie sind nur auf die Frage fixiert ist, ob der Blinde oder seine Eltern gesündigt hat.

Das ist auch für uns heute immer wieder hilfreich: Sind wir nicht manchmal wie gefangen in unsere Beurteilungsschubladen? Richtig oder falsch? Gut oder Böse? Wie kann man die Sache jenseits dieser Brille sehen? Warum ist das Dilemma zwischen A und B entstanden oder was wird möglich, wenn ich dieses Dilemma überschreite? Jesus lädt uns zu diesem Perspektivenwechsel ein.

Tetralemma für Entscheidungen Heute verwenden Therapeuten das Tetralemma, um Menschen bei Entscheidungen zu helfen oder neue Blickwinkel und Lösungen für eine Frage zu entwickeln. Wenn Sie sich fragen, was für eine Ausbildung Sie wählen wollen oder ob es gut wäre, den Arbeitsplatz zu wechseln, dann können Sie z. B. vier Zettel auf den Boden legen. A auf der einen Seite, B gegenüber auf der anderen Seite, Beides und Keines dazwischen, so dass ein Quadrat entsteht. Dann stellen Sie sich auf den ersten Zettel und schauen, was für Gedanken, Gefühle, Empfindungen kommen und gehen dann weiter.

Neuer Würfelwurf Ein buddhistischer Mönch führte noch eine fünfte Bewegung ein: Und all dies nicht und selbst das nicht. Wer die vier Positionen des Tetralemmas für eine Frage durchgegangen ist, A oder B oder Beides oder Keines von Beiden, kann noch mal all das hinter sich lassen, loslassen, ganz frisch beginnen: Quasi ein neuer Würfelwurf, bei dem sogar neue Würfel entstehen können...

Ist das nicht die Bewegung von Tod und Auferstehung? Oder vielmehr: Was der buddhistische Mönch als geistige Bewegung vorstellt, das durchlebt Jesus selbst! Er bejaht mit seiner ganzen Existenz seinen Auftrag, er sagt nein zum Teufelskreis der Gewalt, er verzeiht und heilt in der tiefsten Tiefe Armut, Gefangensein und Blindheit. Wenn wir den Auferstandenen verkünden, dann verkünden wir, dass nach dem Tod nicht alles aus, dass wir nach dem Tod durch Christus zum Vater geführt werden. Aber das wirkt sich auch grundsätzlich verändernd auf unser diesseitiges Leben, Denken und Handeln aus. Die Gnade Gottes kann uns den ganz anderen Neuanfang schenken. Wenn Paulus vor Damaskus den Auferstandenen erfährt, dann ist dieses Ereignis „all dies nicht und selbst das nicht", jenseits seiner alten Vorstellungen, der total neue Würfelwurf, Geschenk, Gnade, so dass er im Rückblick sagen wird: Alles vor seiner Begegnung mit Christus war Dreck!

Letztlich sollten wir uns auch für diese Bewegung, die uns nur durch die Gnade geschenkt werden kann, öffnen. Tod und Auferstehung kann in meinem Leben, in deinem Leben einbrechen und tiefe Befreiung und Gotteserkenntnis und Ausrichtung auf Gott schenken.[51]

Große Themen brauchen Komplexität und Paradoxien. (5. So C)

Lk 5,1-11
Viele Menschen wünschen sich schnelle Erklärungen und einfache Lösungen. Aber manchmal sind Erklärungen auch zu simpel und Lösungen unpassend, weil sie dem Problem nicht gewachsen sind. Große Themen brauchen eine gewisse Komplexität. Und manche große Themen können nur mit Paradoxien, mit widersprüchlichen Formulierungen angepackt werden. Eine schnelle, passende Lösung gibt es nicht.
Wir denken vielleicht wie Simon nach seinem erfolglosen Versuch, etwas zu fischen: Eigentlich hätte doch die Lösung klappen müssen! Eigentlich hätte ich etwas nachts fangen müssen! Trotzdem die ganze Arbeit umsonst! In seinen und unseren Augen ist es unsinnig, noch mal am Tag hinauszufahren.
Und hier liegt die Gefahr. Immer wieder verkünden Berater, Politiker, Boulevardpresse usw. eine einfache Erklärung und Lösung. Wir sollten der Warnung folgen: Sei skeptisch gegenüber zu einfachen allgemeinen Erklärungen und Lösungen!
Poor Economics. Erhellende Beispiele aus der Entwicklungspolitik Für mich sehr erhellend war die Lektüre: Poor Economics. Zwei führende Wissenschaftler im Bereich Entwicklungspolitik stellten das Ergebnis jahrelanger Forschungen vor. Öfters in ihrem Buch kamen sie zu folgendem Ergebnis: Die allgemeine Diskussion ist bestimmt zwischen zwei Alternativen, die wie Gegensätze gegenüberstehen. Entweder A oder Nicht-A. Aber diese Betrachtungsweise sei zu grob, zu undifferenziert. Man müsse von Fall zu Fall schauen, was unter den Umständen dieses Landes oder dieser Leute, mit dieser Kultur, Geschichte, Bedingungen usw. die passende Lösung ist. Oft müsse man A und Nicht-A kreativ kombinieren für eine passende Lösung. Oder die Frage und die Perspektive sind irreführend und die bessere Lösung ist jenseits von A und Nicht-A.

Ein Beispiel Bildungspolitik: In der Bildungspolitikdebatte für Entwicklungsländer gibt es wie in der Wirtschaft eine Angebot-Nachfrage-Debatte. Die Angebotsverfechter sagen: Wir müssen genügend Schulen errichten und den Kindern ermöglichen, in eine Schule in der Nähe zu gehen. Aber obwohl 95 Prozent aller indischen Kinder in einem Kilometer Entfernung eine Schule finden, lernen sie wenig, viele Lehrer nehmen ihre Aufgabe nicht genügend ernst
Die Nachfrageverfechter dagegen meinen: Es lohnt sich nicht für Eltern, ihre Kinder in staatliche Schulen zu schicken. Das wenige, was sie lernen, bringt keinen echten Nutzen. Man müsste Geschäftszweige fördern, die gut ausgebildetes Personal benötigen. Man bräuchte mehr Fachpersonal und für Eltern wäre es attraktiv, ihre Kinder in gute Schulen zu schicken. Sie würden dann auch Druck ausüben, dass ihre Kinder gut unterrichtet werden.[52]
Jetzt könnten wir streiten, ob die Angebotsverfechter oder die Nachfrageverfechter Recht haben. Ein Experiment aber zeigte, dass die Realität komplexer ist:
Der stellvertretende Finanzminister Mexikos in den 90er Jahren kam auf die Idee, den Ärmsten einen Zuschuss, eine extra Sozialleistung bar auszubezahlen, wenn sie ihre Kinder regelmäßig zur Schule schicken. Diese Idee breitete sich aus, weil sie Wirkung zeigte: der Schulbesuch stieg bemerkenswert an, insbesondere in der Sekundarstufe. Da testeten Wissenschaftler, ob dasselbe Programm ohne die Bedingung dieselbe Wirkung zeigen würde, und kamen zu dem Ergebnis: Wenn man Eltern ohne Bedingung den extra Zuschuss bar gibt, stieg der Schulbesuch genauso. D. h. die Eltern schicken ihre Kinder in die Schule regelmäßiger und länger – nicht weil sie es sollen, nicht weil ein Programm sie dazu antreibt, sondern weil der extra Zuschuss sie aus der extremen Armut herausgeholt hat und sie die Möglichkeit hatten, länger zu planen.

Auch falsche Vorstellungen führt Eltern zu ungünstigen Entscheidungen: Viele Eltern denken, dass sich die ersten Schuljahren weniger auszahlen als die Schuljahren von weiterführenden Schulen. So schicken sie oft nur eines ihrer Kinder in eine weiterführende Schule und vernachlässigen die Schulbildung der anderen Kinder. Eigentlich aber zeigen viele Untersuchungen, dass gerade die Fähigkeiten, wenigstens rudimentär lesen und rechnen zu können, sich auszahlen.

Also die wirklichen Probleme werden durch den Streit der Angebotsverfechter und Nachfrageverfechter gar nicht erfasst! Sie gehen zu sehr mit ihren einfachen Denkschemata auf die Probleme zu, anstatt wirklich im Detail die Probleme durch Forschung genauer zu verstehen.

Ich will mich nicht weiter in die Entwicklungspolitik vertiefen. Schon diese wenigen Aspekte aber zeigen: Wir können solche komplexen Probleme nicht angehen, wenn wir ungeprüft einfachen Argumentationen folgen, die auf den ersten Blick einsichtig und richtig erscheinen.

Werte-Spannungen Ist man einmal sensibilisiert, entdeckt man immer wieder solche nicht einfachen Probleme und Herausforderungen: Wie wollen wir die Privatsphäre und die Sicherheit in Deutschland oder Europa gewichten? Zum Beispiel die Diskussion um die Vorratsdatenspeicherung zeigte, dass wir hier in einer Spannung stehen, die nicht einfach aufzulösen ist.

Ja Demokratien müssen sich mit einigen grundsätzlichen Spannungen immer neu beschäftigen: Wie groß soll die Schere zwischen arm und reich auseinandergehen? Wann ist eine Differenz bereichernd, um Unternehmergeist anzuregen? Wann ist die Schere zu groß, so dass sie nicht mehr dem Allgemeinwohl dient, so dass sie ein Florieren der Volkswirtschaft nicht mehr fördert? Noch allgemeiner: Wie balancieren wir Freiheit versus Gleichheit aus?

Besonders skeptisch sollten wir gegenüber Lösungen sein, die Komplexität klar auflösen und reduzieren wollen.

Vier Beispiele solcher Reduzierungen:
Der Präsident Bush junior sprach von der Achse des Bösen: Nordkorea, Iran, Irak. Mit dieser klaren Aufteilung zwischen gut und böse rechtfertigte er Folterungen von Gefangenen und Bombenangriffe in Irak, bei denen Tausende Zivilisten starben. Obama hat mit dem Abkommen mit Iran dieses Schwarz-Weiß-Denken aufgebrochen. Schon Jesus kritisierte mit dem Gleichnis vom Unkraut im Weizenfeld das klare Schwarz-Weiß-Denken, die die Lösung darin sieht, das Böse rauszureißen!
Auch in der Wissenschaft finden wir verzerrende Vereinfachungen: Viele Gehirnphysiologen und von ihnen inspirierte Philosophen möchten unseren menschlichen Geist allein durch die biochemischen Vorgänge im Gehirn verstehen. Unsere Gedanken, Gefühle, Werte, Erkenntnisse, Entscheidungen sind nichts anderes als Muster unserer feuernden Neuronen. Das ist wirklich eine ärmliche Reduzierung. Die geheimnisvolle Komplexität unseres menschlichen Geistes, in dem so viel mitspielt: Meine Erfahrungen, meine Geschichte, meine Beziehungen, meine Gedanken und Reflexionen darüber, meine Vernetzung mit meiner Umwelt, mein ganzer Körper usw. – Natürlich ist mein Gehirn Träger meines Geistes. Aber auch die Bühne im Schauspielhaus trägt die Schauspieler während einer Theateraufführung – aber die Bühne ist nicht das Stück! Genauso ist das Gehirn nicht mein Geist.
Ich bin immer wieder fasziniert, dass in der Alten Kirche Bischöfe in vier Konzilien darum gerungen haben, nicht die Komplexität der Person Jesu Christi ungemäß zu reduzieren. Sie sagten Nein zu der Vorstellung: Die menschliche Natur löst sich in der göttlichen Natur auf, wie ein Süßwassertropfen im Meer. Und noch andere Irrwege der Reduzierung und Vereinfachung lehnten die Konzilien ab. Jesus Christus ist wahrer Gott und wahrer Mensch, unvermischt und ungetrennt.
Evangelikale Christen tendieren dazu, die Bibel wortwörtlich auszulegen. Sie scheinen davon auszugehen, dass die Hl. Schrift

direkt Antworten auf unsere Fragen gebe, dass sie direkt Tipps enthalte. Sie fassen dann oft den christlichen Glauben in einfache Lehren zusammen. Zum Glück ist unsere Bibel, unsere Heilige Schrift komplex und pluralistisch genug, dass sie sich gegen einfache Lösungen und einfache Auslegungen sträubt. Unsere Bibel funktioniert eben nicht wie viele Lebens-Wohlfühl-Bücher, die eine einfache Lösung parat haben, um ein glückliches Leben zu führen: Tue das, dann geht es Dir besser! Vielleicht zeigt sich auch in dieser Eigenschaft die Heiligkeit der Bibel. Das Leben ist selbst geheimnisvoll, komplex und herausfordernd. Unsere heilige Schrift ist gerade deswegen eine göttliche Hilfe für uns in unserem Leben, weil es genauso geheimnisvoll, komplex und herausfordernd ist wie das Leben selbst!

Innere verletzte gelähmte Kinder retten (7. So B)

Mk 2,1-12
Menschen passieren schlimme Dinge. Dann sind sie wie gelähmt! Zwar geht das Leben weiter, aber ein Teil von ihnen ist weiterhin gelähmt, verletzt, traumatisiert.
Auch Jahre später können sich diese gelähmten Anteile der Seele melden: durch Depression, innere Unruhe und unbegründete Angstgefühle oder sogar durch Flashbacks.
Manche von ihnen wünschen sich sehnlich Heilung. Andere haben die Verletzung verdrängt und haben verschiedene Tricks gefunden, um sie weiterhin zu verdrängen. Ja aber letztlich wünschen sich alle seelisch Verletzten, dass sie geheilt werden; oder mit dem Evangelium gesprochen: alle Gelähmten wünschen sich, dass sie von Helfern zu Jesus gebracht werden…
Innere Kinder retten Erstaunlich ist, dass ein seelischer Heilungsweg aus unseren Zeiten ähnlich abläuft wie unser Evangelium. Es ist die sanfte Traumaverarbeitung namens „Innere Kinder retten". Wir können als Christen beides miteinander verbinden und somit lernen, auch heute im Gebet und Meditation unsere verletzten und gelähmten Anteile zu Jesus Christus bringen zu lassen.
Ich habe bei der Beschäftigung mit diesem seelischen Heilungsweg neu verstanden, wie wertvoll im Christlichen der Glaube an Schutzengel ist. Bevor Sie nun mit dem kritischen Verstand beginnen abzuwägen, ob es Schutzengel wirklich gibt, lade ich Sie ein, diesen Heilungsweg, der ähnlich wie unser heutiges Evangelium verläuft, erst einmal kennen zu lernen.
Der erste Schritt: Sie wählen aus, welches innere Kind eines schlimmen vergangenen Ereignisses möchten Sie retten und heilen. Zum Beispiel wählte eine junge Frau im Seelsorgegespräch ein Ereignis, das sie mit 17 Jahren erlebte. Einige ihrer Clique wendeten sich von ihr ab und eines Abends auf dem Volksfest kam

es zu Handgreiflichkeiten, in denen mehrere Jungs sie schlugen. Nur eine Freundin ergriff Partei für sie. Sie fühlte sich völlig ohnmächtig, wehrlos, verlassen und betrogen.
Was hätte sie in dieser Situation am Dringendsten gebraucht? Schutz, Solidarität, treue Freundschaft. All das, was sie damals von ihrer aggressiven Clique nicht bekam, das sollen nun die Helfer haben, die sie sich nun vorstellen sollte. Das können Schutzengel sein oder helfende Freunde, wie im Evangelium, die den Gelähmten zu Jesus bringen.

Der zweite Schritt: Sie überlegen sich einen sicheren Ort für das gelähmte, verletzte Kind. Die junge Frau stellte sich eine angenehme, wunderschöne kleine Insel in einem See vor. Wenn das Ereignis in der Kindheit war, überlegen Sie sich: Welcher Ort wäre für Sie damals ein wunderschöner, sicherer Ort gewesen? Wie hätte er ausgesehen? Vielleicht wären auch tröstende Spielsachen dagewesen?

Der dritte Schritt: Für Ihr jetziges Ich suchen Sie sich einen sicheren Ort in Ihrer Fantasie! Vielleicht eine Berghütte, eine Wiese oder ein schöner Strand, ein gemütlicher Garten, eine helle Kirche. Machen Sie es sich bequem und nehmen Sie in Ihrer Fantasie diesen Ort mit verschiedenen „Sinnen" wahr. Wo sitzen Sie? Was hören Sie? Was sehen Sie? Was riechen Sie? Genießen Sie Ihren Wohlfühlort! Und machen Sie sich klar, dass dieser Ort sicher ist. Er ist beschützt. Wenn es Ihnen hilft, stellen Sie sich vor, dass Ihr Schutzengel diesen Ort beschützt. Andere mögen sich den Schutz anders vorstellen, als Schutzglocke oder unsichtbarer Zaun oder ähnliches.

Der vierte Schritt: Sie beauftragen nun Ihre Helfer bzw. Ihre Schutzengel, dass Sie Ihr verletztes innere Kind, Ihren gelähmten Seelenanteil aus dem damaligen schlimmen Ereignis holen, retten und zu dem sicheren Ort bringen, den Sie für Ihr inneres Kind zum Heilen sich vorgestellt haben. Sie sagen: Liebe Helfer, geht zurück in die Situation, holt sie dort raus. Bringt sie an den sicheren

Kinderort, den ich für sie errichtet habe, und wenn ihr dort angekommen seid, gibt mir bitte ein Zeichen."
Wichtig ist: Sie müssen nun gar nichts mehr tun. Sie bleiben bei Ihrem sicheren Wohlfühlort und genießen diesen Ort, seine Ruhe und Sicherheit. Sie müssen nicht Ihr inneres Kind zu diesem heilenden Ort bringen. Ihre Helfer bzw. Ihre Schutzengel machen das. Sie müssen sich auch nicht im Geist vorstellen, dass die Helfer zu dieser damaligen Situation gehen und Sie von damals aus der Situation retten. Die junge Frau musste sich also bei der Übung nicht mehr explizit an diese Schlägerei auf dem Volksfest erinnern. Das ist wichtig, weil ein zu starkes Erinnern an schlimmste Ereignisse ja die vernarbte Wunde wieder aufreißen kann.
Sie werden nach gewisser Zeit, nach paar Minuten merken oder ahnen, dass Ihr gelähmter Seelenanteil, Ihr verletztes inneres Kind bei seinem sicheren Ort angekommen ist. Wir dürfen als Christen uns vorstellen, dass Jesus an diesem Ort ist und uns heilt – wie im Evangelium. Er gibt mir an diesem Ort alles, was ich in jener Situation so sehnlichst vermisst habe.
Gebet zu Jesus Ich kann dann zu Jesus Christus beten und ihn bitten: Heile mein verletzten Seelenanteil, mein inneres Kind von damals. Gib ihm alles, was es braucht und sich wünscht, damit es ihm bald richtig, richtig gut geht. Ich vertraue auf Dich!
Bei diesem Heilungsweg machen wir in unserer Fantasiereise nicht das Wesentliche selber: Wir wissen, dass wir nicht aus uns selbst heraus heilen können. Deswegen beauftragen wir Helfer. Wenn wir sie oder Schutzengel schicken, drücken wir damit Gottvertrauen aus. Er wirkt durch seine Gnade bzw. seine Engel. Es ist zweitrangig, ob die Schutzengel nun eine hilfreiche Vorstellung sind, durch die wir uns der heilenden Gnade Gottes öffnen, oder ob Gott seine Gnade durch wirkliche Schutzengel vermittelt.
Noch ein weiterer Hinweis: Eine andere junge Frau, die Schlimmes in der Kindheit erlebt hatte, übte sich mehrmals in diesem Heilungsweg und erfuhr dadurch sehr viel Heilung. Sie sagte mir,

dass sie sich mit ihrem erwachsenen Ich schon die vergangene Situation erinnerte und imaginierte, dass die Helfer das verletzte Kind, also sie als Kind, aus der Situation herausholen und retten. Aber sie betonte, dass es wichtig war, das mit großem Abstand anzuschauen, damit man nicht in das schlimme Ereignis hineingezogen wird. Wenn man also nicht die Helfer ohne eine Vorstellung losschicken kann, dann muss man mit Abstand ihnen zuschauen. Z. B. das Rettungsgeschehen sieht man in einem Fernseher, der weit entfernt steht.

Manche schicken statt Helfern oder Schutzengel auch Maria mit ihrem Schutzmantel. Sie kann die verletzten inneren Kinder behutsam umhüllen und in Sicherheit bringen.

Jesus sagte zu dem Gelähmten: Deine Sünden sind Dir vergeben! Für mich steckt in diesem Satz ganz viel Heilung! Denn sooft machen sich Menschen wegen vergangener Situationen Vorwürfe oder schämen sich. „Warum habe ich damals nicht anders gehandelt?" Oder Vorwürfe anderer belasten sie: Verletzende Vorwürfe der Eltern z. B. Oder das Ereignis war so schlimm, dass es immer wieder Scham hervorbringt, wenn man sich daran erinnert. In den Satz „Deine Sünden sind Dir vergeben!" dürfen wir alles an Scham und Vorwürfen hineinpacken und vertrauen, dass all das bei Jesus geheilt wird!

Zuletzt können wir von unserem sicheren Ort Verbindung zu dem sicheren Ort des inneren Kindes aufnehmen. Vielleicht will ich mit ihm sprechen, oder es umarmen, oder hören, was es sagt... Oder ich will es bei Jesus und den Helfern belassen, damit es in Frieden weiter heile.

Ich darf diesen Heilungsweg mit meinen inneren gelähmten und verletzten Anteilen gehen: Denn Jesus will auch heute heilen, Sünden vergeben und uns aufrichten zu neuem befreitem Leben!

Bitte heile meine aus Angst kommenden Gedanken (8. So A)

Mt 6,24-34
Sorgt euch nicht! Sorgen sind Gedanken, die in unserem Kopf herumschwirren. Sie sind manchmal wie eine Horde Bienen. Wenn sie überhand nehmen, schlagen wir vielleicht wild um uns, werden hektisch, flüchten oder brüllen: Jetzt reicht´s!
Sorgengedanken kommen aus Ängsten: Was soll ich essen, trinken, anziehen? Habe ich auch in Zukunft genug? Mag er/sie mich noch? Wie soll ich all diese Aufgaben erledigen? Wie wird dieser Konflikt ausgehen? Was wird der medizinische Test ergeben?
Was sollen wir tun mit so viel Sorgengedanken und Ängsten anfangen? Wir können uns nicht nur sagen: Sorge Dich nicht! Wir merken immer wieder, dass wir die Ängste und Sorgen nicht selbst weg schaffen können. Wenn wir ein Problem gelöst haben, sofort sind zwei drei neue Fragen, Herausforderungen, Sorgen und Ängste da…
Spielen wir den Ball doch an Jesus zurück: Jesus, Du sagst, wir sollen uns nicht sorgen. Und öfters sagst Du Deinen Jüngern: Fürchtet euch nicht! Sogar die Engel begrüßen öfters Menschen mit diesem Spruch. Wenn Du willst, dass wir uns nicht sorgen und ängstigen sollen, dann musst Du das mit Deiner Gnade machen. Denn aus eigener Kraft schaffen wir das nicht.
Erlauben Sie mir den Vergleich: Es ist ähnlich wie bei den Anonymen Alkoholiker. Der erste Schritt ist, anzuerkennen, dass man nicht allein vom Alkohol wegkommt, dass man süchtig ist und machtlos, dagegen anzugehen. Im zweiten Schritt bekennen sie, dass sie nur mit einer höheren Macht gesund werden können. Fast alle Menschen sind mehr oder weniger Sorgen-süchtig! Wir jammern zwar über zu viel Sorgen und Ängste. Und so mögen manche sagen: Den Rauchern schmeckt doch die Zigarette, aber ich will die Sorgengedanken gar nicht! Aber Tatsache ist: Wir

können nicht allein aktiv die Sorgen und Ängste abstellen. Außerdem: Wie viele Raucher gibt es, die eigentlich von ihrem nüchternen Verstand her erkannt haben, dass Rauchen eigentlich nicht wirklich ein attraktives Geschmackserlebnis ist! Und trotzdem fällt es ihnen schwer aufzuhören!
Unser Verstand hat die Fähigkeit, mögliche Zukunftsszenarien sich vorzustellen. Und unser Erinnerungsvermögen färbt alle neuen Erlebnisse mit alten Erfahrungen und Deutungen mehr oder weniger ein, oft mehr unbewusst als bewusst. Sorgen und Ängste sind tief in uns verankert! Ja wir können vielleicht sogar so weit gehen, dass jede Egozentrik, jeder Egoismus, jegliche Ablehnung gegenüber andere letztlich Wirkung eines Ich ist, das sich irgendwie zu sehr ängstigt. Das Ich fürchtet, sein Ansehen, sein Besitz, seinen Einfluss zu verlieren. Und so fressen sich die Angstgedanken in uns hinein!
Also spielen wir den Ball an Jesus Christus und den Heiligen Geist zurück und beten:
Bitte heile meine aus Angst kommenden Gedanken!
Beten Sie nicht: Bitte helfe mir, dass ich meine aus Angst kommenden Gedanke loslasse! Denn dann lassen Sie sich wieder den Ball zurückspielen. Es ist besser und entlastender, die Sorgen und Ängste komplett Jesus vor die Füße zu werfen!
Nun mögen Sie einwenden: Warum bitte ich nicht darum, dass sich meine Probleme lösen sollen? Herr, bitte mach meinen Mann geduldiger und einfühlsamer! Herr, bitte lass mich die Matheschulaufgabe bestehen! Usw.
Die schnellste Antwort ist: Das Reich Gottes suchen ist nicht im Schlaraffenland leben! Wir sollen das Reich Gottes suchen: d. h. aus dem Frieden Gottes heraus, der uns ins Herz gegeben ist, in dieser Welt als Jünger Christi wirken und Glaube, Hoffnung und Liebe wachsen lassen. Wenn alles, was meine Sorgen betrifft, sich ändern soll, damit es mir gut geht, - aber ich brauche gar nichts tun oder ändern, ich brauche keinen Perspektivwechsel oder Umkehr vornehmen - dann ist das Schlaraffenland-Denken!

Wenn ich jedoch bitte: Bitte heile meine aus Angst kommenden Gedanken!, dann bitte ich den Heiligen Geist letztlich: Lass mich aus Deinem Frieden heraus leben, denken, reden und handeln! Und ich bekenne meine Ohnmacht, dass ich meine Sorgen und Ängste nicht allein überwinden kann!

Nun sagt Jesus auch: „Sucht zuerst das Reich Gottes, dann wird euch alles andere dazugegeben." – Es gibt nun in einigen spirituellen Lehren, Selbsthilfebüchern oder esoterischen Kreisen folgende Vorstellung: Innen und Außen korrespondieren ganz stark. Denn irgendwie ist das Außen quasi alles Projektion deines Inneren. Wenn Du nun deine inneren Ängste geheilt hast, dann verändert sich auch das Außen automatisch. Deine Probleme verschwinden. Denn das Universum muss Dir nicht mehr diese Lektionen schicken, um Deine Ängste zu bearbeiten. Und wenn die Probleme nicht verschwinden, dann hast Du vielleicht noch nicht Deine Ängste ganz überwinden.

Ich halte eine so enge Verknüpfung von Innen und Außen für höchst problematisch! Ich lehne sie ab und halte die Annahme für gefährlich. Es gibt Zusammenhänge: Wenn ich innerlich mit großer Angst in eine mündliche Prüfung gehe, kann ich nicht souverän auftreten, habe ich vielleicht eine Blockade usw. Aber wenn ich mit weniger Sorgen und Ängsten lerne, gehe ich sicherer in die Prüfung. Wenn ich meinen Frust über meinen Partner in Sorgengedanken kultiviere und ängstlich mich frage, wie wird er jetzt reagieren, dann hat das natürlich Einfluss auf die Beziehung. Wenn ich aber selbst aus einem inneren Frieden heraus auf ihn zugehe, wird er anders reagieren. Oder ich werde gelassener auf seine Marotten reagieren. Solche Wechselwirkungen sind nachvollziehbar. Aber insgesamt ist die Wirklichkeit, die zwischenmenschliche und erst recht die physikalisch-chemische, viel zu komplex, viel zu ausdifferenziert, viel zu unberechenbar, viel zu zufällig, als dass solche einfachen pseudospirituellen Vorstellungen nur annähernd adäquat und hilfreich wären.

„Sucht zuerst das Reich Gottes, dann wird euch alles andere dazugegeben." Was Gott wie und wann dazugibt, das sollten wir auch seiner Unbegreiflichkeit überantworten. Denn seine Gedanken sind nicht meine Vorstellungen, was ich nun bräuchte. Wenn wir beten: Bitte heile meine aus Angst kommenden Gedanken!, können wir vertrauen: dann wird euch alles andere dazugegeben. Es ist nicht das, was wir uns meist vorstellen. Aber es wird uns in der Nachfolge Jesu weiterführen.

Und so lade ich Sie ein: Beten Sie im Alltag immer wieder dieses Gebet. Wenn Sie einen Sorgengedanken haben, wenn Sie Angst verspüren, wenn viele Stressgedanken Sie belasten, sprechen Sie innerlich: Bitte heile meine aus Angst kommenden Gedanken!

Viele haben erlebt, dass dann der innere göttliche Friede wieder mehr wirkt: Gelassenheit wächst, ebenso Geduld, Zuversicht, Freude, Aufmerksamkeit aufs Hier und Jetzt! Das Gebet verändert in mir die Perspektive, mit der ich auf die Probleme, die Mitmenschen, die Situationen schaue. Und so verändern sich sowohl die Wechselwirkungen als auch in meiner Betrachtung die Probleme, Mitmenschen oder Situationen.

Sie können dieses Stoßgebet auch konkret auf einen Gedanken beziehen: Bitte heile aus Angst kommenden Gedanken und Sorgen zur nächsten Prüfung. Sie können es auch beten, wenn Sie wütend auf einen Menschen sind. Denn mit der Wut hängt die Angst zusammen, dass der Andere nicht so ist, wie ich ihn gerne hätte.

Oder Sie nehmen sich regelmäßig Zeit und fragen sich: Welche Sorgen- und Angst-Gedanken habe ich zurzeit? Und jeden dieser Gedanken übergeben Sie mit dem Gebet dem Heiligen Geist. Sie können abschließen mit dem Satz: Ich suche zuerst Dein Reich und vertraue, dass Du alles andere dazu gibst![53]

Naturwissenschaft lehrt uns romantisches Staunen (11. So B)

Mk 4,26-34
Der Mann weiß nicht, wie die Saat keimen kann. Er kann nur staunen! Und abwarten und ein wenig die Pflanze pflegen! Kann jedoch ein Biochemiker und Biologe das Keimen einer Saat völlig erklären? Brauch er nicht mehr darüber zu staunen? Haben die Naturwissenschaften unsere Welt entzaubert? Wir können immer mehr erklären und berechnen. Immer mehr Zusammenhänge verstehen die Wissenschaften. Bleibt da noch Platz zum Staunen? Oder wird durch eine angebliche Entzauberung der Welt durch die Naturwissenschaften Gott an den Rand gedrängt?
Der Wissenschaftspublizist Ernst Peter Fischer schrieb das interessante Buch: „Die Verzauberung der Welt. Eine andere Geschichte der Naturwissenschaften." Auf vielerlei Weise zeigte auf, dass die Naturwissenschaften unsere Welt nicht entzaubert haben sondern sie uns vielmehr in neues Staunen hinein führen können. In der Mitte des Buches greift er sogar ein Zitat des romantischen Dichters Novalis auf: „Indem ich dem Gemeinen einen hohen Sinn, dem Gewöhnlichen ein geheimnisvolles Ansehen, dem Bekannten die Würde des Unbekannten, dem Endlichen einen unendlichen Schein gebe, romantisiere ich es."[54] Naturwissenschaftliches Forschen soll romantisch sein? Steile und spannende These, die uns in ihren Ausführungen wieder zum Staunen bringen kann.

1.Die Würde des Unbekannten im Bekannten:
Jedem Menschen ist bekannt, dass ein Apfel vom Baum auf die Erde fällt. Aber erst Isaac Newton erklärte das sichtbare Fallen eines Apfels durch die unsichtbare Gravitation, die von der Erde ausgeht und bei aller Berechenbarkeit geheimnisvoll bleibt. Jeder kann einer Kompassnadel zuschauen, wie sie sich nach Norden ausrichtet. Aber die Erklärung der Physiker ist geheimnisvoll, hat

eine Würde des Unbekannten: ein unsichtbares Magnetfeld lenkt die Nadel. Es ist heute noch verborgen warum unsere rotierende Erde durchgehend ein Magnetfeld hervorbringt. Ein Physiker kann zwar berechnen, wie stark das Magnetfeld ist, das durch ein Stromkabel verursacht wird. Aber: „noch kann niemand sagen, wie Strom es schafft, um sich herum ein elektrisches Feld aufzubauen."[55]

Der Physiker Michael Faraday lebte in der Zeit der Romantik und war von ihr inspiriert. Für die Romantiker gibt es Urphänomene, die zur dunklen geheimnisvollen Seite des Seins gehören, die die Erscheinungen, die helle Welt erst hervorbringen. Und diese Urphänomene arbeiten nach dem Gesetz der Polarität, wie Mann und Frau, Tag und Nacht, Yin und Yang. 1809 entdeckte man, dass ein elektrischer Strom ein Magnetfeld produziert. Nach dem Gesetz der Polarität kam der romantische Physiker Faraday auf die Idee, dass ein Magnetfeld auch einen elektrischen Strom hervorrufen könnte. Was für eine wesentliche Entdeckung! Denn mit drehenden Magneten wird in Kraftwerken bis heute Unmengen an Strom produziert. Unseren Strom, den wir verbrauchen.

2. Das Geheimnisvolle Ansehen im Gewöhnlichen:

Jeder kennt Licht. Licht ist gewöhnlich, alltäglich, immer da. Aber spätestens mit Albert Einstein ist das Licht auf immer geheimnisvoll geworden. Einstein konnte zeigen, dass Licht nicht nur eine Welle ist. Die Physiker hatten im 19. Jahrhundert fest geglaubt und genügend Belege gehabt, das Licht eine Welle ist. Nun konnte Einstein zeigen, dass Licht auch aus Teilchen besteht. Was ist nun Licht? Welle oder Teilchen? Im einen Experiment verhält es sich wie Wellen, wie Wasserwellen zum Beispiel. Im anderen Experiment verhält es sich wie Teilchen. Die Doppelnatur des Lichtes ist und bleibt geheimnisvoll.

Gerade die Quantenmechanik versetzt uns in Staunen. Denn sie zeigt uns Grenzen und Geheimnisse auf, die wir nie völlig durchdringen können oder überwinden können. Licht bleibt paradox. Es ist sowohl Welle als auch Teilchen. Diese zwei

Beschreibungen mögen sich widersprechen, sind aber die komplementären Bilder, um das Licht als Ganzes zu beschreiben. Ebenso erstaunlich ist die Unbestimmtheit, die Heisenberg präzisieren konnte: Wir können von einem Elementarteilchen Ort und Geschwindigkeit nie exakt gleichzeitig bestimmen. Wenn ich den Ort genau bestimme, ist die Geschwindigkeit unbestimmt und umgekehrt.

3. Der unendliche Schein im Endlichen:
Wie lang ist die Küste von Großbritannien? Sie werden sicherlich sagen, das kann man genau angeben. Aber so einfach ist das nicht. Wenn Sie auf einer Landkarte für ganz England einen Küstenabschnitt anschauen, der in der Realität ca. 10 km beträgt, dann sehen Sie einen geraden Strich. Wenn Sie aber auf einer genauen Wanderkarte diesen Küstenabschnitt anschauen, dann schlängelt er sich hin und her. Plötzlich ist er länger als auf der Landkarte für ganz England. Und wenn Sie den Weg an der Küste zu Fuß ablaufen, werden Sie noch mehr hin und her schlängeln - und die Strecke wird noch länger. Vielleicht haben Sie schon mal die fraktalen Gebilde vom Mathematiker Mandelbrot gesehen. Sie sind wie Bäume die sich immer mehr und immer kleiner verzweigen, wie ins Unendliche. Natürlich ist die Küste Englands endlich und ein Baum steht einfach da und wächst nicht unendlich in den Himmel. Aber wie lang ist die Küste Englands wirklich und wie viel Verzweigungen könnte der Baum in seinen Wipfeln noch machen? Ein unendlicher Schein im Endlichen - wenn das nicht zum Staunen führt!

4. Der hohe Sinn im Gemeinen
Unmengen an Daten und Messungen sammeln Naturwissenschaftler auf der ganzen Welt. Da werden zum Beispiel in CERN Daten bei Experimenten registriert, um besser verstehen zu können, wie Elementarteilchen funktionieren und zusammengesetzt sind. Gemeine Daten, d.h. einfach viele Zahlen, die nur für Physiker in der Vernetzung Bedeutung gewinnen, können dann irgendwann eine sinnvolle Theorie belegen und

bestätigen. Sinnvolle Theorien, die uns Einblick geben, in innerste Zusammenhänge der Materie, über die wir mehr und mehr Staunen.

Ich kann nur jedem dieses Buch empfehlen, wenn er das Staunen neu lernen möchte.

Staunen über Paradoxien Für einen Theologen und für einen gläubigen Christen sind Geheimnisse, die einen ins Staunen bringen, nicht unbekannt. Immer wieder fasziniert mich die Ähnlichkeit zwischen dem Mysterium Licht und dem Mysterium Jesus Christus:

Beide haben sie zwei Naturen: Licht ist sowohl Welle als auch Teilchen. Jesus Christus ist wahrer Gott und wahrer Mensch.

Die zwei Naturen können nur auf paradoxe Weise miteinander verbunden werden. Das Konzil von Chalcedon legte fest: Jesus Christus ist wahrer Gott und wahrer Mensch, unvermischt und unverwandelt, ungetrennt und ungesondert. Und in der Kopenhagener Deutung der Quantenmechanik betont der Physiker Bohr, dass wir das Licht nur in zwei komplementären Bildern ausdrücken können, die sich nicht noch einmal vereinigen können. Wie kann Gott sowohl allmächtig als auch solidarisch mit unserer Ohnmacht sein? Rein logisch kann das nicht zusammengehen. Aber Gott ist Mensch geworden. Jesus Christus ist wahrer Gott und wahrer Mensch. Gottvater und Sohn sind im Geist verbunden.

Da kann man nur Jochen Hörisch zustimmen: „Ohne Bereitschaft zu Dialektik und zum Widerspruch [und ich ergänze: zum Paradox] ist jedenfalls keine anspruchsvolle Version von Christologie zu haben."[56]

Man soll auch in der Theologie nicht zu früh das Denken aufhören. Aber wer sich in gute Bücher über Jesus Christus oder die Trinität vertieft, der erahnt, dass das Nachdenken über Jesus Christus und die Trinität uns vielmehr auf besondere Weise ins Staunen hinein führen kann: ins Staunen über das Erhabene Gottes! Durch das mehr Verstehen wird die Kontur des Geheimnisses deutlicher!

Das Erhabene und Geheimnisvolle Gottes zeigt sich auf ganz unterschiedliche Weise – in der Doppelnatur des Lichts, im Magnetfeld der Erde, in der Küste Großbritanniens, in der Schönheit einer gelungenen physikalischen Theorie, in der Paradoxie von den zwei Naturen Jesu Christi…
Und ganz gewöhnlich und alltäglich: Wenn ich morgens die Sonne aufgehen sehe, wenn ich im Neuen Testament etwas von Jesus lese, wenn ich ein neugeborenes Kind sehe, wenn ich die Bewegungen eine Kompassnadel verfolge, wenn ich einer wachsenden Saat zuschaue, wenn ich am Strand sitze und die Bewegungen des Meeres betrachte und dem Rauschen des Wassers lausche und mir sage: das hat alles Gott erschaffen und in allem ist er gegenwärtig!

Leibniz´ Infinitesimalrechnung und Theodizee (12.So B)

Ijob 38,1.8-11
Leibniz starb am 14. November 1716, vor 300 Jahren. Mit seiner Infinitesimalrechnung war er Wegbereiter für die moderne Mathematik, Physik, Chemie, Wirtschaftswissenschaften und Ingenieurswissenschaften. Es ist schier überwältigend, was wir mit moderner Analysis berechnen können. Jedoch viele Differentialgleichungen (das sind Gleichungen, in denen die eigene Ableitung enthalten ist; diese lernt man nicht in der Schule, erst in der Uni) können nur durch Näherungsverfahren gelöst werden. Ich werde darauf noch zurückkommen.
Infinitesimalrechnung und Theodizee Leibniz war das letzte Universalgenie. Doch kann man sagen: Die Infinitesimalrechnung und seine Gedanken zur Theodizee sind die wichtigsten geistigen Errungenschaften, die er uns beschert hat. Aber die Wirkungsgeschichte beider kann nicht unterschiedlicher sein: Ableitungen und Integralrechnungen sind absolutes Handwerkszeug für jeden, der im Bereich Physik, Chemie, Ingenieurswesen, Wirtschaftswissenschaft, Informatik arbeitet.
Aber die Theodizee? – ein Spezialthema für Theologen und Philosophen. Und seine Lösung, dass diese Welt die beste aller Welten ist, haben das Erdbeben von Lissabon und der Roman Candide von Voltaire kurzerhand doch hinweggefegt.
Jedoch die meisten Menschen dieser Erde können keine Ableitung berechnen, obwohl das Handy in ihrer Tasche ohne Ableitung gar nicht denkbar wäre. Aber wohl jeder Mensch stellt sich die Theodizeefrage: Warum gibt es Leid und das Böse? Warum lässt Gott das zu?
Auf den ersten Blick haben die Theodizee und die Infinitesimalrechnung nichts miteinander zu tun. Jedoch der erste Eindruck trügt.

Machen wir ein **Infinitesimalrechnungs-Gedankenspiel**: Keine Angst. Ich werde völlig ohne Zahlen auskommen. Stellen Sie sich einen Raum vor. (Sie können sich ruhig einen begrenzten Raum vorstellen, z. B. Ihr Wohnzimmer). Nun unterteilen Sie geistig den Raum in Punkte. Z. B. dreidimensional verteilt alle Zentimeter ein Punkt. Im dritten Schritt stellen Sie sich vor, dass jedem Punkt eine Steigung zugeordnet ist, eine Richtung, wie man weiterlaufen sollte, wenn man auf diesen Punkt kommt. Ganz bildlich gesprochen: Sie heften an jeden Punkt einen Wegweiser, einen Pfeil: z. B. 30 Grad aufwärts Richtung Nord-Ost. Die Mathematiker können natürlich genauer die Richtung eines Pfeiles angeben. Und im vierten Schritt stellen Sie ein Männchen auf einen Punkt und lassen es loslaufen. Das Männchen (es kann quasi fliegen) geht in Richtung des Pfeiles und kommt auf einen weiteren Punkt. Dieser hat einen Pfeil, der vielleicht leicht in eine andere Richtung geht und das Männchen korrigiert seine Marschrichtung. Im letzten Schritt vervielfältigen Sie die Punkte, so dass sie ganz eng zusammenliegen. Wenn Sie nun das Männchen wieder losschicken, wird es irgendeine Kurve durch den Raum laufen. (Es wird keine kleinen Zacken mehr laufen.) Wenn Sie es an eine andere Stelle hinsetzen, wird es eine andere Kurve laufen.

Eine Differentialgleichung ordnet jedem Punkt im Raum eine Steigung zu, einen Pfeil zum Weiterlaufen. Wenn das Männchen bei einem Punkt startet, entsteht in diesem „virtuellen Raum der Pfeile" eine aktuelle Kurve.

Auf diese infinitesimale Weise können wir Leibniz' Theodizee verstehen: **Die beste aller möglichen Welten ist – die schönste Kurve in diesem Raum von möglichen Welten!**

Gott kreierte die Differentialgleichung für mögliche Welten und wählte die Kurve aus, die die beste ist. „Gott hat aber diejenige gewählt, welche die vollkommenste ist, d. h. diejenige, die zugleich die einfachste an Prinzipien und die reichhaltigste an Erscheinungen ist; wie es ja eine geometrische Linie geben könnte, deren Konstruktion leicht und deren Eigentümlichkeiten und

Auswirkungen äußerst bewundernswert und sehr weitreichend wären."[57]

Die beste ist nicht die, die keine Dissonanzen enthält. Jede große Symphonie von Beethoven, Bruckner oder Mahler, jede Passion Bachs und jede große Oper enthält Dissonanzen. „Doch würde ihn deshalb die Reihe, wenn sie frei von Sünden wäre, nicht noch mehr freuen? Nein, sogar weniger, weil gerade diese Dissonanzen und den dadurch wunderbare Weise entstandenen Ausgleich zur Freude gereicht."[58]

Wir sehen: **Leibniz hat mit seinen Erkenntnissen der Infinitesimalrechnung das Theodizeeproblem angepackt.**

Aber was bleibt von seinem Lösungsansatz? Darüber haben Theologen wie Philosophen in den letzten 300 Jahren viele Bücher geschrieben. Nicht verwunderlich: Denn die Theodizeefrage ist und bleibt die größte Herausforderung für den Theologen, für den gläubigen Menschen. Ijob zeigt uns deutlich auf, dass wir ehrlicherweise diesem Ringen nicht ausweichen dürfen.

Hier an dieser Stelle kann nur ein ausblickender Gedanke möglich sein. Und diesen will ich mit meinem Lieblingszitat von Gilles Deleuze beginnen:

"Es mag also zutreffen, dass Gott die Welt mit seinen Rechnungen erschafft, aber diese Rechnungen gehen niemals auf, und diese Unstimmigkeit im Ergebnis, diese irreduzible Ungleichung bildet die Bedingung der Welt. Die Welt "entsteht", während Gott rechnet; es gäbe keine Welt, wenn die Rechnung aufginge."[59]

Ja lieber Leibniz: Es gibt komplexe Differentialgleichungen, für die wir keine eindeutige Lösung berechnen können. Wir können nur Näherungsverfahren einsetzen.

Die Physik der kleinsten Dinge stößt auf eine unaufhebbare Unschärfe. Die Physiker konnten inzwischen aufzeigen, dass die Quantenmechanik nicht, wie Einstein glaubte, unvollständig ist. (Einstein wetterte: Gott würfelt nicht!) Die Wirklichkeit selbst ist im Quantenbereich zufällig.

Die zwei Weltkriege des 20. Jahrhunderts sind übergroße Dissonanzen, die sich nicht mehr harmonisch einordnen lassen. Fazit: Eine schöne abgeschlossene Weltformel hat Gott der Welt nicht zugrunde gelegt: Vielmehr ist es eine Ungleichung, wie Deleuze es behauptet. Es bleibt ein Mysterium, wie die Gottesrede an Ijob andeutet. Wir können dies schrecklich Geheimnis der Theodizee nie völlig lösen oder aufklären: „Hier muss sich legen deiner Wogen Stolz." Ijob 38,11b
Wir sollten aber deswegen nicht unsere Bemühungen in der Theodizeefrage zu früh beenden. Näherungsverfahren für diese unlösbare Ungleichung „Welt" sind unsere Aufgabe: als Theologen, als gläubige Christen, als Menschen. Und sie müssen wohl auf drei Ebenen stattfinden: Denkerisch, im Handeln, spirituell. Dem existentiellen Ringen müssen wir uns ehrlicherweise stellen. Und dieses Ringen wird uns im Glauben ehrlicherweise weiter führen!
Leibniz ist somit für uns ein Vorbild, uns nicht zufrieden zu geben mit einer schnellen Lösung wie: Das ist Geheimnis des unendlichen Gottes, deswegen kann man dazu nichts sagen! Ja die Theodizeefrage berührt das Geheimnis des unendlichen Gottes! Aber das ist kein Grund, sich diesem Geheimnis nicht zu nähern. Vielmehr stößt das Leben uns ja selbst auf diese Geheimnis! Wir können ihm nicht ausweichen. Also sollten wir uns ihm von verschiedenen Seiten denkerisch nähern. Auch mit Leibniz´ Philosophie! Unser Handeln soll Ringen um eine bessere Welt sein! Unser Beten soll sich dem Schmerz des Leidens stellen und unseren Blick hoffend auf Gottes geheimnisvolle Güte und Macht richten!

Gescheiterte Unkrautbeseitigung: Von der Prohibition und Sozialdarwinismus (16. So A)

Mt 13,24-43
Das Gleichnis vom Unkraut im Weizenfeld zeigt seine Aktualität und Brisanz, wenn man nach Fällen sucht, in denen Menschen genau das Gegenteil von dem tun, was das Gleichnis empfiehlt. Die Geschichte ist voll von solchen Fällen. Und meistens zeigen sie klar eines: Das wütende Rausreisen des Unkrauts verschlimmert nur alles. Kein Problem ist gelöst. Im Gegenteil – nach der Säuberungsaktion wird bzw. wurde alles katastrophaler, unübersichtlicher und verzwickter.
Wir können aus der Geschichte lernen, wenn wir sie z. B. mit der Brille dieses Gleichnisses anschauen. Und wir verstehen die tiefe Bedeutung des Gleichnisses, wenn wir nach Beispielen in der Geschichte suchen, in denen das Gleichnis missachtet wurde oder bewusst angewendet wurde.
Das erste Beispiel: Prohibition Am 16. Jan 1920 begann die Prohibition in Amerika. Das Unkraut Alkohol wurde radikal beseitigt. Amerika war nun offiziell trocken. Die Tugendwächter unter den Protestanten hatten sich durchgesetzt. Die katholischen deutschen Brauereien und die jüdischen Schnapsbrennereien mussten schließen. Die Front verlief zwischen den früheren evangelischen Einwanderern auf dem Land und den kürzlich angekommen Immigranten aus katholischen Ländern wie Italien, Irland und auch Deutschland, die sich lieber in Großstädten niederließen und gerne ein Bier oder einen Whiskey tranken.
Konnte man einer ganzen Bevölkerung das Alkohol trinken verbieten? Nein! Ärzte stellten pro Jahr 300 000 Rezepte auf Whiskey aus. Nie zuvor wurde so viel Kommunionwein bestellt. Nicht nur Ministranten genossen nun außerhalb der Messe den Messwein. Überall entstanden versteckte Kneipen, in denen man Alkohol bekam und zu Jazzmusik in kurzen Röcken und kurzen Haaren eng tanzte und viel Zigaretten rauchte. Ja der gerade

aufkommende Jazz war die Protestmusik gegen ein puritanisches, spießiges Amerika.
Die Verbreitung des Jazz war ja immerhin eine gute Frucht, die sich aus der Prohibition ergab. Gleichzeitig bekam aber auch das organisierte Verbrechen Hochkonjunktur. Das illegale Beschaffen und Verteilen von Alkohol war ein äußerst rentabler Geschäftszweig und brachte den berühmtesten Bandenboss hervor: Al Capone. Allein durch Bierverkauf verdiente Al Capone bis zu 100 Millionen Dollar pro Jahr. Das Unkraut Mafia wuchs ja nur dadurch so prächtig, weil es durch die Prohibition optimal gedüngt wurde. Und machte Städte wie Chicago zu Schauplätzen von Bandenkriegen: 400 Mafiamorde in einem Jahr!
Zweites Beispiel: Gegen kritische Vernunft und Meinungsfreiheit 1925 verabschiedete die Generalversammlung des Staates Tennessee, dass es in Schule, Universität und Öffentlichkeit gesetzwidrig sei, die Evolutionslehre von Darwin zu lehren. Allein die Schöpfungsgeschichte der Bibel sei zu lehren. Die evangelikalen Christen kämpften gegen die Evolutionslehre und gegen die historisch-kritische Bibelauslegung. Eine ähnliche Unkrautbeseitigungsaktion vollzog Papst Pius X und seine Bibelkommission im Vatikan: Jegliche moderne Bibelauslegung wurde verboten und den Priestern wurde ein Antimodernisteneid auferlegt. Erstaunlich! Spätestens 50 Jahre später auf dem II. vatikanischen Konzil war dieses Unkraut auf einmal eine wertvolle Pflanze. Die historisch-kritischen Bibelauslegung bekam einen passenden Platz im Verständnis von Offenbarung.
Aber ein solche Beschneidung der Meinungsfreiheit und der Weitergabe von Forschung wollten die drei Männer Hicks, ein Staatsanwalt, Rappleyea, ein Metallingenieur, und John Scopes, ein Lehrer, nicht hinnehmen. Bewusst übertrat der Lehrer das Verbot und lehrte die Evolutionslehre. Der Prozess wurde in ganz Amerika und in der internationalen Presse beachtet. Er wurde zum Schauprozess und Kräftemessen zwischen Meinungsfreiheit und

Freiheit der Forschung oder Diktatur einer wortwörtlichen Bibelauslegung.

Drittes Beispiel: Sozialdarwinismus Zur selben Zeit bahnte sich eine viel katastrophaleres Unkrautbeseitigungsdenken aus. Darwin analysierte die Entwicklung der Tierarten und behauptete, dass diejenigen überleben, die am besten mit ihrer Umgebung zusammenpassen. Sein Bewunderer Spencer fasste das nicht ganz korrekt zusammen mit dem Schlagwort: Der Fitteste überlebt! Kombiniert mit einer oberflächlich falschen Interpretation von Nietzsches Übermenschen entstand daraus der Sozialdarwinismus. Mitgefühl, Kooperation und Solidarität sei Sklavenmoral. Die starken Menschen und Rassen müssen gepflegt werden und sich behaupten. Die Schwachen müssen beseitigt werden: Die Juden, die Behinderten, die Nichtarier. Die Nazis griffen die menschenverachtende Logik des Sozialdarwinismus auf und versuchten ihn mit ihrem Rassenwahn umzusetzen. Aber in den 20er Jahren waren auch Intellektuelle in anderen Ländern vom Sozialdarwinismus und der Eugenik begeistert. So verkündete Sicard de Pauzole 1932 in der Sorbonne: „Die niederen Klassen, die ärmeren Klassen, haben eine viel höhere Geburtenrate als die obere, reichere Klassen [...] Elend ist zusammen mit Alkoholismus, Syphilis und Tuberkulose ein wichtiger Faktor der Degeneration."[60] Er trat nicht für mehr soziale Gerechtigkeit oder Sozialhilfe ein, sondern empfahl, dass die unteren Klassen davon abgehalten werden sollten, Kinder zu bekommen.

Was kann das Unkraut sein? Jesus lässt es bewusst offen und das provokativ-gesunde Potential des Gleichnisses bleibt uns erhalten, wenn wir mehrere Deutungen zulassen. Unkraut: das können Gedanken, Theorien sein, die jemand für falsch hält. Das kann Alkohol sein. Das können andere Menschen sein. Aber vielleicht wehrt sich jetzt bei Ihnen der gesunde Menschenverstand:

Ja manche Menschen muss man doch festnehmen und verhindern, dass sie nicht weiter Unheil anrichten! Terroristen, Mörder, Mafiosi, Drogenkartellanhänger. Ja das stimmt. Aber hier warnt das Gleichnis, dass nicht noch der Weizen mit heraus gerissen wird!

Viertes Beispiel: Ausgeweitete Terrorismusbekämpfung Diese Empfehlung hat George W. Bush junior als Präsident leider nicht verwirklicht. Als am 11.September 2001 Terroristen zwei Flugzeuge in die Twintowers manövrierten, sprach die amerikanische Regierung zuerst von Opfern, später von Verlusten. Warum dieser Wechsel? Wenn wir „Opfer" hören, denken wir an Täter, Verbrechen, Polizei, Gerichtsverhandlung, Gefängnis, eventuell noch internationale Verfolgung und Spionagearbeit. Wenn wir „Verluste" hören, denken wir an Krieg, Militär, feindliche Staaten und Fronten.

Die amerikanische Regierung hat bewusst den Denkrahmen von Verbrechensbekämpfung zu internationalem Krieg gewechselt. Im Januar 2002 sprach Bush von der Achse des Bösen: Irak, Iran, Nordkorea. Das Wort Achse erinnerte an den II. Weltkrieg: die Achsenmächte Deutschland, Italien und Japan. Bush nutzte diesen Begriff, obwohl Irak, Iran und Nordkorea gar kein gemeinsames Bündnis oder Interessen hatten. Aber mit diesem Denkrahmen wurden nicht nur die Terroristen und ihre Verbündete, sondern auch die Staaten, aus denen sie wohl kamen, als das Grundböse bezeichnet. Und gegen das Grundböse kann man alle Mittel anwenden: Foltern, Inhaftieren ohne Gerichtsverhandlung, mit Armeen angreifen und auch Bevölkerung durch Angriffe töten. In dieser Logik konnte man sich über Genfer Konventionen hinweg setzen.

Ganz klar: Massenhaft unschuldige Menschen starben durch den folgenden Krieg gegen den Irak. In der Sprache des Gleichnisses: Guter Weizen wurde herausgerissen und zerstört. Und diese Massenvernichtung brachte Wut, Enttäuschung und Nährboden für neue Terroristen hervor.

Der Metapherforscher und Politikanalyst Lakoff beschreibt seine Alternative auch landwirtschaftlich: „Wir müssen einen Boden schaffen, der es der Pflanze erschwert, überhaupt zu wurzeln und

der zugleich andere Pflanzen gut gedeihen lässt. Das ist eine komplexe Angelegenheit, aber es ist der einzige Weg, den Terrorismus wirksam zu bekämpfen. Wir müssen die Wurzeln des Terrorismus ihrer gedanklichen und sozialen Nährstoffe berauben. Und ich darf die Metapher noch ergänzen: wir sind derzeit damit beschäftigt, die Triebe nieder zu treten – und verschütten dabei Dünger auf dem Boden. Jede Bombe, die – aus einem US-amerikanische Flugzeug abgeworfen - auf dem Boden des Nahen Ostens fällt, ist ein Düngekorn. Und jeder Terrorist, der sich bei einem Attentat umbringt oder von den USA getötet wird, wird zum Märtyrer."[61]
Natürlich kann man nicht jedes Unkraut wachsen lassen. Terrorzellen müssen aufgespürt werden. Aber dann sollte man gezielt Unkraut ausstechen. Im Fall des Terrorismus müsste man zum ersten Denkrahmen zurückkehren: Statt Denkrahmen internationaler Krieg der Denkrahmen internationale Verbrechensbekämpfung. Noch mal Lakoff: „Das Begreifen von Terroristen als Verbrechen kann den Weg zu einer ganz anderen, wirklich effektiven Antiterrorismuspolitik ebnen: Die Methoden internationaler Verbrechensbekämpfung haben sich bisher als der erfolgreichste Weg erwiesen, den Terrorismus zu bekämpfen. Man überprüft Banknoten, hört Gespräche ab, rekrutiert Spione und Informanten, betreibt Diplomatie und kooperiert mit den Geheimdiensten anderer Regierungen. Und dann, wenn nötig, führt man begrenzte polizeiliche Aktionen durch."[62]
Fünftes Beispiel: Ritenstreit Ein letzter Gedanke und ein letztes Beispiel zum Abschluss. Was der eine als Unkraut ansieht, ist für den anderen eine wertvolle Heilpflanze. Es kommt auf die Perspektive an. Und hier lädt uns das Gleichnis ein, eventuell die Perspektive zu wechseln. Als die Jesuiten im 16. Jahrhundert Indien missionierten, versuchten sie, im Dialog mit der indischen Bevölkerung, das Christentum in ihrer Kultur neu zu predigen und zu verstehen. Messen und Gottesdienste wurden in einheimischen Sprachen abgehalten und indische Gedanken und Riten eingebaut.

Die Mission blühte. Die später ankommenden Franziskaner störten sich daran: Die Messe muss doch in Latein gefeiert werden und genau in dem Ritus, wie er in Rom gefeiert wird. Sie beschwerten sich in Rom. Leider setzten sich die Franziskaner im Ritenstreit durch. Das war der Tod der indischen Mission. Aber nach dem II. Vatikanischen Konzil war dieses Unkraut „eigenständige Liturgie in der Sprache der Menschen vor Ort" eine Heilpflanze! Die katholische Kirche konnte in Indien neu in einen Dialog mit den Hindus eintreten und neue Formen der Liturgie entwickeln. Leider sah Ratzinger diese Entwicklung wieder als Unkraut an und bremste als Glaubenspräfekt die Entwicklung.

Das Gleichnis ist für uns alle ein Warnschild: Wann möchte ich mit der Wut des Rechthabens Unkraut heraus reißen, und zerstöre damit mehr Gutes, als dass ich Schlechtes beseitige... Die Geschichte lehrt uns, dass viel Gewalt und Zerstörung aus genau diesem Fehler entstanden ist.

Wie die Polarität Aktiv – Kontemplativ gestalten? (16. So C)

Lk 10,38-42

Maria und Martha – stecken sie nicht beide in jedem von uns? Wir haben alle eine aktive Seite und eine kontemplative Seite, eine Martha- und eine Maria-Seite. Aktiv sein: Handeln, Agieren, Reden, Entscheiden, Arbeiten. Kontemplativ sein: Wahrnehmen, still werden, auf sich wirken lassen. Wir brauchen beide Seiten. Für ein gesundes Leben spielen beide Seite zusammen: die aktive Seite und die kontemplative Seite.

Aktivität und Kontemplation beim Musizieren Ein Beispiel: Sie lernen ein Instrument. Sie müssen viel Zeit aktiv aufwenden. Sie müssen aktiv üben. Aber Musizieren ist nicht wie Bodybuilding. Sie müssen lernen, sich selber zuzuhören. Nur wenn Sie immer sensibler sich zuhören, hineinspüren, mit der Musik fließen, ergibt sich ein wunderschönes Musizieren. Es ist, als ob wirklich beide Seite in Partnerschaft verbunden sind: Ein Teil von Ihnen musiziert aktiv, ein anderer Teil von Ihnen hört Ihnen genussvoll zu. Stellen Sie sich einen Begleiter am Klavier vor: Er muss der Sängerin und seinem Klavierspiel aufmerksam zuhören, ansonsten spielt er seinen Stiefel und das Musizieren misslingt.

„Ich muss alles vergessen, was ich bisher geleistet habe, wenn ich spiele; ich muss leer werden, erst dann wird gutes Spiel möglich."[63] Leerwerden, völlig im Jetzt sein – das ist kontemplatives Musizieren. Die wirklich großen Musiker waren und sind fähig, sowohl vor dem Konzert aktiv zu üben als auch im Konzert in eine kontemplative Spielweise zu versinken. Man kann kontemplativ in Aktion sein!

Zu aktiv Aber nicht immer ist das Zusammenspiel von Aktivität und Kontemplation so harmonisch. Martha beschwert sich bei Jesus über Maria: Sie könnte auch mal aktiv werden und nicht nur gechillt zu Jesu Füßen sitzen... Das ist der Straßengraben der aktiven Seite: Sie erkennt zu wenig den Wert der kontemplativen

Seite. Sie meint immer mehr, nur aktiv sein wäre wertvoll. Und so gleitet sie in Hyperaktivität ab: Stress, Workaholics und Leistungsdenken sind die Früchte!
Wie die Spannung gestalten? Martha beschwert sich über Maria bei Jesus – Wenn wir in unserer Deutung diese Szene als Gleichnis eines innerseelischen Prozesses lesen, dann können wir uns fragen: Für wen oder was steht Jesus in diesem seelischen Prozess? Es braucht ja auch in uns eine Instanz, die die Spannung zwischen der aktiven und der kontemplativen Seite gestaltet. Ist es einfach unser Ich? Und wie gestaltet mein Ich diese Spannung zwischen Aktion und Kontemplation? Aktiv? Oder Kontemplativ? Nein: Ich kann diese Spannung nicht rein aktiv und auch nicht rein kontemplativ gestalten. – Da zeigt sich: Ich muss die Spannung zwischen der aktiven und der kontemplativen Seite selbst aktiv-kontemplativ gestalten. Oder anders ausgedrückt: Auch auf der Metaebene bleibt diese Spannung. Nur in der Spannung von Aktion und Kontemplation auf der Metaebene kann ich adäquat die Grundspannung des menschlichen Lebens zwischen aktiver und kontemplativer Seite gestalten. Wenn ich die Aktion-Kontemplation-Spannung gestalte, kann ich es nur, indem ich sowohl aktiv als auch kontemplativ die Gestaltung vornehme. Kierkegaard hat dies schon erkannt: „das Selbst ist nicht das Verhältnis [z. B. das Verhältnis von Aktion und Kontemplation], sondern dass das Verhältnis sich zu sich selbst verhält."[64]
Das klingt vielleicht komplex! Aber Jesus macht genau das auch in der Geschichte: Er wendet sich erst Martha zu, dann Maria. Er kann die Spannung zwischen den zwei Schwestern nur gestalten, indem er sich beiden zuwendet und selbst in gesunder Balance von Aktion und Kontemplation ist: Er hört geduldig zu und antwortet hilfreich.
Wie kann das konkret ausschauen: Die Spannung Aktion-Kontemplation gestalten?

Erstens: Es gibt Zeiten für mehr Aktion und Zeiten für mehr Kontemplation! Die großen Ordensgründer haben für ihre Ordensgemeinschaft Rhythmen gestaltet. Für einen Benediktiner wechseln im Tag selbst Gebet und Arbeit ab. D. h. im Tag selbst hat der heilige Benedikt einen Rhythmus von Aktion und Kontemplation gestaltet.

Ignatius von Loyola dagegen beschenkt jeden Jesuiten in seinem Noviziat mit den dreißigtägigen Exerzitien! In dieser intensiven Zeit kann eine tiefe Verbindung mit Jesus Christus wachsen. Der Jesuit darf in den Exerzitien wie Maria lange Zeit zu den Füßen Jesu sitzen und muss nichts aktiv tun. Aus dieser Verbindung kann er aktiv in der Welt wirken. Aber auch im Alltag und durch regelmäßige Exerzitien muss er seinen kontemplativen Pol pflegen.

An diesem Beispiel sehen wir: Ein Jesuit muss sich selbstverantwortlich im Alltag aktiv um kontemplative Zeiten bemühen. Er muss in sich kontemplativ hineinhören, welche Balance von Aktion und Kontemplation gesund für ihn ist.

Und das gerade Gesagte gilt nicht nur für einen Jesuit sondern letztlich für jeden Menschen. Regelmäßige Rhythmen, wie feste Gebetszeiten, helfen uns, über längere Zeiten eine gesunde Balance von Aktion und Kontemplation aufrecht zu erhalten. Und trotzdem muss man aufmerksam immer wieder reflektieren, ob der Rhythmus und die Gewohnheiten passend sind.

Zweitens: Straßengräben vermeiden Auch auf der Metaebene, auf der Gestaltungsebene gibt es Straßengräben. Ich kann zu aktiv oder zu kontemplativ die Spannung von Aktion und Kontemplation gestalten.

Manche Menschen besuchen viele spirituelle Kurse. Doch hat man bei manchen den Eindruck, sie flüchten aus ihrem Alltag. Zu wenig verwandeln diese Auszeiten ihr Leben. Folgen sie dann nicht einem Konzept, einer Vorstellung, die sie sich aktiv im Denken zusammengereimt haben? „Wenn ich diese Kurse mache, dann geht es mir besser, dann erreiche ich Erleuchtung, dann werde ich glücklich...!" Es fehlt auf der Metaebene ein kontemplatives Spüren, was die passende Mischung in meinem Leben ist und wie ich die Impulse in den spirituellen Kursen umsetze und in den Alltag integriere.

Es geht nicht darum, nur in Stille zu leben. Es ist eine falsche gefährliche Vorstellung, dass achtsames Leben darin besteht, ganz viel Zeit in innerer Ruhe zu verbringen. Nicht durchgehendes kontemplatives Chillen sollte das Ziel eines spirituell Suchenden sein. Jesus ist mit seinen Jüngern vom Berg Tabor hinabgestiegen. Vielmehr sollen wir in unserem Alltag selbst heilend auf andere wirken. Und dafür müssen wir immer neu die Balance zwischen Aktion und Kontemplation austarieren. Damit man in der Aktivität des Alltags kontemplativ sein kann!

Gibt es auch ein zu viel kontemplativ auf der Metaebene? Vielleicht dies: In Exerzitien selbst spürt man immer wieder in sich hinein: Will ich nun meditieren oder nicht? In schwierigen Zeiten weicht man dann Reinigungsprozessen aus, weil man zu viel seinem Wohlfühlen folgt. Hier wäre es besser, sich aktiv ein gewisses Programm zu geben: Ich meditiere jeden Tag mindestens 10 halbe Stunden pro Tag! – Und dann treu diesen Weg zu gehen. An diesem Beispiel zeigt sich: Es gibt auch falsche Vorstellungen von kontemplativ: Kontemplation auf der Metaebene ist nicht, dass man sich treiben lässt und unreflektiert in sich hinein spürt. Dann folgt man eher unklaren Impulsen als der tiefen Sehnsucht, Christus nachzufolgen.

Der Sehnsucht folgen Wer immer neu der Sehnsucht nach Gott versucht nachzugehen, bei dem ordnen sich Aktion und Kontemplation! Die Sehnsucht nach Gott ist die größte Gabe des Heiligen Geistes. Sie ordnet auf allen Ebenen die Balance zwischen Aktion und Kontemplation. Folgen wir ihr, dann werden wir reich beschenkt in Stille und können im Weinberg des Herrn wirken!

Kants „Zum ewigen Frieden", Demokratie und die Europäische Union (17. So B)

Joh 6,1-15
Kant veröffentlichte 1795 seine Schrift „Zum ewigen Frieden".
Auch wenn er noch nichts von den zerstörerischen Ausmaßen der Weltkriege ahnte, wusste er doch von den Gräueln des Dreißigjährigen Krieges. Ein Krieg, der den ganzen europäischen Kontinent mit Verwüstung überzog.
Kant forderte nicht naiv Frieden zwischen Staaten. Er suchte nach realistischen Wegen zu mehr Frieden. Deswegen ging er nicht von einem ideal moralischen Menschen aus, sondern von Menschen mit ihren Eigeninteressen. Thomas Hobbes zeigte, dass es im eigenen Interesse aller Menschen ist, auch der egoistisch denkenden Menschen, das Recht auf Gewalt dem Staat zu übergeben. Die Polizei soll unter Leitung der Judikative Frieden und Ordnung im Staat garantieren.
Kant stellt sich die Frage: Sind solche Regelungen auch zwischen den Völkern vorstellbar?
Die erste Möglichkeit: Ein starker Staat unterwirft andere Staaten und bildet ein Imperium, eine Weltmacht. Der römische Staat hat die Pax romana geschaffen, zu dem Preis, dass er Ausreißer und Aufständische gewaltsam unterdrücken musste. Befriedung durch Unterwerfung, das ist unbefriedigend! Napoleons Reich zeigte außerdem, dass solch ein Imperium in der Moderne nicht lange bestehen kann.
Die zweite Möglichkeit: Die Staaten sind ungefähr gleich stark und versuchen durch eine komplizierte Politik Machtbalance zu wahren. Die Zeit vor dem I. Weltkrieg versuchte diese Möglichkeit umzusetzen. Aber bald zeigte sich, dass dieser labile Zustand nur ein aufgeschobener Kriegszustand ist!
Die dritte Möglichkeit: Will man das Gewaltpotential zwischen Staaten eliminieren und somit Kriege verhindern, müsste man

einen einzigen Staat bilden. In Nordamerika haben dies die Staaten von Amerika geschafft. Sie wurden die Vereinigten Staaten von Amerika. Dieser Superstaat kann Kriege verhindern wie Polizei Gewalttaten in einem Staat. Das wäre nach Kant eine vernünftige Entscheidung. Der gesetzeslose Zustand zwischen den Staaten wird beendet.
Jedoch die Welt ist zu vielfältig, als dass man alle Staaten in einen Staat zusammenfassen könnte. Und Staaten geben äußerst ungern ihre ganze Souveränität auf. So folgt Kant realistisch: Einen Weltstaat wird es nicht geben!
Also bleibt zuletzt die zweitbeste Lösung: ein föderativer Staatenbund. „Jeder Staat behält seine Souveränitätsrechte (auch das der Kriegführung), verpflichtet sich jedoch, alle Konflikte friedlich auf dem Verhandlungswege zu wegen."[65] Eine oberste Sanktionsgewalt gibt es bei dieser Lösung jedoch nicht.
Fazit: Ein ewiger, sicherer Friede kann es nicht geben, weil ein Weltstaat nicht realisierbar ist. Jedoch ein Staatenbund kann mehr Frieden schaffen!
Nach dem II. Weltkrieg wird dieser Vorschlag Kants zur Leitidee für zwei Gründungen: die europäische Union und die UNO.
Drei Tendenzen sind für Kant förderlich, um den Frieden zwischen Staaten mit Staatenbünden zu fördern.
Erstens: Kant geht davon aus, dass Monarchien sich immer mehr in Demokratien verwandeln werden. Er vermutete, dass Demokratien von sich aus viel seltener Krieg beginnen werden als Monarchien oder Diktaturen. Diese Vermutung bestätigte sich im 20. Jahrhundert.
Zweitens: Kant ahnt zu Recht, dass der Welthandel anwachsen wird. Kant wörtlich „Es ist der Handelsgeist, der mit dem Krieg nicht zusammen bestehen kann, und der früher oder später sich jedes Volk bemächtigt."[66] Nun Kant konnte noch nicht ahnen, wie stark ökonomische Interessen, wie z. B. der Besitz von Ölfelder, auch Kriege hervorbringen können.

Drittens: Immer mehr wird die Öffentlichkeit, die Massenmedien das Handeln von Staaten kommentieren und kritisieren. Der gewaltfreie Widerstand von Gandhi hatte Erfolg, weil die Briten angesichts der Weltöffentlichkeit sich nicht mehr leisten konnten, mit brutaler Gewalt die Demonstranten nieder zu schlagen.

Es ist erstaunlich, wie aktuell Kant ist: Genau die vier Bausteine, die für Kant Frieden fördern, werden heute wieder angegriffen, abgebaut, ausgehöhlt. Demokratie und Gewaltenteilung statt Autokratie, freier Handel zwischen Staaten statt Protektionismus, öffentliche Diskussion statt Eingrenzung der Meinungsfreiheit, Staatenbünde statt Konkurrenz und Kampf zwischen Staaten. Das Jahr 2016 hat uns genügend erschreckende Beispiele dafür geliefert.

Diese vier Bausteine müssen von vielen Menschen auf unterschiedlichen Ebenen gelebt werden. Nur durch konkrete Menschen, die sie leben, können sie Frieden fördern. Nicht nur Politiker in Regierungsverantwortung, Bürger in verschiedenen Ebenen und Orten müssen Demokratie, öffentliche Diskussion, Förderung wirtschaftlicher zwischenstaatlicher Verbindungen und Kooperationen zwischen Staaten und Staatenbünde umsetzen, gestalten, vorantreiben.

Mein Vater hat das z. B. in seiner Arbeit bei der Handwerkskammer durch den Austausch von Gesellen zwischen Frankreich und Deutschland gefördert. Die Abneigung zwischen diesen beiden ehemaligen Todfeinden konnten Charles de Gaulle und Konrad Adenauer nicht allein überwinden. Auf vielen Ebenen musste Zusammenarbeit entstehen. Z. B. Begegnungen von Gesellen schufen in der Bevölkerung selbst gegenseitige Achtung, Lernbereitschaft, Freundschaften.

Verbindet uns die Vernunft? Der Friede mag nie völlig verwirklichbar sein. Aber Kant rät uns eine „als ob" – Haltung! Handle so, als ob Friede möglich sei. So wird Friede auch immer mehr zeitweise gelingen. Das empfiehlt die Vernunft, die jedem Menschen eigen ist! Die menschliche Vernunft verbindet alle und

schafft als wirksame Idee eine Menschheit. Andere Denker haben dagegen protestiert. De Maistre z. B. meinte: „Nun existiert der Mensch nicht auf der Welt. In meinen Leben habe ich Franzosen, Italiener, Russen usw. gesehen; Aber was den Menschen betrifft, erkläre ich, ihm nie in meinem Leben begegnet zu sein."[67]
Wir Christen sollten gegen solch eine nationalistisch einengende Sichtweise protestieren. Paulus genauso wie Kant sprengten völkische Grenzen: Nicht mehr Jude oder Grieche, sondern alle sind eins in Christus, alle sind Kinder Gottes, alle sind mit Vernunft beschenkt!

Wie Ideen umsetzen? Jesus hat uns nichts direkt über Völkerverständigung und über Staatenbünde gelehrt. Jedoch von Jesus können wir Grundlegendes lernen, wie wir Ideen umsetzen, wie wir Werte auch konkret leben können.

Miteinander Essen – Begegnungen zwischen Menschen, die sich nicht kennen, gelingen am besten durch gemeinsames Essen. Gemeinden veranstalten Flüchtlingscafés. Studenten von Hochschulgemeinden laden muslimische Studenten zum interreligiösen Grillen ein.

Symbolakte – Alles muss klein beginnen. So beginnt Jesus mit zwei Broten und fünf Fischen. Er stellt einen Jungen in die Mitte. Der kleine Junge ist bereit zu teilen. Jesus reicht die Gaben im Gebet seinem Vater zum Segen dar.
Ein Symbolakt verändert die Haltung, die Sichtweise. Ein Symbolakt ist ein Impuls, der neue Hoffnung, neue Möglichkeiten, neue Wege ermöglicht. Man denke nur an Kennedys Satz „Ich bin ein Berliner", an den Kniefall Willy Brandts, an die berühmte Rede Martin Luther Kings, an die Kerzen der Montagsdemonstrationen in der ehemaligen DDR.

Teilen – Wer weiß, wie viel Menschen begannen zu teilen, nachdem Jesus die Brote und Fische austeilte. Mahatma Gandhi meinte: Die Welt kann alle Bedürfnisse der Menschen erfüllen, nicht aber die Gier der Menschen. Deswegen fordert uns Jesus zu sozialer Gerechtigkeit auf.

Soziale Ungerechtigkeit untergräbt unsere demokratische Kultur! Mehr soziale Gerechtigkeit zu schaffen ist eine immerwährende oberste Aufgabe!

Falsche Sündenböcke der Populisten Die nationalistischen Parteien wie AfD oder auch Donald Trump suchen außerhalb das Übel: Die Mexikaner, die Flüchtlinge. Die Unzufriedenen, die AfD wählen oder Trump gewählt haben, spüren undeutlich eine soziale Ungerechtigkeit. (Ein Beispiel: In Bitterfeld erreichte die AfD beste Wahlergebnisse. Die ehemalige Chemieindustrie-Hochburg der DDR leidet inzwischen nicht mehr unter hoher Arbeitslosigkeit wie noch vor 10 oder 20 Jahren. Jedoch die Firma Bayer zahlt fast keine Gewerbesteuer in Bitterfeld. Das empfinden viele als ungerecht!) Aber anstatt differenziert im eigenen System die Ungerechtigkeiten und Schräglagen aufzuspüren, sucht man einen Sündenbock und gewinnt mit einfachen Radikallösungen und postfaktischen Behauptungen Wahlen.

Anderes Beispiel: Große Teile der Bevölkerung Griechenlands haben ihre Wut nicht auf die reichen Griechen gerichtet, die Steuern massenhaft hinterziehen, sondern sie richteten ihre Wut auf den deutschen Finanzminister Schäuble.

Europa und unsere Demokratien müssen sich für mehr soziale Gerechtigkeit und für mehr Lebenschancen der jungen Menschen einsetzen.

Soziale Gerechtigkeit, Demokratie, Meinungsfreiheit und vernünftige Diskussionen, Zusammenarbeit der Staaten und internationaler Handel – Wir müssen heute entschieden für diese Werte weiter kämpfen.

Johannesevangelium Ich bin Worte (18. So B)

Joh 6,24-35
Sieben Mal spricht Jesus ein Ich-bin-Wort im Johannesevangelium. Diese sieben Worte sprechen allesamt unser Gemüt und unsere poetische Seite an.
Heute haben wir im Evangelium eines dieser „Ich-bin-Worte" gehört: Ich bin das Brot des Lebens. (6,35.48) – Brot meint das tägliche Brot, aber auch alles, was uns satt macht, körperlich, aber auch seelisch. All das schwingt mit. Das können wir mit unserem Gemüt erfassen. Die anderen Ich-bin-Worte sind ebenso poetisch weitläufig zu verstehen: Ich bin das Licht der Welt. (8,12) Ich bin der gute Hirt. (10,14) Ich bin der Weg und die Wahrheit und das Leben. (14,6) Ich bin der wahre Weinstock. (15,1) Ich bin die Tür. (10,7.9) Ich bin die Auferstehung und das Leben. (11,25)
„Die „Ich-bin-Worte" sind eine Besonderheit des Johannesevangeliums und einmalig im Neuen Testament. Und es ist sicherlich kein Zufall, dass es gerade sieben solcher Worte sind. Die „Sieben" galt in der Antike als „heilige" Zahl. Sie symbolisierte Vollkommenheit, das Allumfassende, ja das Göttliche. Mit der Siebenzahl unterstreicht der Evangelist Johannes: In diesen sieben „Ich-bin-Worten" ist allumfassend, vollkommen und endgültig ausgesagt, dass Jesus für seine Menschen da ist, und wie er für sie da ist."[68]
Bedürfnisse und die Ich bin Worte Wenn die sieben Ich-bin-Worte umfassend uns Menschen ansprechen, dann können sie vielleicht auch umfassend die grundlegenden Bedürfnisse des Menschen ansprechen. Ein Mensch braucht Ernährung und Gesundheit, Sicherheit und Orientierung, Respekt, Selbstbestimmung, Harmonie mit der Natur, Freundschaft, Muße und Sinn. Diese Bedürfnisse decken im Wesentlichen die Bedürfnisse des Menschen ab. Und die sieben Ich-bin-Worte sprechen zusammen all diese Bedürfnisse an, sie sprechen damit die ganze Existenz des Menschen an:

- Das Brot des Lebens steht für Nahrung und Gesundheit.
- Das Licht der Welt steht für Klarheit und Orientierung, auch für Kraft und Freude.
- Der gute Hirt steht für Schutz, Urvertrauen, Fallenlassen können.
- Der Weg und die Wahrheit und das Leben stehen für die Suche nach meinem richtigen Lebensweg.
- Der wahre Weinstock steht für Verbundenheit mit dem Ursprung, Natur, Gott.
- Die Tür steht für Verbindung, Freundschaft.
- Die Auferstehung und das Leben steht Lebenssinn über den Tod hinaus.

Denn alle Menschen wünschen sich das tägliche Brot, Licht und Leben, einen Halt in jeder Situation, Freundschaften, die Türen öffnen, eine Verbindung zum wahren Weinstock, die Kraft schenkt, und eine Tür zu einer Verbindung zu Gott, zuletzt eine Auferstehung und ein Leben in Gott.

Ganzheitlich und existentiell Nun mögen die verschiedenen Bedürfnisse getrennt erlebt und betrachtet werden: Wer Hunger hat, möchte Brot und ihn beschäftigt gerade nicht Lebenswegfragen. Die sieben Ich-bin-Worte möchten aber gebündelt betrachtet werden – denn sie sagen allesamt: In der Beziehung zu Jesus erfüllt sich mein Leben.

Johannes redet nicht abstrakt philosophisch über Jesus Christus in den Ich-bin-Worten, sondern existentiell: Ich weiß, wer Jesus ist, weil er mein Leben erfüllt. Indem ich ihn als Fluchtpunkt all meiner Sehnsüchte, Bedürfnisse, Wege und Hoffnungen erlebe, weiß ich, wer er ist. In sieben Melodien drücken die Ich-bin-Worte dieses Leben in und mit und durch Christus aus. Jesus ist für mich Brot, Licht, Leben, Weg, Tür, Weinstock, Hirt, Wahrheit, Auferstehung.

Jahwe und Ich bin Worte Alle Worte beginnen mit „Ich bin". Das erinnert uns an den Gottes Namen: Jahwe. „Ich bin der Ich-bin-für-euch-da." Außer in den „Ich-bin-Worten" spricht Jesus das

„Ich bin" noch weitere neunzehn Mal im Johannesevangelium aus. „Wenn also Jesus das „Ich bin" spricht, erinnert er bewusst an den Gottesnamen. Solche Redeweise aus dem Mund Jesu bringt zum Ausdruck, wie eng die Einheit zwischen Vater und Sohn ist. Er, der Gottessohn, ist wie Gott für seine Menschen da. Ja, Jesus Christus erhebt als Gottessohn denselben unvergleichlichen Anspruch wie Gott selbst. Und wenn „die Welt" Jesus ablehnt, lehnt sie Gott ab."[69]

Jedes Ich-bin-Wort verheißt etwas und spricht an uns eine Einladung aus. „Wer zu mir kommt" – das ist die Einladung. „wird nie mehr hungern." – das ist die Verheißung.

„So haben die „Ich-bin-Worte" eine doppelte Ausrichtung: Sie rufen die Menschen eindringlich auf, sich für den Erlöser Jesus Christus zu entscheiden - und zugleich verkündigen sie kraftvoll und verlockend, welches sinnerfüllte Leben der Erlöser stiftet."[70]

Die sieben Ich-bin-Worte sind also sieben Variationen des Themas: In der Beziehung zu Jesus erfüllt sich unser Leben. Und diese sieben Variationen möchte ich nun ein wenig zum Klingen bringen:

„Ich bin das Brot des Lebens" (6,35.48) Jesus möchte uns sättigen. Und er kann uns sättigen. Das Brot ist natürlich hier nicht nur wörtlich als das normale Nahrungsmittel Brot zu verstehen. Brot ist ein ganzheitliches Symbol dafür, dass Jesus uns umgreifend, auf allen Ebenen des Menschen sättigt. Er gibt uns Kraft zum Teilen, zu mehr Gerechtigkeit, zu Gemeinschaft, zu Lebensfülle. Für all das steht „Brot des Lebens".

„Ich bin das Licht der Welt" (8,12) Licht der Welt ist ebenso ein ganzheitlicher und umfassender Begriff: Jesus schafft meinem Leben Orientierung. Er ist Licht auf meinem Lebensweg. Aber er ist auch Licht für die Kirche, für die Menschheit, für die Zukunft.

„Ich bin die Tür" (10,7.9) Christus öffnet den Menschen eine Tür zur Transzendenz, eine Tür aus sich heraus, eine Tür zu Gott. Wenn wir durch ihn mit Gott verbunden sind, können wir auch unsere Herzenstür für andere Menschen öffnen und einander dienen, wie Jesus es getan hat.

„Ich bin der gute Hirt" (10,14) Einem guten Hirten darf ich mich anvertrauen. Alles kann ich ihm sagen. Ich darf mich führen lassen. Ich darf bei ihm ausruhen.

„Ich bin die Auferstehung und das Leben" (11,25) Der Tod erschreckt uns. Wir verdrängen ihn und können deswegen nicht eine wahre und gesunde Beziehung zum Leben entwickeln. Mit Jesus Christus kann ich mich meinem nahenden Tod stellen. Denn er ist die Auferstehung und schenkt mir Auferstehung. Aus ihm heraus finde ich die wahre und gesunde Einstellung zum Leben.

„Ich bin der Weg und die Wahrheit und das Leben" (14,6) Jesus ist der Weg zu dem wahren Leben in Gott. Den „Weg" zum Leben und zu dieser Wahrheit, also den Weg zu Gott kann er, Jesus Christus öffnen. Ich finde meinen wahren Lebensweg mit und durch Christus.

„Ich bin der wahre Weinstock" (15,1.5) Von Jesus Christus kommt alle göttliche Kraft. So wie alle Nährstoffe die Rebzweige durch den Weinstock bekommen, so bekommen wir Wahrheit, Leben und den richtigen Weg durch Jesus Christus. Nur so können wir viel Frucht bringen, nicht aus eigener Kraft.

Es gibt Grundbedürfnisse wie Essen, Trinken, Dach über dem Kopf, Bedürfnisse nach Bereicherung des Lebens wie Anerkennung oder Spiel oder Orientierung, aber es gibt auch höchste Bedürfnisse nach Sinn und Verbindung mit dem Ursprung und Vollendung in Gott. Jesus Christus, so sagen die sieben Ich-bin-Worte, erfüllt insbesondere diese höchsten Bedürfnisse. Gerade wenn in Todesgefahr alle anderen Bedürfnisse nicht mehr erfüllt werden können, hält uns Jesus Christus und wird uns alle an sich ziehen!

Über theologische Kräftefelder (23. So B)

Mk 7,31-37
Ich möchte heute über ein grundsätzliches Verständnis von Theologie sprechen. Ich greife dafür ein Problem aus der Wirtschaft auf, um dieses Verständnis zu verdeutlichen. Ich kann mich noch gut daran erinnern, dass wir im Wirtschaftsunterricht das sogenannte Magische Viereck gelernt haben.
1967 verabschiedete der Deutsche Bundestag das Stabilitäts- und Wachstumsgesetz und verpflichtet alle nachkommenden Regierungen auf vier Ziele:
1. Stetiges und angemessenes Wirtschaftswachstum,
2. Hoher Beschäftigungsstand, also wenig Arbeitslose,
3. Stabiles Preisniveau, also geringe Inflation,
4. Außenwirtschaftliches Gleichgewicht, also Import und Export halten sich ungefähr die Waage.
Ich will heute nicht eine Predigt über Wirtschaftsethik halten. Vielmehr will ich an diesen vier Zielen etwas deutlich machen, was für einen Theologen und für jeden nachdenkenden Gläubigen ebenso wichtig ist.
Unmöglich, unter einen Hut zu bringen Man nennt diese vier Ziele auch das magische Viereck, weil man diese vier Ziele nahezu unmöglich gleichzeitig erreichen kann. Über längere Zeit ist es unmöglich. Einerseits weil die Welt, die Geschichte immer wieder Volkswirtschaften schüttelt, herausfordert, durcheinander bringt. Andererseits sind diese vier Ziele wie vier Kräfte, die sich in gewisser Weise gegenseitig herausfordern und widersprechen. Diese vier Ziele sind nicht wie vier Kräfte, die in einer Richtung an einem Strang ziehen. In einem einfachen Bild gesprochen: Sie zerren eher an einem Tuch, namens Volkswirtschaft, die eine Kraft zieht nach rechts, die andere nach links, die nächste nach oben, die letzte nach oben. Z. B. mit etwas mehr Inflation kann man zeitweise Wachstum anschieben und die Arbeitslosigkeit erniedrigen. Aber dies kann Nachteile im Außenhandel nach sich

ziehen usw. Mal betont die Politik das eine Ziel, dann wieder das andere Ziel. So können sich die Wirtschaftspolitiker auf ewig streiten. Denn die ideale Lösung gibt es nicht. Bei dem Beispiel „Wirtschaftspolitik" ist es uns einsichtig:
Wir müssen in einem Kräftefeld wirken, das nie optimal gelöst werden kann, das immer neu austariert werden muss.
In der Theologie ist das ganz genauso. Nun werden vielleicht manche sagen: Die Kirche verkündet doch ewige Wahrheiten von Gott und Christus. Diese Wahrheiten stehen im Katechismus. Da ist doch alles klar. Aber einige Beispiele zeigen: So klar ist es eben nicht. Das sieht man schon daran, dass Theologen sich ähnlich viel miteinander streiten wie Wirtschaftswissenschaftler. Auf den Konzilien gab es ähnlich heftige Debatten zwischen Lagern wie in den Parlamenten zwischen Parteien.
Erstes Beispiel: Gott ist für uns sowohl barmherzig als auch gerecht. Wie handelt dann Gott am Ende der Zeiten? Gibt es eine Hölle und ist sie mit großen Sündern gut gefüllt? Wenn ein Theologe diese Frage bejaht, betont er die Gerechtigkeit Gottes. Aber wird dann nicht die Barmherzigkeit Gottes vernachlässigt? Und widerspricht eine ewige Hölle nicht auch der Macht Gottes, die alles heilen und wenden kann? Origenes hat als einer der ersten dagegen gesteuert: Alles wird geläutert, irgendwann wird sogar die Hölle wieder in Gott integriert. Er betonte die Barmherzigkeit Gottes. Aber sollen dann Hitler und Stalin genauso in den Himmel kommen wie Ignatius und Franziskus? Oder wird es im Himmel Unterschiede geben?
Ein Theologe muss sich in dem Kräfteverhältnis zwischen Barmherzigkeit, Gerechtigkeit und heilende Macht Gottes positionieren, wenn er über die Vollendung der Welt nachdenkt. Das ist nicht nur ein akademisches Problem. Eine einseitige Positionierung kann Gläubige verwirren: Wenn ein Prediger die Gerechtigkeit Gottes betont, vor den ewigen Höllenqualen warnt, dann bewirkt er Angst bei seinen Zuhörern: Angst vor Gott, Angst vor der Hölle. Aber er fördert nicht die Liebe zu Gott.

Ein zweites Beispiel: Gottes Gnade und das Mitwirken des Menschen. Wer über die Gnade Gottes sprechen möchte, muss sich überlegen: Wie spielt Gottes Gnade und das Mitwirken des Menschen zusammen?

Ignatius von Loyola drückte das Zusammenspiel wunderbar austariert und paradox aus: „Vertraue so auf Gott, dass du dabei nie auf das Mittun vergisst; und dennoch: Tu so mit, dass eben dieses Mitarbeiten erfüllt bleibe vom Wissen um die alleinige Gewalt Gottes."

Die vielen Wunderheilungen beschreiben sehr schön das Zusammenspiel von Gnade und Mitwirken. Menschen gehen auf Jesus zu und bitten ihn, er möge sie heilen. Oder andere Menschen bringen einen Kranken zu Jesus, wie im heutigen Evangelium. Jesus heilt sie. Er schenkt ihnen die göttliche Gnade. Aber oft sagt er: Dein Glaube hat Dir geholfen! Alle Wunderheilungen zeigen also, wie verschränkt Gnade und Mitwirken des Menschen ist.

Aber es gab in der Theologiegeschichte auch bei dieser Frage Extreme! Entweder wurde zu sehr die göttliche Gnade betont oder die Freiheit und das Mitwirken des Menschen überbetont.

Das Lehramt achtete immer wieder darauf, Extrempositionen, die eine Seite zu wenig beachtet, abzulehnen. Der Jansenismus z. B. behauptete: Ohne Gottes Gnadenhilfe kann der Mensch aus freien Willen nur sündigen. Die Gnade muss den verdorbenen Menschen direkt überrumpeln und unwiderstehlich heilen. Und das passiert nur bei wenigen Menschen. Hier werden die Freiheit des Menschen und sein Mitwirken nicht ernst genommen.

Pelagius betont die Macht der Freiheit des Menschen zu sehr. Er behauptet: Jeder Mensch hat von Natur aus die Möglichkeit, ohne Sünde zu leben und durch das Verdienst guter Werke das Heil zu erlangen. Dann muss man kritisch fragen: Warum ist Gott in Jesus Christus Mensch geworden? Weil die Menschen mit ihrer Freiheit immer wieder zu sehr in Irrwege abdrifteten. Es braucht also auch noch die Gnade durch Jesus Christus.

Wir könnten noch mehrere Themen durchgehen. Gott ist einer in drei Personen. Wie soll man das verstehen? Oder Gott ist allmächtig und barmherzig und trotzdem gibt es Leid in der Welt. Wie kann das zusammen gehen? Gerade diese Fragen können nicht einfach gelöst werden. Wir stehen vor einem hochkomplexen Kräftefeld, das wir denkerisch wohl nie im irdischen Leben lösen können…
Jedes große theologische Thema steht in einem solchen komplexen Kräftefeld. Die verschiedenen theologischen Positionen sind immer eine bestimmte Austarierung dieses Kräftefeldes. Und diese Kräftefelder sind komplex und lassen sich nie einfach auflösen.
Deswegen bleibt Theologie spannend! Aber die Beispiele zeigen: Jede Positionierung in einem solchen Kräftefeld hat Auswirkungen auf die pastorale Praxis. Extreme und einseitige Positionierungen verwirren die Gläubigen. Denn sie spüren, dass hier gewisse Aspekte missachtet werden und deswegen die Theologie einseitig ist.
Deswegen muss jeder Theologe und jeder nachdenkende Gläubige aufmerksam bleiben, sensibel bleiben und darf das Fragen nicht aufhören! Nur so wird man denn Kräftefeldern theologischer Themen gerecht. Denn letztlich geht es um das absolute Geheimnis, den erhabenen Gott. Wie sollte man da einfache Lösungen haben können?!
Drittes Beispiel: Rahner vs. Barth Der vielleicht größte katholische Theologe im 20. Jahrhundert, Karl Rahner, war ein Meister, im Kräftefeld theologischer Fragen ausgewogen und bedacht sich zu positionieren. Beim Thema Gottes Gnade und das Mitwirken des Menschen fand er einen neuen Begriff: „Übernatürliches Existential" – was meint dieser Begriff?
Jeder Mensch hat eine Sehnsucht nach Gott, vielleicht verdeckt und verschüttet. Aber jeder Mensch hat in sich eine Offenheit auf Gott hin. Es gehört zum Wesen des Menschen. Damit ist diese Offenheit ein „Existential". Existentiale sind Grundbedingungen

des Menschseins: Sein In-Der-Welt-Sein, sein In-Beziehung-Sein mit anderen Menschen, sein Bewusstsein der eigenen Sterblichkeit usw.

Gleichzeitig ist diese Offenheit auf Gott hin reines Gnadengeschenk Gottes – das meint das Adjektiv „übernatürlich". Kein Mensch kann sich darauf etwas einbilden. Kein Mensch kann die Sehnsucht nach Gott aus sich heraus herstellen.

Karl Barth dagegen ist ein Theologe, der gerne im theologischen Kräfteverhältnis sich einseitig positioniert. Er betont eine Kraft und eine andere blockt er ab! Natürlich hat er dafür seine Gründe. Aber Einseitigkeit kann auch zu Extremen führen! Karl Barth ist es wichtig, dass Gott aus völliger Freiheit Gnade schenkt. Es gibt im Menschen keinen Andockpunkt für die Gnade, keine existentielle Offenheit auf Gott hin. Die Gnade kommt von außen in den Menschen und verändert ihn radikal. Die Sünde hat alles im Menschen zerstört und die Gnade Gottes heilt alles in aller göttlichen Freiheit.

Mir gefällt die extreme Position von Karl Barth nicht. Ich schätze Karl Rahners Art, alle verschiedenen Kräfte im Kräftefeld der Theologie ernst zu nehmen und sich ausgewogen zu positionieren. Wie geht ein Lehrer mit seinen Schülern um, wenn er davon ausgeht, dass man in ihnen ein Interesse für Mathe oder Geschichte wecken kann, dass Schüler selbst auf gute Deutungen eines Gedichtes kommen können, wenn ihre Neugierde entfacht ist?!

Und wie geht ein Lehrer mit seinen Schülern um, wenn er davon ausgeht, dass sie störrisch sind, dass man gegen ihre Natur das Wissen eintrichten muss?!

Sie werden unterschiedliche Unterrichtsstile haben und dieselben Schüler werden unterschiedlich auf diese verschiedenen Lehrer reagieren.

So werden Pfarrer mit Menschen auch unterschiedlich umgehen, wenn sie von Rahners oder von Barths Theologie ausgehen.

Vergeben und meine 10 000 Talente (24. So A)

Mt 18,21-35

Ich ärgerte mich einmal über einen Kollegen. Er hatte eine falsche Information herausgegeben. Ich empfahl, in den Ankündigungen alles richtig zu stellen und ein Plakat aufzuhängen. Er bat mich dann einen Tag vorher mit einer Email, das Infoplakat selber aufzuhängen.

Erst dachte ich mir: Muss ich jetzt seinen Fehler ausbügeln. Wenn er den Karren in den Dreck gefahren hat, soll er ihn auch selber heraus ziehen.

Dann überlegte ich aber weiter: Wie oft haben andere mir geholfen, wenn ich etwas falsch gemacht habe? Und wie dankbar war ich dann diesen Menschen? Ich entschied dann, das Plakat aufzuhängen.

Ich dachte dann auch weiter: Ja so ein Lapsus entsprechen nicht einmal quasi 100 Denare. Aber was sind meine 10 000 Talente? Wir sollten diese Frage ernst nehmen und sie konkret auf unser Leben beziehen?

Was sind meine 10 000 Talente? Wie viel Geld haben meine Eltern ausgegeben, damit sie mir Kleider, Essen, Spielsachen, Bücher geben konnten, damit sie mir Schule, Studium, Reisen, Hobbies ermöglicht haben? Ein größeres Auto kann man dafür bestimmt kaufen…

Nun kann man erwidern: Meine Eltern haben das gerne gegeben! Stimmt – trotzdem stehe ich in gewisser Weise in ihrer Schuld. Bei den Eltern gilt: 1. Ich kann die Schuld mit Dankbarkeit „begleichen". 2. Ich kann meinen Eltern Zuwendung zurückgeben, wenn sie älter werden.

Aber was ist mit dem Arbeiter in chinesischen Minen, in denen seltene Erden abgebaut werden, die nun in meinem Smartphone oder meinem Laptop stecken? Ich kann mehr oder weniger wichtige Gespräche führen, ja sogar mehr oder weniger sinnvolle

Spiele auf meinem Handy spielen. Aber welchen gesundheitlichen Belastungen ist er ausgesetzt? Für welchen Hungerlohn arbeitete er, damit ich zum „Geiz ist geil" – Preis mir ein neues Handy gönne (und vergesse, das alte sachgemäß zu entsorgen)?
Nun kann man wieder erwidern: Ich bin doch nicht verantwortlich für die schlechten Arbeitsbedingungen in anderen Ländern! Ich weiß doch nicht, ob hinter einem Produkt Ausnutzung und Umweltzerstörung versteckt sind! Stimmt – trotzdem stehe ich in gewisser Weise in der Schuld.
Ich lebe in Deutschland und mein Lebensstil nutzt mit seinem ökologischen Fußabdruck das Ökosystem unserer Erde aus. Viele Produkte, die ich gekauft habe, habe ich nur deswegen günstig erstiegen, weil ungerechte und ausbeuterische Strukturen in der Weltwirtschaft herrschen. Unser Reichtum und Luxus ist teilweise nur möglich, weil in anderen Ländern Menschen ausgenutzt werden und dadurch in Armut feststecken. Und wir borgen uns Geld, unsere Staaten sind verschuldet, wir nutzen Ressourcen und Ökosysteme aus. Wir klauen damit quasi auch aus der Zukunft – was zukünftigen Generationen fehlt. Und unser jetziger Standard ist nur möglich, weil in der Vergangenheit europäische Staaten andere ausgebeutet haben.
Ja da kommen plötzlich ganz offensichtlich und ganz konkret meine 10 000 Talente zusammen, die ich anderen schulde. Auch wenn ich nicht direkt verantwortlich bin. Ich bin Teil dieses Unrechtssystems!
Wie kann ich auf diese meine 10 000 Talente Schulden reagieren? Hier reichen keine zwei Antworten wie bei der Schulden gegenüber den Eltern. Denn die Schulden der Kinder gegenüber den Eltern sind schöne Schulden der Liebe. Die anderen Schulden sind viel größer und tragische, subtile Schulden von ungerechten Strukturen!
Ja eine Antwort ist: Ich darf Gott danken, dass ich so viel an Reichtum genießen darf!
Diese Antwort ist nicht unwichtig. Aber sie allein ist zynisch.

Eine weitere Antwort ist: Ich spende ein Teil meines Geldes Umweltorganisationen, Hilfsorganisationen, caritativen Einrichtungen. Ich kann auch mit meinem Einkauf die Unternehmen unterstützen, die faire und umweltbewusste Produkte anbieten. Also kein billiges T-Shirt mehr und kein Discounter-Kaffee mehr. Ich verändere mein Verhalten, um Energie zu sparen usw.

Diese Antwort ist wichtig. Es ist unsere christlich-ethische Pflicht, immer weitere Verbesserungen zu suchen – das macht auch Papst Franziskus in seiner Enzyklika „Laudato si" deutlich.

Wenn wir das Evangelium anschauen, dann verlangt der König nicht, dass der Diener ihm die 10 000 Talente zurückzahlt. Er verlangt nur Großzügigkeit gegenüber anderen Dienern. Also das Gleichnis lädt uns ein, uns zu hinterfragen, wenn wir auf einen anderen wütend sind und denken: Das muss er mir zurückzahlen! Er hat mir Unrecht getan! Dann sollten wir großzügiger sein, versuchen zu vergeben. Es gelingt mir einfacher, wenn ich an meine eigenen 10 000 Talente denke!

Ja nervig kann der Spruch sein: Denk an die Kinder in Afrika – die wären froh, wenn sie das zu Essen bekämen! Eigentlich steckt dahinter dieselbe Betrachtungsweise! Aber es ist ein entscheidender Unterschied, ob ich andere dränge, mit dieser Betrachtungsweise „den Teller aufzuessen", oder ob ich mich selbst einlade zu mehr Demut und Großzügigkeit. Diese Betrachtungsweise soll man bei sich selbst anwenden. Dann wird man auch Vorbild für andere. Außerdem: Im obigen Fall half auch diese Betrachtungsweise mir, mich für die großzügige Antwort zu entscheiden.

Wie wichtig und heilend diese Betrachtungsweise sein kann, zeigt auf negative Weise die **Geschichte von Michael Kohlhaas**: Ihm wurde Unrecht zugefügt. Das stimmt! Aber indem er verbissen versucht, sein Recht einzuklagen, schafft er so viel Zerstörung und Leid, dass jeder Leser dieser Novelle von Kleist erkennen muss: Das war es nicht wert!

Michael Kohlhaas ist wie der Diener in unserem Gleichnis – mit zwei Änderungen: Kein König greift ein und der andere Diener antwortet nur frech: Nöö, Du bekommst nichts zurück! Und schon war das Szenarium bereitet für die tragische Geschichte des großen Schriftstellers Kleist. Es geht natürlich nicht darum, sich alles gefallen zu lassen. Aber beide Geschichten warnen vor verbissenen Einklagen eigener Rechte, weil dadurch Großzügigkeit, Dankbarkeit, Vergeben und innerer Frieden auf der Strecke bleiben

Zwei weitere Antworten auf die 10 000 Talente möchte ich noch anführen: Ich kann versuchen, den Armen wirklich beizustehen. Ich denke z. B. Bischof Erwin Kräutler, der mit den Einheimischen im Amazonasgebiet zusammenlebt und sich mit Demonstrationen und Aktionen für ihre Rechte einsetzt. Er blieb nicht im idyllischen Österreich.

Zweitens: Ich kann versuchen, mich politisch zu engagieren, um Ungerechtigkeitsstrukturen zu verändern. Denken wir nur an Frauenrechtsbewegungen, Gewerkschaften, Amnesty international oder Greenpeace.

Ein Rest bleibt immer Aber es bleibt ein Schmerz, den wir nicht total unterdrücken sollten. Es ist gut, wenn ich etwas von meinen 10 000 Talente zurückzahle. Aber ich bin verwickelt in Unrechtsstrukturen. Ich werde nie komplett aussteigen können und ich werde nie ausreichend mich in diesen Unrechtsstrukturen rechtens verhalten können. Es bleibt eine Rechnung mit einem unüberblickbaren großen Rest. Und dieser Rest ist eine Wunde, die ich in der Eucharistiefeier immer wieder mal Jesus Christus bewusst hinhalten kann.

Wir sollten die anderen Schritte auch vollziehen! Aber mit dem Rest der 10 000 Talente darf ich zu Jesus Christus gehen, der mit seinem Kreuzestod alle Schulden umfasst hat!

Hegels 8 Spaltungen und die dialektischen Umwege bei „Stolz und Vorurteil" (24. So C, 4. FaSo C)

Lk 15,1-32
Der Hegel-Interpret Forster benennt acht Spaltungen, die Hegel mit seiner Philosophie überwinden will.
Drei Bedürfnisse Wir haben nach Hegel drei tiefe Bedürfnisse, deren Erfüllung wir brauchen, um wirklich glücklich zu sein: Wir sehnen uns nach Eingebettetsein in eine Gemeinschaft, nach Wahrheit und nach echter Freiheit. Wir können es auch etwas moderner formulieren: das Bedürfnis nach Beziehung, nach Orientierung und Klarheit und nach Autonomie.
Acht Spaltungen Für Hegel kann der moderne Mensch sich diese Bedürfnisse nicht adäquat erfüllen, weil er von acht Spaltungen, von acht Gräben, Dualismen geprägt ist. Vier Gräben betreffen das menschliche Verhältnis zur Realität und vier Spaltungen betreffen sein Selbstverhältnis.
Die erste Spaltung: zwischen dem Menschen und Gott.
Die zweite Spaltung: zwischen dem Menschen und der Natur.
Die dritte Spaltung: zwischen dem Menschen und seiner Gemeinschaft.
Die vierte Spaltung: zwischen den menschlichen Vorstellungen und der Realität.
Die nächsten Spaltungen wirken innerhalb des Menschen:
Die fünfte Spaltung: zwischen theoretischem Denken und praktischem Tun, zwischen Wissen und Wollen.
Die sechste Spaltung: zwischen Pflicht und Neigung bzw. Wünschen.
Die siebte Spaltung: zwischen Tugend und Glück.
Die achte Spaltung: zwischen Geist und Körper.
Ich könnte nun ausführlicher diese acht Spaltungen auf die Philosophiegeschichte beziehen. Z. B. könnte ich erläutern, dass

mit Descartes´ kritischen Zweifel-Meditationen die Spaltung zwischen menschlichen Vorstellungen und der Realität richtig aufgebrochen ist und dass seine Lösung des Zweifels mit dem Diktum „Ich denke, also bin ich" die Spaltung zwischen Geist und Körper vertiefte.
Aber legen wir die ganz Philosophiegeschichte beiseite und lassen wir diese acht Gräben auf uns wirken. **Kennen wir sie nicht alle?** Sind sie uns nicht aus unserem existentiellen Erleben unreflektiert mehr oder weniger bekannt? Und sehnen wir uns nicht alle nach einer Überwindung dieser Gräben?
Die westliche Medizin konzentrierte sich zuerst nur auf den Körper. Inzwischen versuchen viele Mediziner Krankheiten psychosomatisch zu betrachten, denn der Geist und der Körper hängen eng zusammen.
Die Umweltschutzbewegung und das Engagement zur Bekämpfung des Klimawandels stellen sich der Herausforderung und den Folgen der Spaltung zwischen Mensch und Natur.
Papst Franziskus hat in seiner Enzyklika „Laudato si" ganz dringlich betont, dass die Spaltung zwischen Mensch und Natur und zwischen Mensch und seiner Gemeinschaft zusammengehören.
Wenn wir im Internet Verschwörungstheorien lesen, merken wir, wie menschliche Vorstellungen und Realität auseinanderfallen. Aber was nun die richtige Betrachtungsweise ist? Was nun sind wirkliche Fakten? Das ist schwer herauszufinden.
Viele Schüler gehen aus Pflicht in die Schule, können dort aber selten ihren Neigungen folgen. Die große Kunst eines guten Lehrers ist es, die Schüler in ihren Fähigkeiten zu fördern und Begeisterung für ihr Fach in den Schülern zu wecken.
Und der VW-Ingenieur musste sich zwischen Tugend und Glück entscheiden: Entweder mit einer Software mogeln, um die Vorgaben der Vorgesetzten zu erreichen, oder seiner Tugend zu folgen, ohne zu wissen, was das für katastrophale Folgen für seine Anstellung haben kann. Wir haben bei VW gesehen, wie sich das

Glück dialektisch ganz schnell in Unglück verwandeln kann und viele sich denken: Wären wir doch tugendhaft geblieben...

Die Spaltung zwischen dem Menschen und Gott erleben wir deutlich seit der Aufklärung im Atheismus. Jedoch viele, die sich ganz mit Gott verbunden fühlen, sind weit entfernt von Gott: Attentäter und IS-Kämpfer, die im Namen Allahs Bomben in die Luft sprengen. Der Graben kann also verdeckt sein. Er kann gerade bei denen auftauchen, die ihn überwunden zu haben glauben.

Der frühe Hegel schaute wehmütig auf die Griechen zurück: Bei ihnen schienen vielen Romantikern diese Spaltungen und Gräben noch nicht aufgebrochen zu sein. Aber Hegel erkannte, dass kein Weg in die vermeintliche heile Welt der Griechen zurückführt.

Dialektik Hegel ist der große Dialektiker! Sein dialektisches Denken ist kompliziert. Aber eine grundsätzliche Botschaft können wir von ihm mitnehmen: „Man kann nicht direkt zur Wahrheit übergehen!"[71] Man kann nicht die Spaltungen nicht direkt beseitigen!

Hegel hat den Weg Jesu Christi philosophisch verallgemeinert. Jesus Christus konnte auch nicht das Reich Gottes direkt auf Erden initiieren. Er durchlitt das Antireich, die Gewalt der Römer und die Unwahrheit der Hohen Priester. Er musste durch Kreuzweg und Tod hindurchgehen, um als Auferstandener vom Vater offenbart zu werden.

Jesus Christus hat in seinen Gleichnissen aufgezeigt, dass der Weg zur Wahrheit und zur Überwindung der Spaltung über Umwege und Irrwege geht: Das verlorene Schaf und der verlorene Sohn gehen Umwege und Irrwege. Ja sogar der König und Herr selbst täuscht sich in seinen Gästen und muss noch einmal einladen.

Stolz und Vorurteil – ein dialektischer Roman Wir können nicht alle Spaltungen nun einzeln thematisieren. Deswegen eine Beispielgeschichte, die an einer Spaltung Hegels dialektischen Weg der Überwindung verdeutlicht: Jane Austens Roman „Stolz und Vorurteil". Zwischen Elisabeth und Darcy ist der Graben des Standesunterschiedes. Die schöne, intelligente und eloquente

Elisabeth entstammt einer verarmten Kleinbürgerfamilie. Darcy dagegen ist ein gutaussehender, reicher, stolzer Adliger.

Der Heiratsantrag von Darcy an Elisabeth misslingt – klar, sonst entsteht ja auch keine Romangeschichte. Aber denken wir die Alternative philosophisch durch: Wenn der Heiratsantrag gelungen wäre, hätte ein hochmütiger Reiche und ein eitles Mädchen geheiratet und ein banales Paar abgegeben.

Aber was misslingt bei dem Heiratsantrag eigentlich? Darcy verdeutlicht Elisabeth, dass er die kleinbürgerliche Welt von Elisabeth verachtet: Er will sie heiraten, obwohl sie aus dieser niedrigen Schicht kommt, obwohl die Heirat für ihn eine Erniedrigung ist. Er will mit einem Hauruck den Graben überspringen.

Jedoch Elisabeth hört heraus: Ich bin für seine Welt nicht gut genug! (Ihr Vorurteil, ihr Missverständnis) Und darauf reagiert sie mit Stolz und lehnt ab!

Auf das erste Vorurteil folgt gleich das zweite! Darcy schleudert ihr entgegen: Du bist nur ein eitles Wesen! Auch er kann seinen Stolz nicht ablegen.

Jedoch erst dieses doppelte Missverständnis, das den Graben zwischen beiden nur vertieft, ermöglicht bei beiden den Beginn einer Wandlung. Darcy beendet seinen unsteten Lebenswandel und korrigiert alte ungerechte Entscheidungen. Durch Zufälle begegnen sich Elisabeth und Darcy wieder und erleben sich neu: Darcy kann wirklich höflich und liebenswert sein und Elisabeth zeigt sich wahrhaft kultiviert und fein.

Der Philosoph Zizek fasst wunderbar zusammen: „Wollte man sich den Umweg über den Irrtum ersparen, würde man die Wahrheit selbst verfehlen: einzig das „Verfahren des Durcharbeitens" des Missverständnisses erlaubt es jedem der beiden, den anderen ins rechte Licht zu rücken – Darcy kann sich von seinem Dünkel befreien und Elisabeth ihre Vorurteile besiegen. Denn in Darcys Hochmuth begegnet Elisabeth dem umgekehrten Bild ihrer

Vorteile sowie Darcy in Elisabeths Eitelkeit dem umgekehrten Bild seines Hochmuts."[72]

Damit wird deutlich, dass nicht äußere, absolute, unabhängige Tatsachen oder Strukturen überwunden werden müssen. Der Graben zwischen beiden ist nicht eine unabhängige Tatsache zwischen beiden, sondern dieser Graben ist in beiden, wenn sie auf den anderen schauen: Mit Stolz und Vorurteil. Indem sie den Graben durchleiden, der Heiratsantrag misslingt, obwohl eigentlich beide verliebt sind, werden sie fähig, jenseits des Grabes den anderen anzuschauen und zu erleben, jenseits des Stolzes sich selbst anzuschauen und zu erleben und dadurch wandeln sich beide und werden liebesfähig!

Hegels große philosophische Vermutung ist, dass all diese Spaltungen nur durch solche dialektischen Umwege wie bei Darcy und Elisabeth überwindbar sind. Wir sollten darin auch keinen automatischen Mechanismus sehen. Nein das Scheitern, die Negation muss durchlitten werden! Und wie dann die Wandlung geschieht, wie die Spaltung in einem anderen Licht gesehen wird, wie der Graben fruchtbar wird – das lässt sich nicht voraussehen! Das ist das Abenteuer des Lebens, des Glaubens, der Liebe, der Hoffnung!

Die Theologie der Märkte (25. So C)

Lk 16,1-13
Dieses Gleichnis ist nur ein Beispiel unter vielen. Vielleicht ist es Ihnen noch gar nicht so richtig aufgefallen, weil wir selbstverständlich damit aufwachsen. Aber es ist erstaunlich und betrachtungswürdig: viele Gleichnisse handeln von Geld, Schulden, Handel, Lohn – kurz die Welt der Wirtschaft und der Finanzen. Denken wir nur an das Gleichnis vom unbarmherzigen Schuldner, das Gleichnis von den Tagelöhnern oder auch an die Vaterunser-Bitte: Vergib uns unsere Schulden, wie auch wir vergeben unsern Schuldigern. Warum vergleicht Jesus so oft Glauben mit Begriffen aus Wirtschaft und Finanzen? Denn eigentlich will man im Bereich Glaube und Kirche doch nicht viel mit Geld zu tun haben. Und umgekehrt möchten Banker, Manager und Ökonomen die Märkte nicht als eine Religion verstehen. Geld und Glaube – das sind zwei getrennte Welten, die nichts ähnlich haben. Stimmt das? Der Literaturwissenschaftler Jochen Hörisch widerspricht, und er beruft sich auf so große Denker wie Walter Benjamin oder Max Weber.
Ökonomie und Religion sind eng verwandt. In vielen Fragen und Problemen haben sie eine ähnliche Logik und viele Begriffe haben einen ökonomisch-religiösen Doppelsinn: Der Gläubige zum Beispiel ist der religiös Glaubende oder der Gläubiger, der einen Kredit gegeben hat und auf Rückzahlung vertraut und hofft. Hat Wirtschaft und Finanzen doch mehr mit Vertrauen und Vertrauensverlust, Hoffen und Bangen zu tun, als wir denken?
Aber ist nicht die Ökonomie eine seriöse Wissenschaft, die mit komplizierter Mathematik Fakten analysiert? Und der Glaube steht da auf viel unsicherem Boden, denn trotz vieler Versuche von Theologen und Philosophen kann man Gott nicht beweisen? Als sichere Wissenschaft, ähnlich wie die Physik oder die Chemie, möchte die Ökonomie erscheinen. Aber einige Aspekte zeigen, dass sie der Theologie näher ist als einer Naturwissenschaft. Unter

den Ökonomen gibt es Glaubensgemeinschaften, hier die Neoliberalen, dort die Keynesianer, irgendwo links die Marxisten. Sie bekämpfen die Irrlehren der anderen Glaubensgemeinschaft mit der gleichen Vehemenz wie Papst Pius die Protestanten und die Modernisten. Solche Irrlehren-Bekämpfungen gibt es nicht in den Naturwissenschaften.
Das Wichtigste: Beide Bereiche sind auf Glauben und Vertrauen aufgebaut. Angela Merkel schaffte auf dem Höhepunkt der Verunsicherung in der Finanzkrise wieder Vertrauen mit dem Satz: die Spareinlagen sind sicher! Wenn die Kunden der Bank nicht mehr vertrauen, bricht das Schuldensystem zusammen.
Die Finanzkrise 2008 vergleichen deswegen Jochen Hörisch und Josef Vogl mit dem Erdbeben von Lissabon 1753. Die Katastrophe in Lissabon hat den Glauben der Christen in Europa erschüttert. Gibt es einen barmherzigen und allmächtigen Gott wirklich? Und wenn ja, warum lässt die Hand Gottes so etwas geschehen? In Philosophie und Theologie wird daraufhin auf höchstem Niveau die Theodizee-Frage gestellt und diskutiert. Der französische Aufklärer und Philosoph Diderot formuliert den Zweifel: Lieber Gott, wenn es dich gibt, rette meine arme Seele, wenn ich eine habe.
Eigentlich müsste die Finanzkrise von 2008 die Ökonomen zu einer ähnlichen kritischen Diskussion und Reflexion führen, wie das Erdbeben von Lissabon die Philosophen und Theologen.
Glaube an die unsichtbare Hand Aber die klassischen und neoliberalen Wirtschaftswissenschaftler glauben weiterhin an die unsichtbare Hand des Marktes. Es kommt ihnen nicht in den Sinn zu beten: „Unsichtbare Hand, wenn es dich gibt, rette mein Guthaben, wenn ich noch welche habe."[73] „Ihr Glaube ist dogmatisch unerschütterlich." Die Markt-Fundamentalisten predigen lieber folgendermaßen weiter: Die unsichtbare Hand des Marktes hat es so gewollt, die Märkte wollen die Auf- oder Abwertung des Euro, die Boni-Zahlungen oder den Konkurs dieser Firma.[74] Und sie merken nicht dass solche Reden so unsensibel ist,

wie wenn ein Pfarrer im Trauergespräch einer trauernden Witwe mit ihren kleinen Kindern sagen würde: Gott hat es so gewollt. Vielleicht fehlt den Ökonomen eine kritische Distanz? Jochen Hörisch weist darauf hin, dass viele Wissensgebiete eine kritische Meta-Betrachtung für die eigene Korrektur haben. Die Moral wird von der Ethik reflektiert, die Kunst durch die Ästhetik kritisch betrachtet, die Naturwissenschaften werden durch Philosophie und Wissenschaftstheorie hinterfragt und der Glaube und die Religion haben die Theologie, um Fehlentwicklungen zu erkennen. Den Ökonomen fehlt eine kritische Meta-Betrachtung. Grundlegende Denkstrukturen wie das Menschenbild vom Homo Oeconomicus oder das Konzept der rationale Entscheidung oder der unsichtbaren Hand, die Märkte zum Gleichgewicht führt, werden zu wenig hinterfragt.

Nach diesen Überlegungen müssten wir eigentlich das Fazit des Evangeliums umdrehen: Der Herr empfiehlt, dass die Gläubigen von den Kinder dieser Welt, von den klugen Geschäftsmännern lernen sollen. Heute müssen wir den Ökonomen jedoch sagen: Lernt von der Theologiegeschichte und stellt Euch Eurer „Theodizeefrage": Führt die unsichtbare Hand des Marktes immer alles zum Wohle? Die Finanzkrisen der letzten Jahre sprechen gegen Euren Glauben! Auch ihr braucht eine kritische Aufklärung! „Ökonomische Aufklärung heute beginnt, wenn man einsieht, dass man Priestern misstrauen darf, die genau zu wissen glauben, was die mächtige unsichtbare Hand des göttlich weisen Marktes will."[75]

Unsichtbar schummeln wie im Gleichnis Es gibt kein Gott gleiches Supersubjekt in der Wirtschaft, sondern Wirtschaft ist ein Zusammenspiel vieler Entscheidungen von Menschen, die ihre Verantwortung wahrnehmen sollten. Hier bekommt das Wort „unsichtbar" eine ganz neue aufklärerische Kraft. Denn unsichtbar möchte derjenige bleiben, der geschummelt hat. Der Verwalter möchte dem reichen Mann verbergen, dass er dessen Vermögen verschleudert hat. Und seinen Ausweg aus der Misere gelingt ihm auch nur, weil er geheim die Schuldscheine verändert. Jesu Beispiel geschieht auf vielerlei Weise in der heutigen Wirtschaft. Zum Beispiel schreibt der Chefbanker Dirk Notheis dem CDU-Ministerpräsidenten von Baden-Württemberg Stephan Mappus vor, die öffentliche Hand möge eine Energieversorgungsfirma zu überhöhten Preisen kaufen. Er empfiehlt ihm auch, wie dieser eigentlich überhöhte Deal in der öffentlichen Presse gut verkauft werden könne. Wörtlich schreibt er: „bitte achte darauf, dass du das durchziehst. Das verursacht sonst andernfalls erheblich Sand im Getriebe und das kann ich jetzt nicht gebrauchen."[76] Diese unsichtbare Absprache wurde aber später aufgedeckt. „Keine göttliche oder ökonomische unsichtbare Hand hat Mappus genötigt, sich als Politiker so zur Marionette in den Händen eines unfeinen Bankers und Parteifreundes machen zu lassen."[77]

Im Großen ist Jesu Gleichnis ebenso aktuell. Wenn die Staaten und die Zentralbanken faule Kredite aufkaufen, um die Bankenkrise zu beenden, dann verändern sie die Schuldscheine der Banken, um eine Katastrophe zu verhindern. Nichts anderes hat der Verwalter für sich getan. – Aber Moment einmal! Der Verwalter hat die Schuldscheinänderung für sich getan, die Staaten und die Zentralbanken haben das für das Gemeinwohl getan. Und hier kommen wir wieder zu einem grundlegenden Aspekt der Marktwirtschaft:

Verwandlung Adam Smith versuchte zu zeigen, dass die einzelnen ruhig egoistisch für sich arbeiten können, aber dass das in der Marktwirtschaft jedem zugutekomme. Der Schuster schustert nicht aus Mitgefühl für die Mitmenschen, sondern um Geld zu verdienen und besser leben zu können. Er bemüht sich um gute Produktion und Ergebnisse, weil er in seinem Betrieb Erfolg haben will. Aber das kommt allen zugute. In der Marktwirtschaft geschieht nach Adam Smith also – aufgepasst wieder ein theologischer Begriff – eine Wandlung. In der Messe verwandelt sich Brot in Leib Christi und in der Marktwirtschaft egoistische

Interessen in Gemeinwohl. Wunderbar! – Aber leider geschieht diese Verwandlung in der Marktwirtschaft nicht immer!

Ideen und Anregungen Anstatt von der unsichtbaren Hand des Marktes zu sprechen, gilt es, die Spielregeln immer wieder neu zu überdenken, damit mehr soziale Gerechtigkeit wachse. Und es ist nötig, die individuelle Verantwortung im Marktgeschehen aufzudecken und zu diskutieren. Hier einige Ideen und Anregungen, die ich auch von Hörisch übernommen habe:

1. Glauben wir nicht dem Satz, immense Summen für Spitzenkräfte würden vom Markt verlangt. Vielmehr muss man die kritische Frage stellen, ob man nicht auf dumme Gedanken kommt, wenn man ohne eigenes Risiko, Unternehmen, Staaten und Währungsfonds Risiken zumuten kann. Warum soll ein gescheiterter Bankmanager noch eine Abfindung in Millionenhöhe erhalten?

2. Glauben wir nicht mehr, dass der private Sektor fast alles besser kann als der öffentlich politische Sektor und deshalb die Regulierung angesagt ist. Die letzten Jahre haben gezeigt, dass der private Sektor, gerade der Bankensektor nicht unbedingt besser mit Geld umgehen kann als die öffentliche Hand. Während die öffentlichen Haushalte wirklich in kompetenteren Händen, wenn statt Wolfgang Schäuble Manager wie Jürgen Schrempp oder Thomas Mittelhoff Bundesfinanzminister wären?

3. Glauben wir nicht dem Denken, dass Rückzug des Staates und Ausweitung des freien Marktes immer gut sei. Ist ein privates Securityservice wirklich erstrebenswerter als die gute alte Polizei? Somalia ist eines der liberalsten Staaten weltweit. Frei und gut leben lässt es sich dort nicht, weil der Staat zu schwach ist, um Sicherheit und Ordnung zu schaffen. Wir alle profitieren von öffentlichen Schulen, Universitäten, Rentenversicherung und Sozialhilfe.

4. Ist es nicht ungerecht, dass die Staaten die Banken in der Finanzkrise gerettet haben, weil sie zu wichtig sind im System Marktwirtschaft, aber weiterhin der Vorstand eine Privatbank das

Vielfache verdient im Vergleich zur Bundeskanzlerin oder dem Präsidenten der europäischen Zentralbank? Und dieses Missverhältnis wird noch verdeckt mit dem verzerrenden Mythos, die öffentliche Hand würde verdienstvollen Bürgern mit zu hohen Steuern nur in die Tasche greifen.
5. Wie kann man dieses Missverhältnis zwischen hohen Schulden der öffentlichen Hand und großem Privatvermögen der Reichen verringern? Glauben wir nicht den neoliberalen Priestern, die einen Zusammenhang zwischen beiden leugnen. Deswegen ist das Eleganteste und Preiswerteste, wenn Reiche, also Leute, deren privatem Vermögen so hoch ist, dass ein 20% Verzicht auf dieses Vermögen keinerlei Verzicht bei der Lebensführung mit sich brächte, diese 20 % abtreten müssten. Mittelfristig könnten dann Reiche darauf verzichten, ihre Häuser mit privaten Sicherheitsfirmen zu schützen, ihre Kinder auf teure Privatschulen zu schicken, weil der Staat genug Geld für eine funktionierende Polizei und gute Schulen hat. Das ist viel besser für alle als heftige Inflation, oder radikalen Ausgabenstopp für Sozialausgaben oder der Einstellung des Schuldendienstes oder ein radikaler Währungsschnitt. Eine gleichmäßigere Verteilung des Eigentums ist außerdem die beste Versicherung gegen Krisen auf dem Finanzmarkt.
6. Der Apfel fällt vom Stamm, unabhängig davon ob wir an die Gravitationslehre glauben oder nicht. Aber ich verhalte mich anders, wenn ich an diese oder jene ökonomischen Theorie glaube. Ich wähle vielleicht eine andere Partei oder ich lege mein Geld anders an. Und es gibt genügend Beispiele, dass eine falsche ökonomische Theorie real existierende Volkswirtschaften ruiniert hat. Deswegen bleibt zuletzt die Aufforderung Jesu, mit Klugheit ökonomische Theorien zu bedenken und mit Klugheit in der Marktwirtschaft zu handeln und kritisch Verwalter zu hinterfragen.[78]

Erlassjahr 2000 (25. So C)

Lk 16,1-13
Wir haben heute die so genannte Parabel vom klugen Verwalter gehört. Ein seltsamer Text! Nicht nur beim ersten Hören, sondern sogar die ganzen Wissenschaftler und Theologen haben große Schwierigkeiten, genau anzugeben, welche Botschaft eigentlich dieses Gleichnis uns sagen will.
Will der Text sagen, dass freche Schläue letztlich belohnt wird?
Geht es darum, die materiellen Güter gut und geschickt zu gebrauchen?
Oder geht es letztlich um Rechenschaft nach dem Tod, so dass uns das Gleichnis auffordert, uns auf den Tod und das Gericht vorzubereiten?
Will uns das Gleichnis sagen, dass Risiko und Wagnis zum Evangelium und zur Nachfolge dazugehört?
Oder meint das Gleichnis, dass wir Christen klug, überlegt und geschickt sein sollen?
Unser Gleichnis ist ein schönes Beispiel dafür, dass die Bibel nicht so geschrieben ist wie die Anleitung zu einer Kaffeemaschine. Man kann solche Texte nicht eins zu eins anwenden. Sie müssen interpretiert werden, sie sollen das Denken anregen und damit die innere Haltung und das Handeln aus der Tiefe her verändern. Es hat etwas mit positiven Reichtum zu tun, wenn wir einen Text auf verschiedenen Weise auslegen können.
Also schauen wir uns die Geschichte etwas genauer an: ein reicher Mann hat einen Verwalter für sein Vermögen. Das ist in der Antike nichts Ungewöhnliches. Da gibt es zum Beispiel einen römischen Senator, der sehr viel Land besitzt und dieses Land an Bauern verpachtet hat. Er selbst ist ständig in Rom und kann sich um seine Ländereien nicht kümmern. Deswegen setzt er einen Verwalter ein. Dieser Verwalter verschleudert sein Vermögen. Der reiche Mann erfährt das und fordert von dem Verwalter Rechenschaft. Der Verwalter ist in Gefahr: Wenn er seine Stellung verliert, dann

hat er seine Ehre und sein soziales Ansehen komplett verloren. Betteln oder als Tagelöhner arbeiten will er und kann er auch nicht. Da kommt er auf die Idee, die Schuldscheine seiner Pächter oder seine Händler (das ist nicht angeben) stark zu reduzieren. So schafft er sich unter den Schuldnern Freunde, die nach dem verlorenen Job weiterhelfen können.

Nun gibt es zwei Möglichkeiten: Es war in der Antike üblich, dass der Verwalter nicht nur zum Beispiel 15 Prozent von den Pächtern verlangt hat, die er seinem Herrn weiter gab, sondern noch einmal zum Beispiel 10 Prozent draufschlug, die er für sich behielt. Er verlangte also 25 Prozent vom Ertrag der Ernte und behielt für sich 10 Prozent und gab 15 Prozent an den reichen Herrn ab. Wenn der Verwalter in unserem Gleichnis nun die Schuldscheine reduziert, kann es sein, dass er nur auf den Teil des Geldes verzichtet, den er für sich einbehalten wollte und damit den reichen Herrn gar nicht betrog.

Es kann aber auch sein, dass der Verwalter tatsächlich Urkundenfälschung vollzog und damit den reichen Herrn finanziell schädigte. Das geht aber nicht aus dem Gleichnis klar hervor. Naheliegend ist aber, dass der Verwalter nicht nur auf seinen eigenen Gewinn verzichtete, sondern sogar den Reichtum des reichen Herrn mit der Urkundenfälschung schmälerte.

Dass der Verwalter dann auch noch gelobt wird, ist für brave Bürger wirklich schockierend. Sie werden sagen: eine skandalöse Geschichte! Wie kann Recht und Ordnung in einer Gesellschaft aufrechterhalten werden, wenn das Schule macht! Aber daran müssen wir uns wohl gewöhnen: Jesus will mit seinen Gleichnissen oft provozieren. Und was machen wir nun mit dem Gleichnis?

Anstatt Ihnen einen griffigen Ratschlag vorzulegen, der sozusagen als Botschaft des Gleichnisses gelten soll, möchte ich Ihnen heute als Deutung eine ebenso skandalöse und gleichzeitig geniale Geschichte aus der Wirtschaft erzählen.

Sie wissen alle, dass die Länder der Dritten Welt hoch verschuldet sind. Kirchliche Organisationen und andere Organisationen forderten deswegen von den Ländern der Ersten Welt, dass sie den ärmsten Ländern der Dritten Welt einen großen Teil ihrer Schulden erlassen. Das Stichwort war damals Erlassjahr 2000.
Als ich in Scheinfeld als Pastoralreferent diese Aktion in der Pfarrgemeinde vorstellte, kamen Bedenken von verschiedenen Gemeindemitgliedern: Sind die Länder der Dritten Welt nicht teilweise selbst schuld an ihrer hohen Verschuldung? Haben die Länder der Dritten Welt nicht ihre Kreditwürdigkeit verloren, wenn ihnen nun Schulden erlassen werden?
Natürlich sind die Länder der Dritten Welt teilweise selbst schuld an ihrer hohen Verschuldung. Der ehemalige Chef Volkswirt der Weltbank Josef Stieglitz zeigte jedoch in seinem Buch "Die Schatten der Globalisierung" ganz deutlich, dass auch der internationale Währungsfonds und die Weltbank durch falsche Ratschläge, falsche Auflagen und falsche Politik viele Volkswirtschaften und Staaten in der Dritten Welt in katastrophale Schwierigkeiten gebracht hat.
Das Erlassjahr 2000, eine große Entschuldungskampagne für die Dritte Welt hat auch gewisse Ähnlichkeiten mit dem Verhalten unseres Verwalters. So skandalös beides auf den ersten Blick erscheint, so ist beides auf den zweiten Blick kluges Handeln in einer äußerst schwierigen Situation.
Die Länder der Ersten Welt haben sich auf die Idee des Erlassjahrs 2000 eingelassen und eine Entschuldung vorgenommen. Leider war die Reduzierung der Schulden zu gering.
Haben die Länder der Dritten Welt nun ihre Kreditwürdigkeit verloren? Dagegen muss man deutlich sagen: Viele zerstörte Volkswirtschaften, die die Politik des Internationalen Währungsfonds hervorgebracht hat, sind auch für die Länder der Ersten Welt kein Segen. Zerstörte Volkswirtschaften sind keine guten Handelspartner und zerstörte Nationen bringen Gewalt und Terrorismus hervor.

In diese weltpolitische Situation hinein gestellt entfaltet unser Gleichnis doch eine kreative Sprengkraft! Macht euch Freunde mit Hilfe des ungerechten Mammons. Wer die Geschichte vom Verhältnis zwischen der Ersten und der Dritten Welt kennt, weiß, dass viel Reichtum der Industrienationen ungerecht erworben wurde. Insofern ist eine Aktion wie das Erlassjahr 2000 eine Möglichkeit, wieder mehr Gerechtigkeit in dieser Welt zu schaffen. Das bedeutet aber für uns in der Ersten Welt, auf die volle Zurückzahlung von Schulden zu verzichten und Geld abzugeben.

Über die Weltwirtschaft und soziale Gerechtigkeit (26. So C)

Lk 16, 19-31
In Panama bunkern Superreiche ihr Geld in Scheinfirmen! Für viele zurecht ein Skandal! Insbesondere wenn man den größeren Kontext mitbedenkt:
„Kommen wir aus der Krise?" – so fragte im März 2016 der Wirtschaftsleitartikel in „Die Zeit". Die Notenbanken machen zwar das Geld immer billiger, trotzdem wächst der Wohlstand in vielen entwickelten Volkswirtschaften kaum mehr.
Drei führende Ökonomen analysieren die Lage unterschiedlich und empfehlen auch verschiedene Strategien:
Kenneth Rogoff, Ex-Chefsvolkwirt des IWF empfiehlt die Staatsschulden abzubauen. Denn das Wachstum ist niedrig, weil viele Staaten und Privatleute überschuldet sind und deswegen nicht investieren. Es braucht nach einer Krise normalerweise acht Jahre, bis die Schulden abgebaut sind.
Larry Summers, ehemalige amerikanische Finanzminister, dagegen empfiehlt das Gegenteil: Der Staat sollte mehr Geld ausgeben, notfalls Schulden machen. Die Privatwirtschaft investiert zu wenig.
Robert Gordon dagegen prognostiziert: Die fetten Jahre sind vorbei. Wirtschaftswachstum entstand zwei Mal durch große Erfindungen und industrielle Revolutionen: Durch die Dampfmaschine im 18. Jahrhundert und durch Strom Ende 19. Jahrhundert. Diese zweite Welle der Industrialisierung ging schon in den 70er/80er Jahren zu Ende. Wir müssen uns in den Industrieländern mit Stagnation begnügen.
Als ich diese drei führenden Positionen nebeneinander sah, dachte ich mir: Interessant – das Naheliegendste, das Summers und Gordon verbinden würde, ist nicht im Blick!
Höhere Steuern für Reiche und Superreiche Hochverschuldet sind insbesondere Staaten, dagegen haben die Superreichen so viel

Geld, dass ein Großteil nur zum Spekulieren eingesetzt wird – aber nicht für Konsum oder echten Investitionen, die die Realwirtschaft wachsen lässt. Also warum nicht mit hohen Steuern für die Superreichen noch stärker ihre Verantwortung für das Gemeinwohl einklagen und damit die Staatsschulden reduzieren? Dann können die Staaten auch mit neuen Ausgaben und Förderungen neue Investitionen hervorbringen.

Denn es stimmen doch beide Thesen – die von Summers und die von Rogoff: Es wird einerseits zu viel gespart und zu wenig investiert (siehe Superreiche) – andererseits sind Staaten und ärmere Menschen überschuldet und können deswegen keine neue Investitionsimpulse geben.

Nein! – Staaten sollten sich nicht noch weiter verschulden, während Superreiche immer reicher werden.

Die katholische Soziallehre hat immer das Privateigentum als ein Recht und eine Verantwortung verstanden. Jeder hat Recht auf Privateigentum. Wenn jemand aber viel Privateigentum besitzt, hat er mit diesem Reichtum auch eine Verantwortung für das Gemeinwohl.

Der große Philosoph John Rawls hat in seiner Theorie der Gerechtigkeit das Differenzprinzip stark gemacht: Ja, es ist gerecht, wenn Menschen in einer Nation, in einer Volkswirtschaft bzw. in der Welt unterschiedlich reich sind und unterschiedlich verdienen. Denn diese Unterschiede sind ein berechtigter Anreiz, mehr zu leisten und eine Wertschätzung für alle Fleißigen, Genialen usw. Aber diese Unterschiede sollen so sein, dass sie dem Schwächsten in der Gesamtwirtschaft zugutekommen. Damit begründet er philosophisch, dass die soziale Marktwirtschaft gerechter ist als kommunistische Staaten und gerechter ist als der reine Kapitalismus. In den kommunistischen Staaten besteht kein Anreiz, sich unternehmerisch einzusetzen, um Gewinne zu erwirtschaften. Deswegen ging es den Ärmsten in DDR schlechter als den Ärmsten in der BRD. Gleichzeitig sollen die Unterschiede in Einkommen und Reichtum letztlich auch den Schwächsten

zugutekommen. Den Ärmsten in der BRD ging es ebenso besser als den Ärmsten in USA eines Ronald Reagan!
Fazit: Es ist philosophisch wie theologisch völlig legitim, die Superreichen stärker zu besteuern, um die Staatsschulden zu reduzieren und die Staaten wieder handlungsfähiger zu machen!
Warum hatte Donald Trump im Wahlkampf so viel Erfolg? Er konnte eine große Unzufriedenheit der mittelständischen und ärmeren Republikaner aufgreifen. Über dreißig Jahre seit Ronald Reagan versprechen die Republikaner: Der Staat soll durch wenig Steuern und Regulierung die Wirtschaft fördern und der Reichtum wird dann nach unten durchsickern. Inzwischen merkte jeder klar oder dumpf, dass diese Prophezeiung nicht eintrat. Aber anstatt die Unzufriedenheit auf das wesentliche Problem zu lenken, machte sich Trump zum Sprachrohr dieser Unzufriedenheit und richtete sie gegen „Feinde": Die Muslime, die Mexikaner, die nach USA illegal einwandern usw.
Das Gleiche versucht die AfD. Viele in Deutschland merken, dass es gerechter und sozialer zugehen könnte. Die Vermögen konzentrieren sich bei wenigen und die Hartz IV Empfänger bleiben unzufrieden. So richtet die AfD die Unzufriedenheit auf die Ausländer, Muslime, Flüchtlinge! Wir können heilfroh sein, dass die Arbeitslosigkeit in Deutschland gering ist! Sonst würde die AfD noch mehr Stimmen bekommen.
An diesen Beispielen wird deutlich: Eine zu große Schere zwischen Arm und Reich ist nicht nur ungerecht sondern bedroht unsere Demokratien und unseren sozialen Frieden. Wir haben nach der Weltwirtschaftskrise 1929 mit Nazi-Deutschland in extremen Maße gesehen, welche Potentiale an Wut und Frust von Demagogen in zerstörerische Richtungen gelenkt werden können.
Eliten in Deutschland entfernen sich immer mehr von anderen Schichten Nun gibt es eine Faustregel, die sich bei verschiedensten soziologischen Untersuchungen bestätigt hat: Je exklusiver und homogener die Eliten sind, desto stärker sind die Vermögensunterschiede. Wenn in einem Land die politischen und

wirtschaftlichen Eliten großteils immer aus den gleichen Familien kommen, dann bereichern sich die Superreichen des Landes immer mehr und verlieren immer mehr die Verbindung zur Bevölkerung bzw. Mittelschicht.

Genau diese Entwicklung hat in den letzten 20 Jahren auch in Deutschland stattgefunden. Gerade die Wirtschaftseliten kommen immer mehr aus denselben Familien.

Auch das ist nicht gerecht! John Rawls betont außerdem in seinem Differenzprinzip: Soziale und wirtschaftliche Ungleichheiten müssen folgendermaßen beschaffen sein: b) sie müssen mit Ämtern und Positionen verbunden sein, die allen gemäß fairer Chanzengleichheit offen stehen.[79] Formal und von Rechtswegen ist das bei uns so, aber de facto sind unsere Eliten, besonders die Wirtschaftseliten zu sehr abgeschottet. Ich habe keine Lösungsstrategie, wie diese Entwicklung umgewendet werden kann. Aber es ist eine Herausforderung der Politik: Die Reichen und Eliten durch höhere Steuern zu mehr Verantwortung mit ihrem Kapital zu führen, die Aufstiegschancen zu vergrößern und Steuerschlupflöcher immer mehr zu schließen.

Die europäische Zentralbank hat ihren Zinssatz auf Null Prozent gesenkt. Sie will die Investitionen damit fördern. Die Kleinsparer dagegen sind frustriert, weil konservatives Sparen nicht mehr attraktiv ist. Das Geld der Superreichen, das beim Spekulieren eingesetzt wird, wird nicht zum Investieren benutzt. Auch hier können wir die Vermutung äußern: Wären die Staaten nicht so hoch verschuldet, könnten sie mehr Investitionsimpulse geben – und die EZB bräuchte nicht so stark die Zinsen senken.

Zuletzt ein Wort zu Robert Gordon: **Sind wirklich die großen Revolutionen vorüber?** Ich halte diese Prognose für anmaßend. Keiner konnte jemals so genau die Zukunft vorhersehen. Ich vermute eher etwas anderes: Die große Herausforderung der Menschheit, der Klimawandel, hat auch das Potential, viele Wissenschaftler anzutreiben, Neues, Revolutionäres zu entdecken.

Neue Formen der Energiegewinnung und Energiespeicherung. Neue Möglichkeiten von Recycling und Wiederverwertung usw. Und da wäre ich wieder bei dem Thema Gerechtigkeit: Die Reichen und Superreichen haben eine Verantwortung, einerseits solche Forschungen selber zu fördern oder andererseits durch Steuern den Staat mehr zu ermöglichen, dass er solche Innovationen fördert.

Widersprüche als Motoren der Geschichte, Widersprüche und Chancen in Religionen (29. So A)

Mt 22,15-21
Wie man´s macht, macht man´s falsch! Den Spruch kennen wir! Er passt auch zu der verflixten Situation Jesu: Wenn er sagt, man soll Steuern zahlen, passt er sich den Römern an, die das Land besetzt haben. Wenn er sagt, man soll keine Steuern zahlen, kann man ihn als Aufrührer anschwärzen.
Menschen geraten immer wieder in solche Zwickmühlen. Sie stehen zwischen zwei Parteien, die sich bekämpfen, oder zwischen zwei Werten, die gegensätzlich sind, oder zwischen zwei Regeln, die sich widersprechen.
Manchmal finden Menschen in solchen Situationen geniale Lösungen, wie Jesus in unserem Evangelium heute. Manchmal schlagen sie sich auf eine Seite. Oder sie werden in dem Konflikt zerrieben.
Jedenfalls das erkannte besonders der Philosoph Hegel: Solche Widersprüche und Gegensätze treiben die menschliche Geschichte an. Er machte daraus seine dialektische Geschichtsphilosophie. Auch heutige Denker wie der Universalhistoriker Harari in seinem Buch „Eine kurze Geschichte der Menschheit" entdecken solche Widersprüche als Motoren für geschichtliche Entwicklungen. Aus einigen Beispielen können wir viel lernen:
Widersprüche im Mittelalter Im Mittelalter waren Menschen zwischen zwei Welten hin und her gerissen: das Christentum und die Ritterwelt. In der Kirche hörte ein junger Adliger: „Reichtum, Lust und Ehre sind Versuchungen. Lasse es los und folge Jesus nach. Meide Gewalt und allen Luxus." Abends legt er seine Seidengewänder an und nimmt an einem rauschenden Fest teil. Bei Wein lauscht er blutigen Anekdoten von Rittern aus den letzten Kriegen.

Harari schreibt treffend: „Dieser Widerspruch ließ sich nie auflösen. Doch die dauernden Versuche von Adeligen, Priestern und Gläubigen, ihn zu beseitigen, bewirkten unaufhörliche Veränderungen. Die Kreuzfahrerbewegung war beispielsweise einer der Versuche, diesen Gegensatz zu überwinden. Auf dem Kreuzzug konnten die Ritter auf einen Streich ihren Heldenmut *und* ihre Frömmigkeit unter Beweis stellen."[80] Aber diese Synthese war eine faule, brachte sie doch immenses Leid.

Widersprüche der Neuzeit Spätestens seit der Französischen Revolution prägt ein anderer Widerspruch die politische Ordnung: Freiheit versus Gleichheit. „Gleichheit lässt sich nur erreichen, wenn die Freiheit der Bessergestellten beschnitten wird. Und wenn jeder unbegrenzte Freiheit hat, dann geht das auf Kosten der Gleichheit. Die gesamte politische Geschichte seit 1789 lässt sich als der Versuch verstehen, diesen Widerspruch aufzulösen."[81] Die totale Betonung der Gleichheit führte in den Straßengraben des totalitären Kommunismus. Die Überbetonung der Freiheit führte immer wieder zu Exzessen des Kapitalismus und extremen Ungleichheiten zwischen arm und reich. Die soziale Marktwirtschaft versucht einen Mittelweg.

Aber die Spannung zwischen Freiheit und Gleichheit kann nicht gelöst werden, sie muss vielmehr immer neu gestaltet werden. Solche Widersprüche sind „der Motor der Geschichte und machen unsere Art so kreativ und dynamisch, wie sie ist."[82]

Ja es gehört zu einer Kultur, dass sie widersprechende Vorstellungen und Werte, Ungereimtheiten und Spannungen enthält. Harari empfiehlt sogar, nach den Widersprüchen einer Kultur, einer Epoche oder einer Religion zu suchen, weil sie wesentlicher Schlüssel sind, um die Kultur, die Epoche oder die Religion zu verstehen.[83]

Und so komme ich zur spannenden Frage: **In welchen Widersprüchen stecken wir Christen heute?** Wir müssen nicht mehr uns fragen: Kann ein Christ ein Ritter sein oder kann ein

Ritter ein Christ sein? Welche Spannungen prägen unser Christsein heute?

Ich fange mit kleineren Ungereimtheiten an: Viele katholische Pfarrer geben evangelischen Christen und Wiederverheirateten die Kommunion, obwohl das kirchenrechtlich nicht erlaubt ist, pastoral aber sinnvoll ist. Fast kein Katholik hält sich an die Sexualmoral der katholischen Kirche. Diese Lehre ist so weit vom heutigen Verständnis und der heutigen Lebenswelt entfernt, dass sie von fast allen Katholiken einfach als untauglich ad acta gelegt wird.

Aber Christen müssen noch unter viel größeren Ungereimtheiten leiden. Ken Wilber beschreibt in seinem Buch „Integrale Spiritualität", dass viele junge Christen in USA in einer heftigen kognitiven Dissonanz gefangen sind: Einerseits sagen die meisten von ihnen in Umfragen, Spiritualität und Religion sei in ihrem Leben wichtig, drei von vier beten sogar regelmäßig. Aber in der Universität können sie mit ihren Professoren nicht über ihren Glauben sprechen. Wie eine Untersuchung zeigte verstecken die meisten Studenten ihre Religiosität: Sie beten quasi im Schrank![84] Ähnlich wie Adlige im Mittelalter leben sie in zwei Welten. In vielen evangelikalen Kirchen der USA hören die jungen Menschen, dass die Welt in 7 Tagen erschaffen wurde und die Evolutionslehre nicht mit dem Christentum vereinbar sei. Dass die Menschen Gottes Gebote brachen und deswegen Jesus am Kreuz für alle Gesetzesbrüche der Menschen sterben musste. Und in der Universität bekommen sie die neusten wissenschaftlichen Ergebnisse in Physik, Chemie oder Biologie präsentiert oder lernen kritische Analysemethoden von Texten bei Historikern, Literaturwissenschaftlern oder Philosophen.

Was die meisten aber leider weder in ihren Kirchen noch an den Universitäten kennenlernen ist: eine aufgeklärte Theologie, eine Spiritualität, die die Vernunftkritik der Religion verarbeitet hat und für heutige Menschen, die modern geprägt sind, passend ist.

So eine aufgeklärte Theologie und so eine moderne Spiritualität gibt es. Aber sie wird in den Gottesdiensten zu wenig gepredigt. Die meisten Menschen trauern den Kirchen nicht zu, dass sie solche moderne Spiritualitäten anbieten.
Was haben die Menschen für Möglichkeiten, wenn sie nicht wissen, dass es aufgeklärte Theologie und moderne Spiritualität im Christentum gibt?
Entweder sie legen die Religion ad acta. Dafür müssen sie ihre religiösen Bedürfnisse und Sehnsüchte unterdrücken. Sie werden areligiös, atheistisch. Kein Kontakt mehr mit Kirchen, höchstens an Weihnachten aus Brauchtumsgründen. Oder sie versuchen woanders ihre spirituellen Sehnsüchte zu befriedigen: buddhistische Meditationskurse oder Yogakurse oder moderne spirituelle Lehrer wie Eckhart Tolle sind noch bessere Wege. Viele verfallen aber auch irrationalen esoterischen Angeboten und Sekten.
Oder sie lehnen die moderne Welt ab und werden fundamentalistisch-christlich. Die Bibel muss wörtlich ausgelegt werden oder im katholischen Bereich sucht man die lateinische Messe auf. Oder sie leben irgendwie in beiden Welten, ohne recht beide verbinden zu können.
Oder sie entdecken, dass es aufgeklärte Theologie und moderne Spiritualität im Christentum gibt.
Aufgrund dieser Analyse wird auch deutlicher, wie die Terrorbewegung islamischer Staat zu verstehen ist: Auf der einen Seite verhalten sie sich so brutal wie in den Actionfilmen aus Hollywood. Sie benutzen moderne Waffen und verbreiten ihre Erfolge via Internet. Auf der anderen Seite leben sie eine unaufgeklärte, aggressive, vormoderne Version des Islam aus. Sie lehnen die moderne Welt als dekadent ab. Wenn sie aber das Paradies beschreiben, in dem der Märtyrer 70 Frauen unverschleiert genießen darf, dann erinnert dies eher an die Promiwelt des dekadenten Hollywoods.

Ihre Synthese von moderner Welt und islamischer Religion ist genauso faul und zerstörerisch wie im Mittelalter die Synthese aus Ritterdasein und Christentum bei den Kreuzrittern.
Das Dilemma im Christentum entstand in der Aufklärung. Das Christentum wurde als einengende, unterdrückerische, gewalttätige Religion wahrgenommen, so dass Aufklärer wie Voltaire oder Kant oder Feuerbach Kirche und christlichen Glauben mehr oder weniger ablehnten. Übrig blieb für einen aufgeklärten Menschen meistens nur noch Wissenschaft, Ethik und Kunst – aber nicht mehr Religion und Spiritualität.
Und die Theologen fanden erst später langsam Wege, Theologie und Spiritualität durch die Dunkelheit des Atheismus und der Religionskritik hindurchzuführen zu einer modernen, vernunfttauglichen, aufgeklärten Theologie und Spiritualität.
Was gilt es heute zu tun? Genau die Vielfalt unserer Religion zu präsentieren und zeigen, dass es eine aufgeklärte Theologie und eine moderne integrale Spiritualität auch im Christentum gibt.
Denn ein Kind entwickelt sich wie die Menschheit in seinen Bewusstseinsstufen:
Ein Kleinkind denkt magisch, wie die Jäger und Sammler.
Ein Kind kämpft in seiner Heldenwelt wie Odysseus in seiner mythischen Welt.
Irgendwann entsteht eine konventionelle Welt mit ihren Regeln. So wie ein Königtum geordnet ist.
Dann aber hinterfragt ein junger Erwachsener die Konventionen und staatlichen Hierarchien, wie die Aufklärer im 17. Und 18. Jahrhundert.
Und er kann sich dann zu einem modernen Menschen weiter entwickeln, der pluralistisch und integral denken kann.
Ken Wilber stellt eine steile und wichtige These auf: **Allein die Religion beinhaltet all diese Bewusstseinsstufen und Entwicklungen und kann deswegen Menschen in ihrer Entwicklung auf diesen Stufen fördern.**[85]

Ein Kind kann mit der Weihnachtsgeschichte ihre magische Kinderwelt ausleben.
Ein Jugendlicher kann mit Jesus rebellieren.
Ein junger Erwachsener findet in der Botschaft Jesu Halt und Orientierung.
Er kann aber auch Ordnungen mit Jesus kritisch hinterfragen.
Ein pluralistisch denkender Mensch kann einen Glauben zu einem kosmischen Christus entwickeln.
In den Naturwissenschaften wird der moderne Standard gelehrt, kein Rückblick in mythische oder archaische Anfänge der Naturforschung. Allein die Religion beinhaltet all diese Bewusstseinsstufen und Entwicklungen und kann deswegen Menschen fördern in ihrer Entwicklung auf diesen Stufen. Und Menschen beginnen als Kleinkind mit der untersten Bewusstseinsstufe. Wenn sie mit Religion aufwachsen, können sie sich weiter entwickeln. Aber nur wenn die Kirchen kritisches Hinterfragen, kritische Vernunft zulassen und die Menschen in ihren Glaubensprozessen begleiten und ihnen auch eine aufgeklärte Theologie und eine moderne integrale Spiritualität anbieten.

Fünf Lehren aus dem I. Weltkrieg (29.So B)

Mk 10, 35-45

Können wir aus der Geschichte lernen? Diese Frage drängt sich auf, wenn wir uns zweierlei bewusst vor Augen führen. Vor gut hundert Jahren begann der I. Weltkrieg. Dieser Krieg hat auf erschreckende Weise das 20. Jahrhundert eröffnet. Und heute brechen überall neue kriegerische Konflikte auf: Syriens nicht endender Bürgerkrieg, ein neuer Gottesstaat und Verfolgung von Christen und Jesiden im Nordirak… Ja erschreckend – viele Menschen auf dieser Erde müssen wieder Krieg erleiden!

Und so werden alle Menschen in Verantwortung, insbesondere alle Politiker und leitende Militärs durch diese Ereignisse doch zu dieser Frage provoziert: **Können wir aus der Geschichte lernen?** – Damit mehr Friede entstehe unter den Menschen…

Der Rückblick auf den I. Weltkrieg bietet sich nicht nur an, weil der Beginn des „Großen Krieges" 100 Jahre her ist, sondern weil die Konstellationen von damals den heutigen mehr ähneln als noch vor 30 oder 50 Jahren. Heute ist die Lage ähnlich unübersichtlich und hochkomplex. In der Nachkriegszeit bis zum Mauerfall war die Weltpolitik durch den Widerstreit zweier Großmächte und ihrer Verbündeten bestimmt: West gegen Ost, USA und Westeuropa gegen Russland und die kommunistischen Staaten. Das war eigentlich übersichtlich.

Vor dem I. Weltkrieg gab es dagegen fünf bis sechs Großmächte und mehrere Nebenmächte: Britannien, Frankreich, Deutschland, Österreich, Russland, USA, das osmanische Reich, Italien, ein aufstrebendes Serbien. Alle Staaten handelten autonom. Die Konstellationen waren so komplex und unübersichtlich, dass der Historiker Christopher Clarke zum Urteil kam: Wie es zum I. Weltkrieg kam, ist vielleicht das bislang komplexeste Ereignis aller Zeiten. Die Entscheidungsträger damals konnten nicht alles überblicken, weil die Zusammenhänge, Wechselwirkungen zu vielfältig und zu unübersichtlich waren.

Ja – das ist die Moderne: Wir merken ja auch heute an so vielen Probleme, vom Klimawandel über die Krisen im Finanzweltsystem und den verschiedenen Problemen der Entwicklungsländern bis zu den verschiedenen Kriegen heutiger Zeit, dass die Herausforderungen so komplex sind, dass man nicht mit einfachen Erklärungen ihnen gerecht wird. Man muss mit Unwägbarkeiten heute Entscheidungen treffen.

Das wäre eine **erste Lehre**: Sei skeptisch gegenüber Leuten, die dir alles klar und übersichtlich erklären und klar wissen, was zu tun ist. In so hochkomplexen Situationen sollten sich alle Verantwortliche ihrer Portion Unwissenheit bewusst sein und nicht meinen, sie wüssten die eine, einzig gute Lösung.

Die Unübersichtlichkeit und Unberechenbarkeit steigert sich außerdem noch mal im Krieg selbst. Der Politikwissenschaftler Herfried Münkler nennt das die Paradoxien im Krieg: Der Krieg ist ein Meister der Paradoxien. Das, was man beabsichtigt, tritt nicht ein, vielmehr das Gegenteil. In Friedenszeiten gibt es genügend kontinuierliche Rahmenbedingungen, so dass wir z. B. als Unternehmer oder Politiker längerfristige Konzepte und Planungen entwickeln können. Das gilt aber nicht im Krieg. Auch heute nicht! – Die Militärs damals sagten sich vor dem Ausbruch des I. Weltkriegs: Wir haben jetzt alles viel besser im Griff. Denn wir haben ja jetzt das Telefon. Wenn an einer Frontseite sich etwas Wichtiges ereignet, können wir sofort darauf reagieren. Wir haben jetzt viel bessere Technik. So dachte man, sei das Nicht-Kalkulierbare reduziert. Sie mögen nun lächeln. Aber denken heute nicht viele Militärs ähnlich? Wir haben jetzt Drohnen und Satelliten, wir können damit gezielt ausspähen und Feinde eliminieren. Jedoch schon der Konflikt zwischen den Israelis und der Hamas zeigt, dass diese vermeintliche Kontrollierbarkeit auch heute nicht gegeben ist.

Also die **zweite Lehre**: Auch Fortschritte in der Technik werden das Chaotische und Paradoxe von Kriegen nicht beseitigen! Skepsis gegenüber allen, die sagen: Wir haben das im Griff!

Erschreckend zeigt sich das im I. Weltkrieg: Am Anfang gingen die deutschen Soldaten wie im 19. Jahrhundert mit Pickelhaube, Fahne, Trommler und siegesgewiss in den Krieg. Aber in den 4 Jahren werden die Soldaten zu ausgeglühten Kämpfer. Sie verändern ihre Ausrüstung: Stahlhelme und Gasmasken drücken schon symbolisch die erschreckende unberechenbare Gewalt des Krieges aus.

Am Anfang des I. Weltkrieges wusste keiner wirklich, wohin er die Welt führen würde: „Trotz der zahlreichen Warnungen vor den ungeheuren Dimensionen eines modernen Krieges war die fortschreitende Eskalation der kommenden Monate und Jahre – von dem Materialschlachten bis zum Gaskrieg, von der Hungerblockade bis zum uneingeschränkten U-Boot Krieg, vom Zerfall der Donaumonarchie bis zu den Revolutionen in Russland – für die Mehrheit noch nicht absehbar."[86]

Schon zu Beginn des Krieges folgten die Deutschen nicht der Einsicht des großen Militärtheoretikers Clausewitz, dass der Krieg sich nicht planen lässt und immer wieder Unvorhergesehenes zeitigt. Stattdessen folgte der Generalstabschef von Moltke dem Plan seines Vorgängers Alfred von Schlieffen. Er sah vor, innerhalb von vier Wochen über das neutrale Belgien nach Frankreich einzubrechen. Minutiös hatte er diesen Angriff auf Paris vom Westen her entworfen. Was lief alles schief? Die Belgier wehrten sich gegen den Durchmarsch durch ihr Land und die Deutschen erschossen massenhaft belgische Zivilisten. Die internationale Presse war entsetzt, dass Deutschland seine Garantie von 1839, dass es die belgische Neutralität achte, gebrochen hatte. Die militärische Führung ignorierte das Nachschubproblem, so dass die Truppen ihre Ziele in einem Zustand der Erschöpfung erreichten. Die Marne-Schlacht im September 1914 verloren die Deutschen, weil sie die Franzosen unterschätzen und ungeordnet flüchtende Franzosen verfolgten.[87]

Eines der großen Rätsel des I. Weltkrieges: Warum hatten die Politiker und Militärs nicht den Mut, diesen zerstörerischen Krieg, der auf allen Seiten nur Verluste brachte, früher zu beenden? „Warum etwa haben die Deutschen nach dem Scheitern ihrer Offensive gegen Frankreich nicht schon im September 1914 alles unternommen, um den Krieg so schnell wie möglich zu beenden, und warum haben Franzosen Briten und Italiener, nachdem ihre eigenen Angriffsoperationen ein ums andere Mal stecken blieben, daraus immer nur die Konsequenz gezogen, dass umgehend die nächste Offensive vorbereitet werden müsse?"[88] Wie Jesus warnte: Die Mächtigen missbrauchen die Macht über die Menschen. Mk 10,42. „Es gehört zu den bemerkenswerten Paradoxien jener geschichtlichen Augenblicke, in denen so viel physischer Mut für Kampfhandlungen aufgebracht wird, dass der moralische Mut für Initiativen, die sich gegen den Strom der Ereignisse stemmen und ihn aufzuhalten versuchen, überaus gering ist oder gänzlich fehlt. Und es hätte sicherlich Mut dazu gehört, in dieser Situation offen einzugestehen, dass all die Leiden vergeblich gewesen waren. [...] Der Krieg wurde somit auch darum weitergeführt, weil sich die Politiker vor Auseinandersetzungen im Innern fürchteten."[89]

Dritte Lehre für alle Politiker: Folge im Krieg nicht immer der Lebensregel: Was man anfängt, muss man auch zu Ende bringen. Habe Mut, ein gescheitertes Unternehmen vorzeitig zu beenden.

Warum beendeten die Mächte nicht früher den Krieg? Vielleicht auch, weil sie dem Denken verhaftet waren, dass der Kuchen nur einmal aufgeteilt werden kann und dass es Ziel ist, mehr von dem Kuchen zu bekommen als vorher. So stellt man sich ja auch einen klassischen Krieg vor: Der Sieger kann dem Verlierer ein Stück Land wegnehmen, Reparationszahlungen verlangen usw.

Aber im und durch den I. Weltkrieg haben alle verloren. Nur in Friedenszeiten mit Handel und Kooperation wächst der Kuchen, so dass mehr für alle da ist. Nach dem I. Weltkrieg war der aufzuteilende Kuchen zum Großteil verbrannt – um im Bild zu bleiben. Das wäre eine **vierte Lehre**, die man aus der Tragik des Großen Krieges ziehen sollte. – Wer ist heute dem Kuchen-Aufteil-Denken verhaftet?

Erstaunlicherweise wusste Deutschland im August 1914 noch am Wenigsten, was es von einem Krieg erhoffte. Die Franzosen wollten Elsaß-Lothringen zurückerobern, Russland wollte mehr Zugänge zum Meer gewinnen. Aber Deutschland? Diese Lücke für einen nachvollziehbaren Grund füllten die Intellektuellen, die den Krieg als reinigendes Gewitter ansahen. Sowohl Pfarrer in Kriegspredigten als auch große Philosophen, Soziologen und Literaten wie Simmel oder Scheler beschworen die reinigende Wirkung des Krieges: Er würde die Deutschen vom moralischen Verfall der dekadenten Zeit befreien, die Anbetung des Geldes und die Ausbreitung des englischen Kapitalismus beenden und die Arbeiter wieder in die Kirche und nicht in die SPD bringen und zuletzt das sozial zerrissene Deutschland wieder einigen. Der Krieg sei der heilende Ernstfall des Menschen.[90]

Wie hat Hannah Arendt einmal gemeint? „Das absolut Gute im Zusammenleben der Menschen erweist sich kaum weniger gefährlich als das absolut Böse". **Fünfte Lehre**: Misstraue dem überschwänglichen Pathos, der das absolut Gute erreichen möchte! Besonders wenn es durch Krieg erreicht werden soll. Wir mögen vor dieser Gefahr zurzeit geheilt sein. Aber die Dschihadisten möchten einen Islamischen Staat, ein Kalifat in Syrien und Nordirak errichten. Sie ermorden und verfolgen Christen und Jesiden.

In Medellin haben die lateinamerikanischen Bischöfe wertvolle Sätze gesprochen, die unsere Einsichten zum I. Weltkrieg zusammenfassen: „Der Friede ist eine dauerhafte Aufgabe. Den Frieden findet man nicht, man errichtet ihn. Der Christ ist Baumeister des Friedens."[91] Konrad Adenauer und Charles de Gaulle waren solche Baumeister des Friedens. Solche Baumeister des Friedens brauchen heute besonders die Menschen im Nahen Osten!

Frank Richter wagt das Gespräch (31. So C)

Lk 19,1-10
Jesus wagt es, Zachäus anzusprechen. Mit diesem Zachäus will eigentlich keiner was zu tun haben. Die anderen meiden den Kontakt mit ich, sprechen nicht mit ihm. Aber Jesus besucht ihn sogar zuhause. Jesus wagt das Gespräch!
Frank Richter spricht einen Polizisten an. Frank Richter, 1960 in der Nähe von Dresden geboren, aufgewachsen im katholischen Milieu, ließ sich 1986 zum Priester weihen. 1989 war er Jugendseelsorger an der Hofkirche in Dresden, die zentrale katholische Kirche in Dresden. Im Herbst 1989 begannen auch in Dresden Demonstrationen! Am Anfang greift die Polizei gewalttätig ein und nimmt Verhaftungen vor.
Am 8. Oktober ist der Priester Frank Richter ziemlich weit vorne bei der Demonstration dabei. Sie werden eingekesselt, mehrere Hunderte, vielleicht auch mehrere Tausende Demonstranten sind von Polizisten umringt. Es besteht die Gefahr, verprügelt und abtransportiert zu werden. Er hat sich vorgenommen, mit einem befreundeten Kaplan, einen Polizisten anzureden. So wie Jesus seine Jünger zu zweit aussendet, so will er dies auch zu zweit tun. Er wagte, was vorher keiner wagte: Einen Polizisten ansprechen, so undenkbar wie ein Oberzöllner zur Zeit Jesu ansprechen!
Er suchte sich einen jüngeren, offen aussehenden Polizisten aus. Er sprach dann sogar mit dem Einsatzleiter. Dieser hatte einen offenen Gesichtsausdruck.
In dem kurzen Dialog sagte Frank Richter zum Polizisten: „Ich bin sehr sicher, Sie wollen keine Gewalt. Und ich bin mir sicher, die Leute, die Sie gerade eingekesselt haben, wollen auch keine Gewalt. Dann lassen Sie uns doch miteinander reden. Gehen Sie und telefonieren Sie mit dem Oberbürgermeister. Der soll hierher kommen. Und ich rede solange mit den Demonstranten." Und es geschah: der Polizist und Einsatzleiter hat darauf spontan ja gesagt.

Frank Richter sprach dann mit den Demonstranten. Er stellte sich auf den Springbrunnenrand. Wie er zu reden begann, hörte plötzlich der Springbrunnen auf und es gab tosenden Applaus. Noch am Abend selbst sammelte eine Repräsentantengruppe die Forderungen der Menge: Als Richter die Menge fragte, kam als erstes Reisefreiheit. Dann: Wahlfreiheit. Demonstrationsfreiheit. Pressefreiheit. Freilassung politischer Häftlinge. Und friedlicher Dialog in unserer politischen Gesellschaft. Die Menge forderte ein Zeichen des guten Willens auf Seiten der Polizisten. Da geschah ein zweites Wunder: Die Polizisten legten die Schilde auf den Boden. Frank Richter erlebte diesen Abend immer mehr als rauschhaft und unwirklich. Er dachte: Wir spielen mal in der DDR Demokratie! Im bayrischen Rundfunk in der Sendung „katholische Welt" sagte er rückblickend zu diesen Ereignissen: Ich habe 1989 erfahren, dass ein Staat sang und klanglos zu Grunde gehen kann. Dass alle menschlichen Entwürfe und politischen Systeme und Ideologien nicht ewig sind. Alle Wirtschaftskonstrukte vergänglich sind. Dass aber das Menschliche, das Christliche und das vom Heiligen Geist Getragene nicht vergänglich ist. Das sind die entscheidenden Werte! Das habe ich erfahren!

2005 legte er sein Priesteramt wegen der Liebe zu einer Frau nieder und wurde Direktor der sächsischen Landeszentrale für politisch Bildung. Was er 1989 gelernt hatte, konnte er nun auch in seiner neuen Position in anderen Kontexten erleben: Wo eigentlich viele glauben, mit denen kann man nicht reden, mit den Zöllnern, mit den Polizisten, mit den Pegida-Leuten, da wagt er erneut das Gespräch.

Wie den 13. Februar begehen? Der 13. Februar ist der Gedenktag der Bombardierung und Zerstörung der Stadt Dresden im Jahr 1945. Rechtsextreme entdeckten den Tag und die Stadt als Demonstrationsgelegenheit. Mehrere Jahre instrumentalisierten Rechtsextreme den Jahrestag der Bombardierung der Stadt für ihre Propaganda. Gegendemos, Gewalt und Ausschreitungen waren besonders 2011 die Folge. Seit Jahren stritten sich die Demokraten

über den angemessenen Umgang. Die Neonazis blockieren? Ausschließlich ein ruhiges Gedenken? Bis 2011 fand sich keine gemeinsame Form der Auseinandersetzung mit den Rechtsextremen.
Nach den Ausschreitungen 2011 bat Dresdens amtierender Oberbürgermeister, Dirk Hilbert, die Landeszentrale um die Moderation der Arbeitsgruppe „13. Februar". Ziele waren die gemeinsame Gestaltung des 13. Februar 2012, um den rechtsextremistischen Missbrauchs des Tages und die gewalttätigen Auseinandersetzungen zu vermeiden.
Frank Richter und seine Mitarbeiter versammelten 25 Gruppierungen an einen runden Tisch. Sie merkten schnell: Alle reden politisch korrekt, aber nicht wirklich offen. So entschlossen sie sich 25 Einzelgespräche mit den einzelnen Gruppen zu führen. Was könnt ihr mit den anderen, was nicht?
In dem dann zusammen erarbeiteten Konsenspapier stand der entscheidender Satz: Es stört uns, wenn der Eindruck entsteht, dass die Art und Weise, wie die anderen mit dem Gedenktag umgehen, moralisch höher sei, als die Art und Weise, wie wir mit dem 13. Februar umgehen.
Diesen Satz haben alle sofort unterschrieben. Alle litten darunter, dass der Eindruck da war, die anderen hielten sich für was Besseres. Als das für alle klar war und alle akzeptiert hatten, gab es plötzlich eine moralische Basis: Wir dürfen im Gespräch dem anderen nicht den guten Willen absprechen. Die Arbeit des runden Tisches mit den Gruppierungen hatte Erfolg. Seitdem ist es friedlich am Gedenktag!
Frank Richter kam der Gedanke: Das ist kein Dresdner Problem. Politische Gespräche sind auch woanders blockiert, weil Beteiligte nicht miteinander können, sich nicht verstehen. Anders formuliert: Mit dem Oberzöllner rede ich nicht, mit dem will ich nichts zu tun haben! Das verhindert vielerorts Gespräche und damit Prozesse.

Aber Frank Richter betont immer wieder, weil er es oft genug erfahren hat: **Kommunikation kann schief gehen. Nicht-Kommunikation wird schief geht!**
Das erlebte er auch, als er sich mit seinen Mitarbeitern von der Landeszentrale für politische Bildung vornahm, mit Pegida-Demonstranten ins Gespräch zu kommen.
Pegida bestand in den Anfängen keinesfalls nur aus Neonazis oder Rechtsextremisten oder Islam Feinde. Viele Demonstranten gingen auch zu den Pegida-Demonstrationen, weil sie allgemein ihren Frust über die Politik Ausdruck verleihen wollten.
Im Januar 2015 gingen 25 000 Demonstranten am Montag auf die Straße. Die Landeszentrale für politische Bildung und andere Verantwortliche erkannten: Wir müssen ins Gespräch kommen mit diesen Menschen. Jeden Montag versammeln sich Demonstranten und es werden immer mehr, bis zu 25.000, die mit unserer gesellschaftlichen und politischen Ordnung grundsätzlich nicht einverstanden sind.
Frank Richter veranstaltete deswegen schon im Dezember 2014 eine Abendveranstaltung mit dem Titel: Wie verteidigen wir das Abendland? Er wählte bewusst diesen Titel, so dass Pegida-Leute gelockt werden konnten. Es kamen sowohl Pegida-Leute als auch Gegner. Es wurde in kürzester Zeit klar! Es besteht ein riesiges Gesprächsbedürfnis.
Die Palette der Themen war breit: Zum Beispiel das Gefühl, dass die Politik über unsere Köpfe hinweg regiert. Beklagt wurde, dass der Wunsch nach Mitsprache bei der Verteilung von Flüchtlingen auf die Kommunen als Ausländerfeindlichkeit beschimpft wird.
Dann kam der grundsätzliche Frust hoch: Die Politik regiert sowieso nicht. Eigentlich regieren die Finanzmärkte die Welt. Und die Politik bekommt die Probleme nicht völlig in den Griff: siehe Finanzkrise und danach Griechenland-Krise.
Auch das Desaster im Nahen Osten kam hoch: Gibt es nicht einen Zusammenhang zwischen deutschen Waffenlieferungen nach Saudi-Arabien, dem Ausbrechen der Kriege im Nahen Osten und

nun den Flüchtlingsströmen nach Europa? Warum muss Deutschland Panzer nach Saudi-Arabien exportieren? Sind es nicht die USA gewesen, die mit ihren Kriegen dazu beigetragen hat, dass ganze Staaten zerfallen, dass sich die Terror Milizen breitmachen? Sollten da nicht die Menschen, die jetzt vor den Terror Milizen flüchten, in die USA geschickt werden?
Und auch die Globalisierung war Thema: Warum muss TTIP kommen und warum muss es geheim verhandelt werden? Solche Gedanken und Zusammenhänge machten sich die Menschen. Am Anfang von Pegida stand eine größere Palette von auch nachvollziehbaren politischen Fragen. Fragen, die manchmal gar nicht oder oft nicht einfach beantwortet werden konnten.
Die Zahl der Pegida-Demonstranten sank in den folgenden Monaten von 25 000 auf ca. 3 000. Währenddessen haben die Pegida-Demonstranten sich radikalisiert und konzentrierten sich auf zwei Themen: Ressentiments gegenüber dem Islam und Kritik an der deutschen Asylpolitik in aggressiver und beängstigender Weise.
Man kann es nicht genau feststellen: Aber sicherlich haben die Dialogveranstaltungen der Landeszentrale Demonstranten wieder in die Diskussionskultur der Demokratie gebracht. Sie müssen nicht mehr am Montag mit demonstrieren.
Ein letztes Motto von Frank Richter, der sich wie Jesus traute, auf den Oberzöllner, mit dem keiner reden will, zuzugehen und das Gespräch zu beginnen: Ich will nicht hart, bitter und zynisch werden! Die Welt wird zurzeit wieder härter und zynischer! Wenn ich mich da anstecken würde, würde ich mich selbst beschädigen!

Die Weltsicht der US-Republikaner: Das „strenge Vater" Modell (33. So A)

Mt 25,14-30
Ist der Herr im Gleichnis der barmherzige Vater, wie wir ihn aus den anderen Gleichnissen kennen? Der letzte Diener hat Angst. Die Angst lähmt ihn. Er weiß, dass sein Herr den Gewinn da abzieht, wo andere gearbeitet haben. Dieser Herr nützt doch nur seine Macht brutal aus. Und schämt sich nicht, dem Diener vorzuwerfen: Hättest Du wenigstens mein Geld auf die Bank gebracht. Nein: Dieser Herr passt nicht zum Gottesbild, das uns andere Gleichnisse vermitteln; wie das Gleichnis vom barmherzigen Vater, vom verlorenen Schaf, von den Arbeitern auf dem Weinberg.
Ein Gleichnis für Ausbeutung Dieses Gleichnis erzählt eher von der brutalen Ausnutzung, die das anbrechende Reich Gottes überwinden soll. Es erzählt vom knallharten Konkurrenzkampf im rein kapitalistischen System. Deswegen ist diese Erzählung für die meisten Exegeten ein Gleichnis nicht für das Reich Gottes sondern für das Antireich, ein Gleichnis für das ausbeuterische System.
Erstaunlich: Ein Gleichnis, das nicht das Reich Gottes beschreibt. Und ebenso bemerkenswert ist die Beobachtung von Al Franken: "Seither beobachte ich, dass das einzige biblische Gleichnis, dass die neokonservativen Turbokapitalisten jemals zitieren, das von den Talenten ist. Gott möchte, dass wir unsere Talente nutzen. Konservative, Republikaner nehmen das Gleichnis gern wörtlich und verstehen es als Aufforderung sich möglichst zu bereichern."[92]
Die Republikaner in Amerika inszenieren sich gerne als gläubige Christen. Aber wenn das einzige Gleichnis, das sie zitieren, das Talentegleichnis ist, sind sie vielleicht sogar weit von Jesu Botschaft entfernt? Dieser Vermutung will ich nun nachgehen.
Der Metaphernforscher und Politikwissenschaftler George Lakoff untersuchte ausführlich die Sprache und die Logik der Republikaner und der Demokraten. Beide gehen von einer

Grundmetapher aus: Die Nation ist wie eine große Familie. Beide politischen Richtungen unterscheiden sich aber in ihrem Familienideal.

Familienbild der Republikaner Im Weltbild der Republikaner leitet ein strenger Vater die Familie. Er ist die unangefochtene Autorität. Er gibt die Regeln vor und seine Kinder müssen seiner Autorität Respekt zollen und seine Regeln befolgen. Dafür verteidigt er die Familie vor allen bösen Angriffen von außen. Idealerweise hat der Vater Selbstdisziplin entwickelt, so dass er gegen all seine inneren Schwächen ankämpft und mit viel Fleiß und Können auf dem Kampfplatz der Welt das Geld für seine Familie verdienen kann. Seine Kinder sollen auch so selbstdiszipliniert und fleißig werden wie er. Sie sollen aus eigener Kraft als Erwachsene Geld verdienen können. Härte ist deswegen eine Schule, die auf das harte Leben später vorbereitet. Deswegen ist es in diesem Weltbild ein Akt der Liebe, wenn der Vater Regelverstöße hart bestraft oder den Kindern Unterstützung versagt: Denn sie müssen lernen, selbst auf eigenen Füßen zu stehen.
Republikaner sind gegen Abtreibungen, für Waffenbesitz, für niedrige Steuern und gegen Sozialversicherungen wie eine allgemeine Krankenversicherung und umweltpolitische Regulierungen. Wie passt das alles zusammen? Ein roter Faden ist zuerst nicht zu erkennen. Wenn aber die Nation wie eine Familie zu führen ist und die Regierung quasi der strenge Vater ist, dann ergibt das alles Sinn: Wenn der Staat die Menschen mit Sozialleistungen verhätschelte, würde verhindert, dass sie mit Fleiß und Selbstdisziplin sich aus ihrem Schlamassel selbst hocharbeiten. Wenn den Fleißigen und Erfolgreichen durch hohe Steuern das Geld abgenommen wird, das sie redlich verdient haben, ist das ungerecht. Somit sind für die Republikaner hohe Sozialleistungen und eine allgemeine Krankenversicherung ungerecht und verzerren die Anreize. Ein guter strenger Vater

verteilt in ihren Augen aus Liebe eine Ohrfeige, damit der Sohn lernt, sich zu disziplinieren und moralische Stärke zu entwickeln. Man muss den Vätern erlauben, Waffen zu tragen. Denn es ist ihre verdammte Pflicht als autoritärer Vater, die eigene Familie vor allem Bösen von außen zu schützen. Diese Stärke beginnt bei sich selbst. Deswegen soll man sich auch mit sexuellen Aktivitäten bis zur Ehe zurückhalten. Wenn ein Mädchen schwanger wird und abtreibt, lernt es nie Selbstdisziplin.

Der Stärkste kommt weiter! Der freie Markt ist das natürlichste! Wenn jeder nur seinem Eigennutz folgt, dann wird durch die unsichtbare Hand des Marktes alles zum Wohlstand aller gewandelt. – Das gehört auch zur Ideologie der Konservativen. Und der strenge Vater bereitet seine Kinder auf diese Welt des freien Marktes vor, damit sie stark und selbstdiszipliniert Erfolg haben können.

Deswegen soll sich der Staat mit niedrigen Steuern und wenigen Regulierungen aus dem Marktabläufen raus halten. Er soll nur den Rechtsrahmen vorgeben und die Bösewichte streng bestrafen und wegsperren.

Das passt doch alles zu unserem Herrn, der Talente verteilt. Er schickt die Diener in die Welt, um Reichtum zu vermehren. Die erfolgreichen Diener werden belohnt. Der ängstliche Diener wird bestraft und beschimpft. Er zeigt keine Stärke und Erfolg, also hat er versagt. Genauso soll der strenge Vater idealerweise nach den Republikanern handeln. So soll auch die Nation und ihre Bürger geführt werden! Ist Ihnen das alles fremd? Mir jedenfalls schon!

Familienbild der Demokraten Die Demokraten entwickeln ihre Politik aus dem fürsorglichen Elternideal. Fürsorgliche Eltern möchten ihre Kinder zu Mitgefühl und Verantwortung erziehen. Regeln sollen Kinder als sinnvoll verstehen, damit sie ihnen mehr und mehr auch überzeugt folgen. Deswegen ist Dialog das Zentrale in der Erziehung der fürsorglichen Eltern. (Statt Hierarchie und autoritärer Monolog des strengen Vaters) Nur durch Gespräche lernt das Kind, Mitgefühl zu empfinden, Regeln zu verstehen, sein

Handeln zu überdenken und Verantwortung mehr und mehr selbst zu übernehmen. Mitgefühl kann das Kind aber nur lernen, wenn die Eltern auch Mitgefühl für das Kind haben, wenn sie Mitgefühl vorleben und die Bedürfnisse des Kindes gehört werden. (Es müssen nicht alle Bedürfnisse immer gleich erfüllt werden.) Sie sorgen sich für ihre Kinder und fördern sie. Fürsorgliche Eltern unterstützen schwächere Kinder, damit sie passende Wege des Lernens finden. Und sie lernen ihren Kindern, dass es eine Tugend ist, Schwächere zu unterstützen. Fürsorgliche Eltern erziehen nicht im laissez-faire-Stil! Sie versuchen eine Balance zu erreichen: Ein Ordnungsrahmen geben die Eltern vor und gleichzeitig darf das Kind die eigenen Bedürfnisse, Wünsche, Ideen einbringen und in diesem Ordnungsrahmen auch ausleben. Der Ordnungsrahmen kann im Gespräch auch geändert werden.

Wenn man von diesem Familienbild aus eine Nation führen möchte, ergibt das in vielen Punkten genau die gegenteilige Politik der Republikaner. Es ist fürsorglich und gerecht, durch Sozialleistungen Schwächere zu unterstützen. Sie schaffen Chancengleichheit und Gerechtigkeit. Kriminalität bekämpft man nicht durch mehr Gefängnisse sondern durch Ursachenbekämpfung. Die Gesellschaft hat Mitverantwortung, wenn Jugendliche in einem heruntergekommenen Viertel ohne Perspektive auf Ausbildung und Arbeit auf die schiefe Bahn geraten. Menschen dürfen nicht ohne medizinische Versorgung, Kleidung und Obdach bleiben. Unser Mitgefühl sagt uns: Sie haben auch eine Würde!

Die Strategie der Republikaner ist nun folgende: Sie benutzen gezielt Metaphern, die das Weltbild „Strenger Vater" wach rufen. Die Wähler, die beide Weltbilder in sich lebendig haben, springen unbewusst auf diese Metaphern an und sagen: Die haben Recht! Die Demokraten haben es lange verpasst, ihren Denkrahmen, das fürsorgliche Elternmodell, in ihrer Sprache systematisch zu kultivieren. Wenn sie nun Fakten gegen das Denken der

Republikaner anbringen, nützt das wenig, wenn im Denken der Zuhörer das republikanische Weltbild schon aktiviert ist.
Ein kleines Beispiel: Das Wort Steuererleichterung ruft sofort das republikanische Weltbild auf: Endlich werden ungerechte Abgaben reduziert. Verdrängt wird, dass Reiche und Erfolgreiche nur durch ein funktionierendes Gemeinwesen in Unis studieren konnten oder in einem gesicherten Rechtssystem ihre Unternehmen aufbauen konnten. Aus dem „fürsorglichen Eltern"-Denken müsste Steuererleichterung eigentlich heißen: Destabilisierung des gemeinsam aufgebauten Gemeinwesens, kurz Raubbau![93]
Wir in Deutschland sind im katholischen Milieu wohl fast alle Anhänger des fürsorglichen Eltern-Ideals, so dass uns die republikanische Weltsicht total fremd und inakzeptabel ist. Aber vielleicht ist uns der Streit zwischen Republikaner und Demokraten gar nicht mehr so fremd, wenn wir uns vergegenwärtigen, welche Gottesbilder das Christentum geprägt haben.
Ist Gott wie ein barmherziger Vater oder wie ein strenger Vater? Wir Menschen denken Abstraktes in Metaphern! Deswegen ist die Nation regieren wie eine Familie zu führen und deswegen ist Gott wie ein Vater. Aus dem metaphorischen Denken kommen wir nicht heraus. Aber wir können bewusst wählen, welche Metapher wir wählen: Gott als barmherziger Vater oder als strenger Vater!
Den strengen Gott, der Regeln vorgibt und bestraft, wenn man sie nicht einhält, den man fürchtet, dessen allwissende Augen einem Angst einjagen, der einen nach mehreren Fehltritten in die Hölle schickt, diesen strengen Gott kennen ältere Menschen noch aus Predigten. Und in der Kirchengeschichte wurde Gott als strenger Vater oft genug missbraucht, um Menschen zu unterdrücken und Hierarchien zu zementieren.
Mein Standpunkt ist hier ganz klar: Jesus hat Gott als barmherzigen Vater verkündet. Er hat immer gegen das Gottesbild

„Strenger Vater" und das dazugehörige Weltbild angekämpft. Ein Christ hat sich deswegen am fürsorglichen Eltern-Ideal zu orientieren!

Leider schleicht sich das Gottesbild „Strenger Vater" auch heute noch in Texte und Denkgewohnheiten ein. Im dritten Kinderhochgebet steht z. B.: „Denn du bist unser barmherziger Vater. Du meinst es gut mit uns, auch wenn wir es nicht immer verstehen. Du bist gerecht, auch wenn du uns strafen musst. Du trägst nicht nach und reichst als erster die Hand zur Versöhnung." In diesem Text sind beide Familien-Ideale gemischt, es hat Anklänge zum „fürsorglichen Eltern-Ideal" und Anklänge zum „strenger Vater-Ideal". Ein Republikaner mit seinem „Strengen Vater-Ideal" wird dem dritten Satz zustimmen: Ja ein guter Vater muss manchmal seine eigene Kinder strafen, damit sie es lernen. Es ist gerecht, sie zu strafen, wenn sie Regeln nicht einhalten. Dieses Mischmasch ist irritierend. Unterscheidung der Geister ist gefordert. Deswegen habe ich den Halbsatz „auch wenn du uns strafen musst" gestrichen. Denn Gott ist durch seine Barmherzigkeit gerecht, nicht durch Strafen, die er angeblich verteilt.

Was ist das Fazit dieser Erkenntnisse? Wir sollten bewusst unsere Sprache benutzen. Schon ein Wort, eine Metapher, ein Satz können im Zuhörer ein Weltbild lebendig werden lassen. Welches Weltbild wollen wir fördern? Entscheiden wir bewusst und reden wir entsprechend!

Klagegebete als Verständnisspur für das Endgericht Gottes (33. So C)

Lk 21, 5-19
Am Ende des Kirchenjahres schauen wir auch auf das Ende der Geschichte. Wie wird das sein?: Das Gericht Gottes, das Endgericht und die Ewigkeit.
Wie kann angesichts von so viel Leid in der Menschheitsgeschichte Gott am Ende in seinem Gericht Gerechtigkeit schaffen? Wie können die immensen Wunden der Opfer heilen? Wie können Täter zur Verantwortung gezogen werden? Und kann bei so viel Leid Versöhnung geschehen? Schwierigste Fragen! Einerseits weil wir nicht genau wissen können, was nach dem Tod passiert. Andererseits weil das Leid so gigantisch groß ist, weil die Ausmaße der Grausamkeit so unbegreiflich sind. Wir können nur einige Spuren legen. Aber das kann wertvoll sein.
40% der Psalmen sind Klagegebete. Sie greifen unsere Fragen schon im Gebet auf. Der Beter wendet sich verzweifelt und fragend und herausfordernd an Gott. Wie z. B. im Psalm 22: Mein Gott, mein Gott, warum hast du mich verlassen, bist du fern meinem Schreien, den Worten meiner Klage?
Ottmar Fuchs versteht die Klagegebete auch als Spur für das innere Geschehen des Jüngsten Gerichts. Gerade weil die Klage hier im Leben nicht völlig beantwortet, gelöst, geheilt wird, muss sie sich im Gericht Gottes fortsetzen.
Der große Theologe Romano Guardini hat diesen Gedanken so formuliert: Nach seinem Tod wolle er, bevor Gott an ihn Fragen stelle, seine eigenen Fragen stellen wollen: Warum hat es diese alte Welt gegeben? Warum mit so viel Grausamkeit?
Halten wir eine erste Vermutung fest: Alle Opfer dürfen all ihr Leid vor Gott legen, und sie alle dürfen die Warumfrage stellen. In ihrem irdischen Leben blieben so viele Hilferufe ungehört,

Menschen schauten weg oder verachteten die Leidenden. Gott ist nur Gott, wenn all das Leid vor ihm ausgebreitet werden darf. Aber dabei kann es ja nicht bleiben. Die Wunden müssen heilen können. Und sie können nur heilen, wenn das Leid mit Verständnis, Mitgefühl und übergroßer Liebe aufgenommen wird. Jesus Christus hat mit seinem Kreuzweg und Kreuzestod diese Seite Gottes offenbart. Gott leidet mit, jetzt schon berühren die Schmerzen, Finsternisse und Leiden der Menschen ihn im Innersten.

Angesichts der Größe des Leidens in der Geschichte kann es nur ein allmächtiger Gott sein, der ein derart all umfassendes Mitgefühl aufbringen kann. Und gleichzeitig gilt: Das Mitleiden Gottes verschärft die Klage, das Warum: Warum hast du nicht eingegriffen, wenn es dich im Innersten bewegt hat?! Vielleicht steht Christus mit den Leidenden selber vor Gottvater, solidarisch mit allen Opfern und stellt diese Frage.

Im Diesseits bekommt die Klage nie eine zufriedenstellende Antwort. Es bleibt ein Frageüberschuss. Der Psalm 22 hält die Frage offen. Auch die Gottesrede im Buch Hiob beantwortet nicht diese Frage. Auch Jesus hat diese Frage nicht versucht zu beantworten. Vielmehr blieb er den Opfern solidarisch. Eine zu schnelle Antwort wirkt zynisch. Solidarität ist viel wertvoller als eine schnell trösten wollende Antwort!

Wir glauben an die rettende Antwort Gottes, aber wir haben sie (noch) nicht. Deswegen der Stimmungsumschwung im Psalm 22 in Vers 22f: Rette mich vor dem Rachen des Löwen, vor den Hörnern der Büffel rette mich Armen! – Ich will deinen Namen meinen Brüdern verkünden, inmitten der Gemeinde dich preisen. Dieser Umschwung ist nur möglich, weil vorher geklagt wurde.

Vielleicht müssen im endzeitlichen Prozess diese Schritte auch eingehalten werden. Also unsere zweite Vermutung: Erst Klage, dann Gottes Rechtfertigung, indem er den Menschen rettet und heilt, dann kann der Mensch Gott vergeben, weil er nun die Rettung total erfährt. Dann ist Lob und Dank möglich, das große

Festmahl. Die Auferweckung Jesu ist der größte Hinweis, dass wir das hoffen dürfen.

Im Jenseits wird vielleicht erst die Klage gegen Gott sein und dann die Klage gegen die Täter. Denn erst wenn die Verantwortung des Richters geklärt ist, kann die Klage gegenüber den Tätern erhoben werden. Gott muss selbst seine Glaubwürdigkeit mit seiner eigenen Person einlösen. Menschen dürfen es nicht unternehmen, das Leid im Namen Gottes für sinnvoll zu erklären.

Im Drama zwischen Gott und Mensch kommen zwei zornige Seiten aufeinander: der Zorn der Opfer gegenüber Gott, warum sie leiden mussten. Und auf diesen Zorn der Menschen stößt der Zorn Gottes, seine Anklage gegenüber den Tätern. Es kann nur Gottes unendliche Macht in Beziehung sein, die hier noch Versöhnung versprechen und letztlich durchsetzen kann.

Aber was passiert bei den Tätern? Von den Nahtoderfahrungen erahnen wir, dass unser ganzes Leben mit all seinen Folgen und Wirkungen für andere Menschen uns bewusst und klar wird. Täter sind oft Meister der Verdrängung und der Verharmlosung und Leugnung. Das ist im Gericht Gottes nicht mehr möglich.

Wie ist bei Gott echte Reue möglich? Vielleicht weil die Täter wirklich die Auswirkungen ihrer Taten erleben, hautnah erspüren müssen, was es heißt, auf der anderen Seite zu stehen, Opfer zu sein, in Ausweglosigkeit und Schmerz nicht weiter zu wissen.

Also unsere dritte Vermutung: Die Täter haben angesichts der Opfer die Chance zur schmerzhaften Einsicht und Annahme der eigenen Schuld. Denn das Gericht der Gerechtigkeit ist letztlich ein Akt der Barmherzigkeit Gottes. Das Gericht ist also ein umfassendes Begegnungsgeschehen, mit unvorstellbarer Intensität und Dynamik.

Die Täter begegnen im Gericht auch Gott selbst, Jesus Christus, der sich mit den Leidenden solidarisiert hat und den Schuldigen Vergebung zugesprochen hatte, damit sie zur Umkehr gelangen.

Aber wie Rahner schon in seiner Predigt zu Mariä Himmelfahrt vermutet hat: Der Täter kann Reue zeigen, ihm kann vergeben werden, aber die Stunden seiner Schandtaten sind leere Stunden in der Ewigkeit. Die geheilten Wunden der Opfer dagegen werden erstrahlen wie die Wundmahle Christi. Vielleicht ergänzen sich so Barmherzigkeit und Gerechtigkeit Gottes! Auch wieder nur eine Spur, eine Vermutung, aber eine begründete: Christus stieg in das Dunkel des Todes und der Gottverlassenheit am Karsamstag und wurde erweckt vom Vater. Seine Wundmale wurden zum Zeichen des Sieges des Lebens über den Tod, des Sieges der Barmherzigkeit über die Grausamkeit, des Sieges der Liebe über die Bosheit.[94]

Christkönig: Der Mond ermöglicht Leben auf Erde

Urknall Wenn wir Physiker fragen, wie die Welt entstanden ist, erzählen sie uns vom Urknall. Unglaublich heiß und unglaublich verdichtet explodiert es. Erstaunlicherweise löschen sich Materie und Antimaterie nicht gegenseitig aus, sondern es bleibt so viel Materie übrig, dass unser Universum mit den Sternen und Planeten entstehen kann.
Erstaunliche Konstanten Ebenso verwunderlich ist es, dass nach den heutigen physikalischen Theorien unser Universum auch etwas Besonderes zu sein scheint. Denn es gibt gewisse Konstanten wie die kosmologische Konstante in Einsteins allgemeiner Relativitätstheorie oder das Plancksche Wirkungsquantum in der Quantenphysik. Sie haben in diesen Theorien einen festen Wert, ähnlich wie die Zahl Pi einen festen Wert hat.
Physiker haben nun in Modellen Variationen durchgespielt. Angenommen solche wichtigen Konstanten wären in ihrem Wert etwas anders, etwas größer oder kleiner. Was würde dann nach dem Urknall passieren? Die Wissenschaftler konnten aufzeigen, dass mit anderen Konstanten kein Universum entstehen würde, in dem die Bedingungen so günstig sind, dass Leben und menschliches Leben entstehen kann. Hat Gott diese Konstanten festgesetzt?
Der Mond Gehen wir einen Schritt weiter: 50 Millionen Jahre nach der Geburt unseres Sonnensystems raste aus dem All ein Gesteinsbrocken, ein Zehntel so schwer wie die Erde, auf unseren Mutterplaneten zu und schlug im flachen Winkel auf. Er blieb im Anziehungsbereich der Erde hängen und umkreist seitdem unseren Planeten. Es ist der Mond.
Hätte der Brocken auf seinem Flug die Erde knapp verfehlt, nur leicht angekratzt oder sie frontal getroffen – der Mond wäre entweder gar nicht oder in einer ganz anderen Größe entstanden.

Unsere Erde dreht sich um die Achse Nordpol-Südpol. Und diese Achse steht mit 23,5 Grad schräg zu ihrer Umlaufbahnebene. Sie behält diesen Winkel bei, taumelt nicht, verdreht sich nicht. Nur so bekamen wir auf der Erde Jahreszeiten und angenehme und günstige Temperaturen für Lebewesen. Dass die Erde so stabil mit einer schrägen Achse um die Sonne kreist, verdankt sie dem Mond. Ohne Mond hätten wir ein Klima wie auf dem Mars: entweder Eiszonen mit Minus 50 Grad oder heiße Wüstenzonen mit bis zu 80 Grad plus.

Ist es Zufall, dass da ein Gesteinsbrocken auf die Erde gefallen ist? Haben wir einfach nur Glück gehabt?
Einerseits erahnen wir göttliche Planung: die Konstanten der physikalischen Welt ermöglichen diese Welt, in der Leben entstehen kann. Anderseits entstand die Erde mit ihrem günstigen Klima nur durch den Mond. Und der blieb in der Nähe der Erde aufgrund eines Auffahrunfalls hängen.

Allein diese beiden Geschichten stellen uns vor eine große philosophische Frage, die bis heute nicht geklärt ist, und über die Menschen sicherlich noch lang diskutieren werden: Ist das Universum und das Entstehen von Menschen irgendwie geplant, durch eine göttliche Kraft gelenkt? Oder ist alles Geschehen nur blinde Aktion und Reaktion im Rahmen gewisser Naturgesetze, so dass die Erde und ihr Leben auf ihr zufällig entstanden sind?

Drei Schritte der Theologie Schon die mittelalterliche Theologie kannte einen Dreischritt, um über Gott zu reden:
1. positiv: Gott ist z. B. wie ein Vater.
2. negativ: Gott ist nicht wie ein normaler menschlicher Vater.
3. erhaben, eminent: Gott ist der ganz andere Vater.

Vielleicht bringen diese zwei Erzählungen uns auch in einen solchen Dreischritt hinein:
1. Positiv: Gott hat die physikalischen Konstanten genau festgelegt, damit das Universum so entsteht, dass Menschenleben möglich ist. Gott ist wie ein Baumeister, der plant.

2. Negativ: Irgendwie passieren so viele unberechenbare Dinge im Universum. Man kann schon drei Körper, die umeinander kreisen, nicht mehr exakt berechnen. Schon da ist das Chaos, das Unberechenbare eingenistet. Der Mond scheint zufällig im günstigen Winkel auf die Erde geschrammt zu sein.
3. Erhaben: Gott und sein Wirken ist erhaben, ein Geheimnis, das uns immer wieder in Paradoxien führt. Wir berühren das Unsagbare, Wunderbare, das wir nie ganz wissen können.
Auch zu diesem letzten Punkt sei eine naturwissenschaftliche Geschichte kurz erzählt:
Wie ist auf der Erde Leben entstanden? Der Sprung ins Leben musste ein Paradox überwinden: Was ist zuerst da? Die Henne oder das Ei? Der Volksspruch trifft das Problem sehr genau. Denn was war zuerst da? Die DNA? Also die Information, wie die Zutaten einer Zelle aufgebaut werden sollen? Oder zuerst die Zutaten der Zelle, die Proteine? Denn die DNA und die Proteine brauchen sich gegenseitig
Es gibt zwar einige Ideen, wie eventuell der Sprung in das Leben geschah. Zum Beispiel ahnen Wissenschaftler, dass am Anfang des Lebens die RNA eine wichtige Rolle am Anfang des Lebens gespielt haben mag. Dieses Molekül kann als Zwitter wirken: Es kann sowohl Informationen über den Aufbau beinhalten als auch in der Zelle wie ein Protein wirken, z. B. als Enzym. So kann RNA von sich selbst Kopien herstellen und als Enzym wirken. Irgendwann wurden diese RNA von Lipiden, Fettmoleküle umschlossen. Durch Zufall? Jedenfalls war damit die Zellmembran geboren.[95]
Man mag immer neue Aspekte verstehen. Man muss jedoch sagen: Umso mehr man in die Wirkmechanismen und systemischen Abläufe der Zelle eindringt, umso mehr kommt man doch ins Staunen, dass die Geschichte unseres Planeten Leben hervorbrachte. Es bleibt ein erhabenes Mysterium. Paradoxe werden bleiben. Wir ahnen einen Elan vital, eine

Lebensschwungkraft, eine göttliche Schöpferkraft, das Wirken des Heiligen Geistes. Und diese Schöpferkraft trieb die Evolution voran bis zu den Menschen: Lebewesen mit Bewusstsein, mit Sprache, mit Vernunft, mit Werkzeugen, mit Staatenbildung und Geschichte, mit wissenschaftlichen Fortschritten, mit Musik, Dichtung, Kunst, Religion, Gebet und Mystik.

Rückschau Wir feiern heute Christkönig und schauen auf das Kirchenjahr zurück. Wir können aber auch mal auf die ganze Geschichte des Kosmos zurückschauen. Dann kommen wir noch mehr ins Staunen über Gott und sein Wirken! Ein Universum mit optimalen Konstanten, unerklärliche Zusammenstöße stabilisieren die Erde und ihr Klima, tote Materie schafft den Sprung in ein abgeschlossenes System, das Energie herstellen kann und sich selbst vermehren kann – lebendige Zellen, Menschen mit Bewusstsein können sich ihrer Erfahrungen bewusst machen und reflektieren und entscheiden und verstehen. Verstehen, dass in einem Menschen Gottes Liebe auf unüberbietbarer Weise erschienen ist: Jesus Christus. Ahnen, dass der Geist Gottes uns alle weiter treibt. Hin zu einer Vollendung, die genauso wunderbar, erhaben und geheimnisvoll ist wie die Geschichte des Kosmos!

Das Ehepaar Josef und Maria mit Martin Buber betrachtet (19. März)

Mt 1,16.18-21.24a
Ich will heute mit Ihnen am 1. Mai Maria und Josef als Ehepaar betrachten. Und zwar mit der Philosophie des großen jüdischen Philosophen Martin Buber.
Zusammengefasst in einem Satz ist die heutige Botschaft:
Josef lernt die Ich-Du Beziehung zu Maria durch die Ankündigung des Engels!
Um dies zu erläutern, möchte ich Sie ein wenig in Bubers Philosophie einführen. Es ist eine Philosophie, die deutlich machen will: Wir werden nur Mensch in Beziehung, im Dialog.
Erste Aussage Bubers:
Das eine Grundwort ist das Wortpaar Ich-Du.
Das andere Grundwort ist das Wortpaar Ich-Es.[96]
Wir Menschen gehen nach Buber in zwei verschiedene Haltungen aufeinander zu. In der Haltung Ich-Es untersuche ich z. B. einen Gegenstand oder benutze ihn für meine Zwecke. Ich kann in dieser Haltung auch Menschen entgegen treten: Ein Arzt muss einen Patienten untersuchen und ein Personalmanager muss seine Angestellten nach ihren Fähigkeiten einsetzen. Die Ich-Es-Haltung ist also nicht grundsätzlich unpassend.
Aber wenn ich einem Menschen zuhöre oder offen mit ihm rede, kann ich auf Augenhöhe, von Mensch zu Mensch reden. Dann begebe ich mich in die Haltung: Ich-Du.
Bubers Erkenntnis:
Das Grundwort Ich-Du kann nur mit dem ganzen Wesen gesprochen werden.
Das Grundwort Ich-Es kann nie mit dem ganzen Wesen gesprochen werden.[97]
Wenn ich einem Menschen begegne, dann bin ich mit meiner ganzen Person, mit meiner Präsenz usw. bei ihm, vor ihm, mit ihm.
Buber erläutert:

Stehe ich einem Menschen als meinem Du gegenüber, spreche das Grundwort Ich-Du zu ihm, ist er kein Ding unter Dingen und nicht aus Dingen bestehend. Den Menschen, zu dem ich Du sage, erfahre ich nicht. Aber ich stehe in der Beziehung zu ihm, im Heiligen Grundwort.[98]

Es ist erst einmal seltsam, wenn Buber sagt: *Den Menschen, zu dem ich Du sage, erfahre ich nicht.* – Vielleicht sollten wir es so übersetzen: Wenn ich einem Mitmenschen wirklich in der Ich-Du-Haltung begegne, dann ist der andere ein unbeschreibliches Du. Und ich werde auch mir selbst wieder ein Wunder, ein Geheimnis. Wir geben uns wieder Würde, Einmaligkeit, Unbeschreiblichkeit gegenseitig zurück, wenn wir uns wirklich begegnen. Das ist Beziehung in der Ich-Du-Haltung!

In der Ich-Es-Haltung meine ich, dass ich den anderen kenne, dass ich seine Eigenschaften wüsste. Aber dann begegne ich dem anderen nicht mehr als Du, als Geheimnis, als Herausforderung, als Wunder!

Buber betont zwei Seiten bei einer solchen Begegnung:

Das Du begegnet mir von Gnaden – Durch Suchen wird es nicht gefunden. Aber dass ich zu ihm das Grundwort spreche, ist Tat meines Wesens, meine Wesenstat. Das Du begegnet mir, aber ich trete in die unmittelbare Beziehung zu ihm. So ist die Beziehung Erwähltwerden und Erwählen, Passion und Aktion in einem.[99]

Josef erkennt nur mit der Gnade eines Engels Maria als Du! Es ist Gnade, dass er eingeladen wird, in eine andere Haltung zu wechseln. Bevor der Engel kam, sah er Maria in der Haltung Ich-Es an: Maria ist schwanger. Von einem anderen. Also verlasse ich sie, wie ein Gentleman, still und leise. Aber die Ich-Du-Haltung wird Josef geschenkt durch den Besuch des Engels. Jedoch er muss auch der Einladung des Engels zustimmen. Rilke hat in dem Gedicht „Argwohn Josefs" diesen Prozess wunderbar dargestellt.

ARGWOHN JOSEPHS
UND der Engel sprach und gab sich Müh
an dem Mann, der seine Fäuste ballte:
Aber siehst du nicht an jeder Falte,
daß sie kühl ist wie die Gottesfrüh.

Doch der andre sah ihn finster an,
murmelnd nur: Was hat sie so verwandelt?
Doch da schrie der Engel: Zimmermann,
merkst du's noch nicht, daß der Herrgott handelt?

Weil du Bretter machst, in deinem Stolze,
willst du wirklich den zu Rede stelln,
der bescheiden aus dem gleichen Holze
Blätter treiben macht und Knospen schwelln?

Er begriff. Und wie er jetzt die Blicke,
recht erschrocken, zu dem Engel hob,
war der fort. Da schob er seine dicke
Mütze langsam ab. Dann sang er Lob.

Buber insistiert:
Die Beziehung zum Du ist unmittelbar. [...] Nur wo alles Mittel zerfallen ist, geschieht die Begegnung.[100]
Jetzt stehen zwischen Josef und Maria keine falschen Vorstellungen. Sie können sich unmittelbar begegnen. Ihre Beziehung wird nun unmittelbar.
Buber weiter:
Beziehung ist Gegenseitigkeit. Mein Du wirkt an mir, wie ich an ihm wirke.[101]
Der Mensch wird am Du zum Ich.[102]
Das wird eigentlich zu wenig in der Marienverehrung bedacht. Aber langjährige Ehepartner wissen das und sagen: Ich bin Ich geworden an und durch meinen Partner. Maria und Josef prägen

sich gegenseitig. Maria wird nur Mutter von Jesus in der Beziehung zu Josef. Weil sie beide als Eltern ihr Kind aufziehen. Weil sie sich gegenseitig stützen. Weil sie gemeinsam die Herausforderungen des Lebens meistern!
Buber weiß auch um die Transzentale, Göttliche Dimension der Zwischenmenschlichkeit:
In jeder Sphäre, durch jedes uns gegenwärtig Werdende blicken wir an den Saum des ewigen Du hin, aus jedem vernehmen wir ein Wehen von ihm, in jedem Du reden wir das Ewige an, in jeder Sphäre nach ihrer Weise.[103]
Genau in dieser Beziehung von Maria und Josef zeigt sich das ewige Du. Gott begegnet uns als Du, als ewiges Du, nicht als unpersönliche Kraft, nicht als ferner kalkulierender Obergott, sondern als Du! Insbesondere im Du: Jesus Christus!
So können Maria und Josef uns ein Vorbild sein. Viele Menschen suchen sich heutzutage Partner in Partnersuchbörsen im Internet. Daraus sind schon viele stabile Ehen entstanden. Ich will dies also nicht schlecht machen. Aber wir begegnen uns in einer Partnersuchbörse in der Haltung Ich-Es. Ich beschreibe mich mit Eigenschaften und lese Beschreibungen von anderen Menschen.
Wenn aus einer solchen Beziehung eine glückliche Ehe werden soll, müssen die beiden Partner sich auch in der Ich-Du-Haltung begegnen. Dann ist der Andere ein Geheimnis, ein Du, das auf mich zukommt und mich als Ganzes herausfordert und begegnet – dann geschieht das Wunder der zwischenmenschlichen Liebe, die ein Gleichnis der göttlichen Liebe ist!

Petrus und Paulus: Diskrepanz zwischen Wort und Tat und tiefste Wunden (29. Juni)

Wir sind manchmal von großen Vorbildern enttäuscht. Diese Enttäuschung kann klein sein: Wir erleben ein Verhalten, ein hartes Wort, eine Unaufmerksamkeit und denken: „Das hätte ich nicht gedacht, dass er/sie sich auch so verhalten können."
Oder es sind große Enttäuschungen: Plötzlich bekommt man eine Seite mit, die man nie bei dieser Person vermutet hat. Ja dieses Verhalten bzw. Seite entsetzt einen und man ist wie vor den Kopf gestoßen. Wichtige Werte für einen selber hat dieses Vorbild missachtet. Ich möchte bewusst erst einmal zwei nicht christliche Beispiele anführen.
Krishnarmuti hatte z. B. ein großes Charisma und belehrte viele Meditationsschüler aus der ganzen Welt. Seine Schriften lesen heute noch viele Suchende. Er ist ein allgemein anerkannter Weisheitslehrer. Radha Rajagopal Sloss schildert in dem Buch „Leben im Schatten" das Hausleben um Krishnamurti. Sie würdigt die vielen Jahren, in denen Krishnamurti ihr ein liebevoller zweiter Vater war. Sie erlebte, wie viele Menschen er durch seine Weisungen und Belehrungen half. Aber sie war schockiert, als sie von seiner zwanzigjährigen Affäre mit ihrer Mutter erfuhr. Auch andere geheime Liebschaften und sein wachsender Hang zu Luxus und Arroganz und langwierige gerichtliche Auseinandersetzungen mit ehemaligen Mitarbeitern verstörten sie sehr. Wie passt das zusammen? Höchster spiritueller Lehrer und so egoistisch, arrogant?[104]
Von meiner Lehrerin in gewaltfreie Kommunikation hörte ich, dass der Begründer Marshall Rosenberg auch in heftigsten Streit mit einigen Mitgliedern in der internationalen Organisation für gewaltfreie Kommunikation geraten ist und dass auch einige die Organisation verließen und es keine Aussöhnung mit Marshall Rosenberg gab. Wie kann der Begründer und Meister der gewaltfreien Kommunikation einen Streit so enden lassen?

Ich bin mir bewusst, dass mir das in kleinem Maße als Pfarrer auch passieren kann. Da gibt es jemand in der Pfarrei, der meine Predigten mag und meine Veranstaltungen schätzt. Und dann eine Unaufmerksamkeit, eine Macke von mir enttäuscht ihn. Dann denkt er sich: „Pfarrer Pflaum macht Abende über Kontemplation und ist total hektisch, hält Vorträge über gesundes Kommunizieren und pflaumt mich an." Vielleicht geht er dann, verlässt die Pfarrei oder sogar die Kirche. Ich bemühe mich, ein guter Pfarrer zu sein. Aber ich bin nur ein Mensch, der auch auf einem Lernweg ist. Solche tragischen Entwicklungen kann es immer geben.

Und wenn man die Bibel liest kann man sich auch fragen: Paulus schreibt so schön über die Liebe im 1. Brief an die Korinther und dann schimpft er wie wild über die Korinther im 2. Brief.

All diese kleineren und größere Widersprüche stellen uns vor die Frage: **Wie soll ich damit umgehen? Ich habe diese Person als Vorbild angesehen, er war ein Ideal, und nun bin ich enttäuscht.**

Soll ich mich abwenden? Ich habe großes Verständnis, wenn Menschen verärgert in den letzten Jahren aus der Kirche ausgetreten sind. Denn wahrlich die vielen Skandale zeigten sowohl Fehltritte von Amtspersonen als auch strukturelle Schwächen in der Kirche auf.

Aber schüttet man dann nicht das Kind mit dem Bade aus? Man geht vielleicht unbewusst von folgendem Denken aus: Zu viel Salz zerstört die ganze Suppe unwiederbringlich und Salz und Suppe lassen sich nicht mehr trennen.

Dieses Denken ist verständlich. Aber ist es richtig? Jedenfalls erleidet derjenige einen Verlust, der sich ganz abwendet. Das Wertvolle, das er im Vorbild suchte, ist besudelt. Wut und Enttäuschung vergiften sein Herz.

Vielleicht sollten wir in einer solchen Krise aussortieren: Was von der Lehre ist wertvoll für mich? Jeder macht Fehler und immer wieder gehen auch größte Geister Irrwege. Kann ich dann dem Lehrer vielleicht sogar verzeihen? Oder kann ich wenigstens das

Wertvolle von seinen Macken trennen? Kann ich seine Werte woanders finden und würdigen? Wenn ich mich mit dem Heimatpfarrer z. B. total verkracht habe, kann ich mein christliches Leben auch in der Nachbarpfarrei pflegen. Das ist besser, als ganz die Kirche zu verlassen.
Wir feiern heute Peter und Paul. Diese Heiligen stehen dafür, dass wir den Weg der Unterscheidung der Geister und der Aussöhnung gehen sollten. Denn dieses Fest zeigt, dass die Kirche mit Menschen begann, die ihre Schwächen und Macken hatten.
Aber Jesus holt beide Paulus und Petrus bei ihren Schwächen ab.
Jesus beruft Paulus, als er auf dem Weg nach Damaskus ist, um Christen zu verfolgen. Petrus wollte Jesus davon abhalten, nach Jerusalem zu gehen, damit er nicht leiden müsse. Nach der Festnahme verleugnete Petrus Jesus drei Mal. Jesus gibt ihm trotzdem die Aufgabe, die Kirche zu leiten, nachdem er ihn drei Mal gefragt hat: „Liebst du mich?"
Beide Apostel, die wir heute feiern, sind ja auch bei einem harten Streit aneinander geraten. Paulus war so entsetzt und wütend auf Petrus nach dem antiochenischen Zwischenfall, dass er erst einmal paar Jahre auf Distanz gehen musste. Jedoch nach gewisser Zeit sammelte er Geld für die arme Urkirche in Jerusalem, die Petrus leitete.
Wir sollten uns ermahnen zu differenzieren: Viele Einsichten des Lehrers Krishnamurti sind trotz seiner Eskapaden wertvoll. Vielmehr zeigt sich gerade bei diesem Fall, dass manche Lehrer der Illusion verfallen, sie seien schon so weit, dass sie faul werden, an sich zu arbeiten, dass sie träge werden gegenüber ihren eigenen Macken und Schattenseiten.
Oder nehmen wir die gewaltfreie Kommunikation. Jeder, der sich damit beschäftigt, kann durch Einsicht und Anwendung selber entdecken, dass sie hilfreich ist, um Konflikte gut zu lösen. Rosenberg hat diese Lehre entwickelt, aber sie ist unabhängig von ihm erlernbar und verstehbar.

Und die Predigten eines Pfarrers können gut sein, auch wenn man sich in einigen Situationen denkt: Na, der hält sich auch nicht immer an das, was er predigt.

Umgang mit eigenen Schwächen Ich wechsle jetzt von der Außenperspektive in die Innenperspektive. Denn das Problem einer Diskrepanz zwischen Lehre und Verhalten, zwischen Wort und Tat, zwischen Idealbild und Realität kennen wir ja alle von uns selber.

Wir sind alle herausgefordert, dass wir uns unserer Macken und Schlagseiten stellen. Schwächen können wir auch als Herausforderung sehen, an uns zu arbeiten. Und hier gibt es vielleicht drei Arten von Wunden und Schwächen.

Die erste Art können wir durch aktives Gegensteuern überwinden. Gute Vorsätze, die Vorstellung, wie das Leben ausschaut, wenn ich es geschafft habe und ein Plan für das Erlernen der neuen Fähigkeit reichen aus, um die Schwäche zu überwinden.

Bei der zweiten Art Schwäche und Wunde merken wir vielleicht bei einigen Anläufen, dass wir sie nicht durch aktives Tun, durch denkerisches Umdeuten usw. überwinden können. Das kann z. B. eine tiefe Enttäuschung sein. Der Groll und die Wut stecken tief. Oder die Gewohnheit ist zu stark in uns eingeprägt. Dann ist Hingabe an Gott und Vertrauen auf Gottes Gnade notwendig. Im stillen Gebet legen wir dann diese Wunde zu Gott, damit er sie heile. Der mittelalterliche spirituelle Lehrer, der die „Wolke des Nichtwissens verfasst hat, empfiehlt uns: „Nimm den guten gnädigen Gott in seinem Sein, wie er ist, und lege ihn gleichsam als Heilverband um dein krankes Selbst, so wie es ist. Ich kann es auch anders ausdrücken: Halte Gott einfach dein krankes Selbst hin, und lasse deine Sehnsucht aufmachen, ihn in seinem Sein zu berühren. Denn ihn berühren heißt heil werden. [...] Mach dich also mutig auf und nimm diese Arznei. Halte ganz einfach dein krankes Selbst Gott hin in seinem Sein. Lass alles Grübeln und anstrengendes Denken über dich und ihn bleiben, vergiss alle Einzelheiten. [...] Nichts ist jetzt wichtig außer dem einen, dass du

Gott in freudiger Liebe die dunkle Wahrnehmung deines reinen Seins anbietest, damit er dich mit seiner Gnade an sich ziehen und dich im Innersten mit sich einen kann, dein Sein mit seinem Sein."[105]

Und es gibt bei einem mehr beim anderen weniger eine dritte Art Wunde: Das sind tiefste Wunden, die möglicherweise nie völlig in einem Menschenleben heilen. Aber wer sich diesen tiefsten Wunden stellt und sie im Gebet Gott hinhält, für den werden diese tiefsten Wunden zu einer Quelle von Heil. Gott nimmt sie als Tür, um sich mit uns zu vereinen. Wenn wir mit diesen Wunden ringen, reifen wir. Das ist das Mysterium der tiefsten Wunde, die zur Quelle von Gnade wird, auch wenn sie nicht völlig zuheilt.

Zum Schluss: Zwei Einsichten in meiner Jugend

Ich möchte von zwei Einsichten in meiner Jugendzeit erzählen, die mich sehr geprägt haben und zu meinem Primizspruch geführt haben.
Ich war mit ca. 14 Jahren in einem Bibelkreis für Jugendliche und eine Gemeindereferentin leitete diesen Bibelkreis. Eigentlich kann ich mich nur an eine Situation erinnern, in der ich durch Überdenken zu einer Einsicht gekommen bin. Ich erzählte, wie ich mir vorstellte, wie Menschen in den Himmel kommen: Wenn sie genügend gute Taten vollbracht haben und dann sterben, dann nimmt sie Gott auf in den Himmel. Da griff die Gemeindereferentin ein und korrigierte mich. Wir kommen nicht in den Himmel, nur weil wir es alleine geschafft haben, genügend gute Taten zu vollbringen. Sondern das erste ist: Gott liebt uns, bedingungslos, er liebt uns auch, wenn wir auf dem falschen Weg sind. Und seine Kraft und seine Gnade ist letztlich der Grund, warum wir in den Himmel kommen können - nicht unsere guten Taten. Ich merke: das ist etwas Grundsätzliches! Das musst du dir merken! Und später im Theologiestudium kam diese Grunderkenntnis wieder in verschiedenen Vorlesungen vor: Der gute Hirte läuft dem einen Schaf nach, das weggelaufen ist. Gottes Liebe, Gnade und Kraft ist nicht an Bedingungen geknüpft: Gott schenkt uns seine Liebe aus freien Stücken, nicht deswegen, weil wir vorher etwas geleistet haben. In diesem liebenden Gott leben wir, bewegen wir uns und sind wir.
Zu der zweiten Einsicht verhalf mir ein Jesuitenpater. Ich war circa 16 oder 17 Jahre alt und hatte mir Gedanken darüber gemacht, wie eigentlich Gebete für
andere, Fürbitten funktionieren. Wenn ich bete „Herr, hilf diesem oder jenem Menschen", was passiert da? Ich überlegte, dass Gott durch eine Fürbitte ja nicht direkt eingreift. Aber was passiert anstelle eines direkten Eingreifens? Ich stellte mir vor, dass durch

die Fürbitte die Gegenwart Gottes bei dem Menschen, für den ich gebetet habe, erhöht wird. Etwas platt mathematisch formuliert: vor der Fürbitte war die Gegenwart auf 60 und nach der Fürbitte auf 70. (Ja manche Jugendliche haben seltsame Gedanken...) Ich habe diese Gedanken auf eine Seite zusammengeschrieben und dem Jesuitenpater gegeben, der damals im Caritas-Pirckheimer-Haus für die Jugendlichen zuständig war. Er las sich meine Gedanken durch und schrieb mir eine Antwort. In dieser Antwort kam ein Satz vor, der mein ganzes Denken über Gott neu ordnete: „Von Gott ausgesehen ist Gott überall gleich gegenwärtig." Dieser Satz hat sehr tiefen Eindruck auf mich gemacht und prägt bis heute mein Denken über Gott.

Warum? Wenn es wirklich so ist, dass Gott von ihm aus gesehen überall gleich gegenwärtig ist, dann ist der ganze Kosmos erfüllt von der Gegenwart Gottes, dann brauche ich letztlich keinen Ort im Kosmos zu fürchten, dann kann ich letztlich überall zu Gott beten und ihn in allen Dingen finden. Später habe ich diese Wahrheit bei Ignatius von Loyola wieder gefunden: Gott suchen in allen Dingen. Aber auch in der Apostelgeschichte, in einer Predigt von Paulus in Athen: Denn in Gott leben wir, bewegen wir uns und sind wir.

Anmerkungen:

[1] Gallen, Maria-Anne; Neidhardt, Hans: Das Enneagramm unserer Beziehungen, 1994, S.289.
[2] Almaas, A. H.: Facetten der Einheit, 2004, S. 172.174.
[3] Almaas, A. H.: Facetten der Einheit, 2004, S. 162.
[4] Safranski, Das Böse oder das Drama der Freiheit, 1997, S. 107.
[5] Almaas, A. H.: Facetten der Einheit, 2004, S. 240.
[6] Maria-Anne Gallen, Hans Neidhardt: Das Enneagramm unserer Beziehungen", S.139.
[7] Maria-Anne Gallen, Hans Neidhardt: Das Enneagramm unserer Beziehungen", 291-292.
[8] Tipping, C.: Ich vergebe, 2005, S. 51.
[9] Vgl. Literatur: Sandra Maitri: Neun Porträts der Seele. Die spirituelle Dimension des Enneagramms. Und: Wilfried Reifarth; Wie anders ist der Andere? Enneagrammatische Einsichten.
[10] Gallen, Maria-Anne; Neidhardt, Hans: Das Enneagramm unserer Beziehungen, 1994, S. 289.
[11] Gallen, Maria-Anne; Neidhardt, Hans: Das Enneagramm unserer Beziehungen, 1994, S.290.
[12] Gallen, Maria-Anne; Neidhardt, Hans: Das Enneagramm unserer Beziehungen, 1994, S.291.
[13] Holler, I., Heim, V.: Konfliktkiste, Paderborn, 2004.
[14] Holler, I., Heim, V.: Konfliktkiste, Paderborn, 2004.
[15] Gelb, Freude Essenzaspekt bei Almaas
[16] Lebendiges Tageslicht bei Almaas
[17] Brillanz bei Almaas
[18] Weiß, Wille bei Almaas
[19] Rot Stärke, Typ 8
[20] Point Typ 4
[21] Berz, A.: Mit Gott ins Heute. Bd.3, 1968, S. 212. 2. Dez.
[22] Berz, A.: Mit Gott ins Heute. Bd.3, 1968, S. 212. 2. Dez.
[23] Die Zeit veröffentlichte im Jahr 2016 einen Artikel „Der Untergang der Fakten. Die Grenzen zwischen Wahrheit und Lüge verschwimmen – nicht nur im Internet."
[24] Solowjew, W: Schriften zur Philosophie, Theologie und Politik, 1991, S.29-31.
[25] Küstenmacher; Haberer: Gott 9.0, 2010, S. 167.
[26] vergleiche Küstenmacher; Haberer: Gott 9.0, 2010, S. 143.
[27] Küstenmacher; Haberer: Gott 9.0, 2010, S. 168.
[28] Vgl. Mischel, W.: Der Marshmallow Test.

[29] Vgl. Sendung: Theo-logik 01.08.2016
[30] Vgl Walter Wink: The Power that be, 1998, S.13-26.
[31] Beinert, Wolfgang: Was Christen glauben, 2014, S. 236.
[32] Beinert, Wolfgang: Was Christen glauben, 2014, S. 240.
[33] Buber, M.: Der Weg des Menschen nach der chassidischen Lehre, 1960, S.7.
[34] Buber, M.: Der Weg des Menschen, 1960, S.11.
[35] Buber, M.: Der Weg des Menschen, 1960, S.12.
[36] Buber, M.: Der Weg des Menschen, 1960, S.15.
[37] Buber, M.: Der Weg des Menschen, 1960, S.17.
[38] Buber, M.: Der Weg des Menschen, 1960, S.29.
[39] Buber, M.: Der Weg des Menschen, 1960, S.39.
[40] Buber, M.: Der Weg des Menschen, 1960, S.39.
[41] Buber, M.: Der Weg des Menschen, 1960, S.41.
[42] Buber, M.: Der Weg des Menschen, 1960, S.42.
[43] Buber, M.: Der Weg des Menschen, 1960, S.46
[44] Buber, M.: Der Weg des Menschen, 1960, S.52.
[45] Vgl. Buber, M.: Der Weg des Menschen, 1960, S.53.
[46] Berz, A.: Mit Gott ins Heute Bd.3, 1968, S.126.
[47] Berz, A.: Mit Gott durch das Leben. Advent- und Weihnachtszeit, 1993, S.110.
[48] Berz, A.: Mit Gott durch das Leben. Fasten- und Osterzeit, 1993, S.103.
[49] Safranski, Das Böse oder das Drama der Freiheit, 1997, S. 330.
[50] Vaihinger, H.: Die Philosophie des Als Ob. Volksausgabe, 1924/2004, S.302.
[51] Vgl. Matthias Varga von Kibéd, Insa Sparrer: Ganz im Gegenteil. Tetralemmaarbeit, 2005.
[52] Vgl. Banerjee; Duflo: Poor Economics, 2011, S.110.
[53] Vgl. Debra Landwehr Engle: Sieben kleine Worte. Das einzige Gebet, das Sie wirklich brauchen, 2014.
[54] Fischer, Ernst Peter: Die Verzauberung der Welt. Eine andere Geschichte der Naturwissenschaft, 2014, S.179.
[55] Fischer, Ernst Peter: Die Verzauberung der Welt. Eine andere Geschichte der Naturwissenschaft, 2014, S.181.
[56] Hörisch, J.: Gott, Geld, Medien, 2004, S. 220.
[57] Leinkauf, T.: Leibniz, in: Philosophie jetzt!, 1996, S. 153.
[58] Leinkauf, T.: Leibniz, in: Philosophie jetzt!, 1996, S. 52.
[59] Deleuze, G: Differenz und Wiederholung, 1992, S.281.
[60] Blom, P.: Die zerrissenen Jahre 1918-1938, 2014, S. 208.
[61] George Lakoff, Elisabeth Wehling: Auf leisen Sohlen ins Gehirn. Politische Sprache und ihre heimliche Macht, 2014, 3. Auflage. S.118.

⁶² George Lakoff, Elisabeth Wehling: Auf leisen Sohlen ins Gehirn. Politische Sprache und ihre heimliche Macht, 2014, 3. Auflage. S.132.
⁶³ Italienischen Fußballer Salvatore Schillaci im Abschnitt „Zen des Vorspiels" zitiert. Schneider, F.: Üben – was ist das eigentlich?, Aarau 1998, S. 114.
⁶⁴ Kierkegaard, S.: Krankheit zum Tode, 1984, S. 13.
⁶⁵ Safranski, Das Böse oder das Drama der Freiheit, 1997, S. 138.
⁶⁶ Safranski, Das Böse oder das Drama der Freiheit, 1997, S. 139.
⁶⁷ Safranski, Das Böse oder das Drama der Freiheit, 1997, S. 142.
⁶⁸ Puttkammer, A.: „Ich bin für euch da!" Die Ich-bin-Worte, in: Ortkemper, F.-J. (Hg.): Jetzt verstehe ich die Evangelien 2008, S. 178.
⁶⁹ Puttkammer, A.: „Ich bin für euch da!" Die Ich-bin-Worte, in: Ortkemper, F.-J. (Hg.): Jetzt verstehe ich die Evangelien 2008, S. 179.
⁷⁰ Puttkammer, A.: „Ich bin für euch da!" Die Ich-bin-Worte, in: Ortkemper, F.-J. (Hg.): Jetzt verstehe ich die Evangelien 2008, S. 180.
⁷¹ Zizek, S.: Psychoanalyse und die Philosophie des deutschen Idealismus, 1991, S. 111.
⁷² Zizek, S.: Psychoanalyse und die Philosophie des deutschen Idealismus, 1991, S. 112.
⁷³ Hörisch, J.: Man muss dran glauben. Theologie der Märkte, 2013, S.19.
⁷⁴ Vgl. Hörisch, J.: Man muss dran glauben. Theologie der Märkte, 2013, S.20.
⁷⁵ Hörisch, J.: Man muss dran glauben. Theologie der Märkte, 2013, S. 82.
⁷⁶ Hörisch, J.: Man muss dran glauben. Theologie der Märkte, 2013, S. 83.
⁷⁷ Hörisch, J.: Man muss dran glauben. Theologie der Märkte, 2013, S. 84.
⁷⁸ Vgl. Hörisch, J.: Man muss dran glauben. Theologie der Märkte, 2013, S. 84-92.
⁷⁹ Brüning, B.: Technikphilosophie und Wirtschaftsphilosophie. Kurshefte Ethik/Philosophie, 2001, S. 89.
⁸⁰ Harari, Y.: Eine kurze Geschichte der Menschheit, 2013, S.202.
⁸¹ Harari, Y.: Eine kurze Geschichte der Menschheit, 2013, S.203.
⁸² Harari, Y.: Eine kurze Geschichte der Menschheit, 2013, S.203.
⁸³ Vgl Harari, Y.: Eine kurze Geschichte der Menschheit, 2013, S.204.
⁸⁴ Wilber, K. Integrale Spiritualität, 2007, S.252.
⁸⁵ Wilber, K. Integrale Spiritualität, 2007, S.247ff.
⁸⁶ Münkler, H.: Der große Krieg. Die Welt 1914 bis 1918, 2013, S. 291.
⁸⁷ Krumeich, G.: Die 101 wichtigsten Fragen - Der Erste Weltkrieg, 2914, S.35.
⁸⁸ Münkler, H.: Der große Krieg. Die Welt 1914 bis 1918, 2013, S. 15.
⁸⁹ Münkler, H.: Der große Krieg. Die Welt 1914 bis 1918, 2013, S. 295.
⁹⁰ Vgl. Münkler, H.: Der große Krieg. Die Welt 1914 bis 1918, 2013, S. 235ff.
⁹¹ Denzinger/Hünermann, Nr 4487.
⁹² Al Franken: Kapitale Lügner, 2004, S. 247.

[93] Vgl. George Lakoff, Elisabeth Wehling: Auf leisen Sohlen ins Gehirn. Politische Sprache und ihre heimliche Macht, 2014, 3. Auflage.
[94] Vgl. Ottmar Fuchs: Das Jüngste Gericht. Hoffnung auf Gerechtigkeit, 2009.
[95] Vgl. radioWissen 150409 Geburt aus dem Nichts
[96] Buber, M.: Ich und Du, 1995, S. 3.
[97] Buber, M.: Ich und Du, 1995, S. 3.
[98] Buber, M.: Ich und Du, 1995, S. 9.
[99] Buber, M.: Ich und Du, 1995, S. 11.
[100] Buber, M.: Ich und Du, 1995, S. 12.
[101] Buber, M.: Ich und Du, 1995, S. 16.
[102] Buber, M.: Ich und Du, 1995, S. 28.
[103] Buber, M.: Ich und Du, 1995, S. 7.
[104] Kornfield, J.: Das Tor des Erwachens, 2000, S.173.
[105] Massa, W. (Hg.): Der Weg des Schweigens, Kevelaer 1984, S. 39f.